es 1195
edition suhrkamp
Neue Folge Band 195

Obwohl das atomare Vernichtungspotential ausreicht, unseren Globus mehrfach zu vernichten, führt die Eskalation der Abschreckung zu scheinbar immer exakter wirkenden Kampfmitteln. Deshalb gewinnen die taktischen Kernwaffen innerhalb des nuklearen Zerstörungspotentials eine steigende, wenn auch zunehmend fraglich werdende Bedeutung. Ihr militärischer Nutzen wird im vorgelegten Band bezweifelt. Die zentrale Frage ist, ob die unterste Sprosse der Eskalationsskala tiefer gesetzt werden soll, ob es wirksamere Alternativen gibt, ob die in Ost und West geplante Effektivitätssteigerung überhaupt noch rationalen Kriterien standhält. Wissenschaftler aus Europa, Amerika und Asien sowie aus politisch verschiedenen Lagern kamen zusammen, Augenzeugen von Hiroshima, Militärplaner, Diplomaten, Physiker, Mediziner, Soziologen, Psychologen und Vertreter des Zivilschutzes, um die Vielzahl der Aspekte zu behandeln. Das Ausmaß drohender Katastrophen wird sinnlich vor Augen geführt, militärische und politische Daten werden in Zweifel gezogen, moralische und wissenschaftliche Kriterien gegeneinander abgewogen. In Anbetracht scheinbar unlösbarer Probleme sucht der vorliegende Band Wege zu öffnen, die vielleicht dahin führen, die Spirale von Drohung und Furcht zu unterbrechen.

Die Herausgeber lehren an der Universität Bielefeld.

Taktische Kernwaffen:
Die fragmentierte Abschreckung

Herausgegeben von
Philippe Blanchard, Reinhart Koselleck
und Ludwig Streit

Suhrkamp

edition suhrkamp 1195
Neue Folge Band 195
Erste Auflage 1987
© Suhrkamp Verlag Frankfurt am Main 1987
Alle Rechte vorbehalten, insbesondere das der Übersetzung,
des öffentlichen Vortrags
sowie der Übertragung durch Rundfunk und Fernsehen,
auch einzelner Teile.
Satz: Hümmer, Waldbüttelbrunn
Druck: Nomos Verlagsgesellschaft, Baden-Baden
Umschlagentwurf: Willy Fleckhaus
Printed in Germany

1 2 3 4 5 6 – 92 91 90 89 88 87

Inhalt

Vorwort der Herausgeber 7

Reinhart Koselleck
Einleitung 13

Jorma K. Miettinen
Fragen der taktischen Nukleardoktrin und -politik 19

Frank Barnaby
Entwicklung im atomaren Wettrüsten 30

Robert McGeehan
Nuklearwaffen in ihrem politischen Kontext: Implikationen für die NATO und die Ost-West-Beziehungen 41

Judith Lipton/David P. Barash
Die Neutronenbombe: Eine psychologische Waffe?
Gegen wen? 51

Volker Glatt
Überlegungen zur Neutronenwaffe 70

Hans Schauer
Einige Bemerkungen aus außen- und rüstungskontrollpolitischer Sicht 79

Rui Vilela Mendes
Wettrüsten, Konflikt und wissenschaftliche Methode.
Ein Kommentar 83

Jorma K. Miettinen
Schutz von Militäreinheiten gegen atomare Strahlung 91

John M. Weinstein
Die strategische Bedeutung der sowjetischen
Zivilverteidigung 109

Fritz Sager
Aspekte des Schutzes der Zivilbevölkerung 145

Wolf Graf von Baudissin
Probleme neue Technologien für die kooperative Rüstungssteuerung, aufgezeigt am Beispiel der Neutronenbombe 159

Peter D. Zimmerman
Einige physikalische und technische Gesichtspunkte zum
Gebrauch taktischer Atomwaffen 165

Takeshi Ohkita
Akute medizinische Auswirkungen der Atombomben in
Hiroshima und Nagasaki 185

Toranosuke Ishimaru/Takeshi Ohkita
Sozialpsychologische Studien zu A-Bomben-Überlebenden.
Eine Übersicht 214

Takeshi Ohkita
Die Langzeitfolgen der Atombombenabwürfe: Erfahrungen in
Hiroshima und Nagasaki mit malignen Neoplasmen und
Chromosomenveränderungen 225

Helmut Erlinghagen
Erfahrungen, ethische Erwägungen und Gedanken zum Frieden
eines Augenzeugen des Abwurfs der ersten Atombombe auf
Hiroshima am 6. August 1945 241

Vorwort

Zur Zeit werden die Weichen gestellt, um eine neue Generation nuklearer Waffen in und für Europa bereitzustellen. Dabei tauchen neue Dimensionen quantitativer, aber auch qualitativer Art auf, die sich auf Wirkungsweise, Trägersysteme, Treffsicherheit, Miniaturisierung usw. beziehen, mit einer Fülle neuer Konsequenzen und Bewertungen unter den verschiedensten Aspekten, etwa der Taktik und Strategie, der Abschreckung, der Krisenstabilität und Rüstungskontrolle, der Zivilverteidigung, um nur Wichtiges zu nennen. Die öffentliche Meinung in der westlichen Welt hat angesichts dieser Pläne ihre lang geübte Verdrängung relativ schnell durch ein leidenschaftliches Engagement ersetzt. Dabei ist immer wieder zu beobachten, wie sehr die Emotionalisierung der Diskussion mit einem krassen Defizit an wissenschaftlich fundierter Information Hand in Hand geht. Beides ist leicht zu erklären, nämlich aus der Bedrohlichkeit der Lage und ihren absurden Aussichten einerseits und andererseits aus der Schwierigkeit und aus der Komplexität des Friedenssicherungsproblems sowie der praktizierten oder vorgeschlagenen Lösungsversuche.

Die allgemeine Unkenntnis beruht aber nicht nur auf der schweren Zugänglichkeit wissenschaftlich begründeter Einzelinformationen. Die Wissenschaft als Institution ist gefordert. Sie hat insgesamt einen Beitrag zu leisten durch ihre Methode, ihre Darstellung und ihre Kritik, und hier besonders durch Interdisziplinarität, die bei dem vorliegenden Thema unabdingbar ist. Es geht also darum, die Unsicherheit in der Öffentlichkeit und bei den Entscheidungsträgern in Anbetracht einer hochkomplexen Herausforderung abzubauen. Daß sich so den Wissenschaften eine politisch drängende Aufgabe stellt, ist offensichtlich. »Ohnehin ist es wohl an der Zeit, die Problematik der atomaren Gefechtsfeldwaffen von Anfang an neu zu durchdenken«[1], wie kürzlich festgestellt wurde. Wesentlich beunruhigender wird die Klage um mangelnde Wissenschaftlichkeit, wenn sie aus dem allerengsten Kreise der führenden Entscheidungszentren kommt. Professor Panofsky, 20 Jahre lang Berater des Weißen Hauses in einschlägigen Fragen, schreibt:

»Wenn die politischen Entscheidungsträger den technischen und wissenschaftlichen Charakter von Waffen, insbesondere Nuklearwaffen, besser verstünden, würde dies die größtenteils nicht technischen Faktoren, die jetzt das Wettrüsten anheizen, wesentlich vermindern.«[2]

Aus dieser Beobachtung folgt eine unabweisbare Bringschuld der Wissenschaft. Die der Wissenschaft gestellte Aufgabe fordert Versachlichung. Sie fordert aber angesichts der großen Gefahr der Verdrängung apokalyptischer Aussichten ebenso Verdeutlichung und Versinnlichung. Eine wissenschaftliche Diskussion, die den realen Schrecken zu Papier werden ließe, genügte dieser Aufgabe nicht. Aufgabe ist vielmehr, das überaus komplexe reale politisch-militärisch-technisch-ökologisch-ökonomisch-psychologische System in seinen verschiedenen Aspekten zu erfassen und zahlreiche Wechselbeziehungen zu untersuchen, um damit ein tragfähiges Fundament für möglichst vertrauenswürdige und anschauliche Zukunftsperspektiven zu legen. Anschaulichkeit als Kriterium mag sich hier zunächst merkwürdig ausnehmen. Doch ist sicher, daß die sinnliche Unmittelbarkeit in der Veranschaulichung atomarer Konflikte vonnöten ist, um das wahre Ausmaß der drohenden Katastrophe begreifen zu können.

Die geforderte Erfassung und Durchdringung muß vorrangig zwei eng miteinander zusammenhängende Mängel der öffentlichen Diskussion überwinden helfen: die Dominanz der jeweiligen Meinung, des jeweiligen Vorurteils, und die Fragmentierung des Problemzusammenhanges durch Heraussonderung eines oder einiger weniger seiner Aspekte durch fachlich begründete Standpunkte der einschlägigen Experten.

In keiner wissenschaftlichen Diskussion kann das persönliche Urteil ausgeschaltet werden, ganz sicher auch nicht in dieser. Was es aber zu vermeiden gilt, ist das Hervortreiben ideologischer und von Emotionen geleiteter Polarisationen. Deshalb sollte zunächst die ungefilterte Sicht der Fachleute zu Wort kommen. In der interdisziplinären Konfrontation muß sich dann ihre Kraft erweisen, der Sogwirkung hergebrachter Denkmuster zu widerstehen.

Eine solche Präsentation zahlreicher miteinander verwobener Aspekte aus erster Hand wird die Kontroverse nicht beenden. Dies zu erwarten wäre unvernünftig. Sehr wohl aber kann und muß die wissenschaftliche Sicht des Problems in seinen verschiedenen Aspekten der Öffentlichkeit zugänglich und den politischen Entscheidungsträgern verfügbar gemacht werden, um aus den emotionalen Zonen herauszuführen und zu nüchternen Urteilen zu kommen. Wissenschaft hat hier folglich einen doppelten Beitrag zu leisten: den der umfassenden interdisziplinären Sammlung entscheidender Daten und zugleich den der Wissenschaftlichkeit ihrer Beurteilung. Auch sie muß dabei die Spannung zwischen persönlichem Standpunkt und Objektivitätsanspruch aushalten und ebenso das Spannungsfeld zwischen Verfügbarkeit durch andere und Absolutheitsansprüchen, die sie selbst nicht erheben kann. In dieses Spannungsfeld gerät die Wissenschaft unweigerlich beim Betreten der politischen Ebene, aber sie muß dies tun, wenn sie ihre Sorgfaltspflicht ernst nimmt, und muß es, wenn sie sich selbst ernst nimmt. Das Risiko einseitiger politischer Auswertung wissenschaftlicher Ergebnisse wird auch dadurch nicht geringer, daß die Politiker die Wissenschaft zu größerem politischem Engagement ermuntern zu müssen glauben.[3]

Nach Erarbeitung des hier dargelegten Konzeptes mußten zunächst die institutionellen Voraussetzungen für seine Durchführung geschaffen werden. Dabei bot sich eine Förderung von politischer Seite an, wäre aber unserer Intention zuwidergelaufen, die eine einseitige Vorwegfestlegung der Ergebnisse verhindern wollte. Umgekehrt war bei reinen Wissenschaftsförderungseinrichtungen mit großen Bedenken zu rechnen, weil auch Referenten aus dem Bereich der Politik, aus Ost und West, einzuladen waren. Um so mehr gebührt unser Dank zwei Institutionen, die die Durchführung des Kolloquiums ermöglicht haben: der Werner-Reimers-Stiftung und dem Zentrum für interdisziplinäre Forschung an der Universität Bielefeld. Ohne deren Entgegenkommen wäre das Projekt nicht mit der notwendigen Schnelligkeit realisiert worden.

Eine weitere Aufgabe bestand darin, Sprecher zu gewinnen, die unter dem Gesichtspunkt fachlicher Kompetenz gleichzeitig alle Aspekte möglichst umfassend abzudecken geeignet waren. Für Rat, Hilfe und Empfehlungen gilt hier unser besonderer Dank Carl Friedrich von Weizsäcker.

Für die angestrebte gegenseitige Ergänzung verschiedener Aspekte ergaben sich freilich nicht geringe Schwierigkeiten –

Erstens: Um die jeweiligen Regierungsstandpunkte der Großmächte möglichst kompetent vertreten zu sehen, wurden die Bonner Botschaften der UdSSR und der Vereinigten Staaten angeschrieben. Dies erbrachte einerseits den Beitrag von Professor

McGeehan, andererseits aber trotz wiederholter Rückfragen nicht die geringste Reaktion von seiten der Sowjet-Botschaft.

Zweitens: Ebenso verweigerte sich das Bundeskanzleramt unserer Bitte um einen Referenten zum gesamtpolitischen Aspekt seitens der Bundesrepublik.

Drittens: Schließlich scheiterte die zugesagte Teilnahme von Oberst Melo Antunes, Mitglied des damals noch amtierenden portugiesischen Revolutionsrates, an Terminkonflikten wegen der Verabschiedung der neuen portugiesischen Verfassung. Er wollte aus der Sicht europäischer Randstaaten und der Dritten Welt seinen Beitrag liefern.

Viertens verhinderte eine Absage in letzter Minute ein Referat über den europäischen Aspekt, der gerade dabei ist, sich von einem Tabu in ein zentrales Thema zu verwandeln. Hier machte es die Erkrankung von Professor Raymond Aron unmöglich, den versprochenen Beitrag zu liefern.

Fünftens: Unerwartete Schwierigkeiten bereitete zunächst auch die Aufgabe, der Gefahr entgegenzuwirken, daß technokratische Abstraktionen (»Megatote«) die menschliche Dimension der Frage und die unmenschliche Dimension des in Frage stehenden Leidens verdecken. Eindrucksvolle Darstellungen deutsch-deutscher Nuklearkriegsszenarios befinden sich in den Nachrichtenmagazinen[4], waren aber für unseren Arbeitskreis nicht zu gewinnen. Schließlich wurde aber eine vermutlich noch deutlichere Lösung gefunden: durch den Augenzeugenbericht aus Hiroshima von Professor Erlinghagen.

Um eine minimale gemeinsame Diskussionsebene zu umreißen, wurde von den Herausgebern ein Fragenkatalog an die Redner und Gäste verschickt. Er wurde dankenswerterweise ergänzt durch Beiträge von Prof. S.-W. Breckle (Universität Bielefeld, Umweltfragen), Prof. H. Joos (DESY Hamburg, Physiker), Dr. R. F. Laird (Research Institute on International Change, Columbia Univ., N. Y.), Prof. O. Nathan (Rektor der Universität Kopenhagen), Prof. P. Stichel (Universität Bielefeld, Risikoforschung).

Die Liste derer, die bei den Vorbereitungen geholfen haben, ist lang: R. Adams, H. Bethe, F. Calogero, G. Daeniker, H. de l'Estoile, L. S. Ferreira, J. François Poncet, F. v. Hippel, R. Laird, R. Lifton, J. Lüking, K. Schwickert, Th. Sommer, G. Sprenger, P. Stichel, T. Toyoda, R. Vilela Mendes gehören zu denen, die das Projekt durch ihren Rat und ihre Hilfe ermöglichten.

Die hier wiedergegebenen Vorträge wurden in der Zeit vom 14. bis 16. Oktober 1982 am Zentrum für interdisziplinäre Forschung der Universität Bielefeld gehalten. Die Diskussion wurde ergänzt durch zwei weitere informelle Beiträge von Weinstein und Zimmerman zur Rolle nuklearer Gefechtsfeldwaffen in Europa. Außerdem wurden durch freundliche Vermittlung von Professor Ohkita zwei Dokumentarfilme über Hiroshima gezeigt (*The Lost Generation* und *Prophecy*), die mit der gebotenen, fast unerträglichen Deutlichkeit einen wichtigen Beitrag zur Versinnlichung der drohenden Katastrophe, das heißt des Holocausts, leisteten.

Am Schluß der Veranstaltung wurde in der Universität öffentlich über ihre Ergebnisse berichtet und diskutiert.

Die angestrebte und von politischer Seite allgemein begrüßte Einladung von Vertretern der Bundestagsparteien und -ausschüsse als Diskussionspartner mußte leider in letzter Minute durch das zeitliche Zusammentreffen mit der Debatte über die Regierungserklärung abgesagt werden, weil Präsenzpflicht angeordnet worden war.

Ohne den Ergebnissen, vor allem ohne den kontroversen Ergebnissen vorgreifen zu wollen, sei dennoch auf zwei Thesen verwiesen, die vor allem in der mündlichen Debatte weit deutlicher als in den schriftlichen Ausarbeitungen unter zahlreichen Gesichtspunkten immer wiederkehrten:
– der fragwürdige Nutzen nuklearer Gefechtsfeldwaffen,
– der – nolens oder volens – jedenfalls für die politische Praxis einhellig als wichtig eingeschätzte Einfluß der Friedensbewegungen und der öffentlichen Meinung auf die politische Diskussion und Entscheidungsfindung.

Für die Abgründigkeit der tödlichen Gefahren, die uns drohen, sei auf zwei Bemerkungen verwiesen, die in der Ausgabe der *Herald Tribune* vom 15. 3. 1983 erschienen sind:

»Im Zuge einer Neubewertung, die die Abkehr von einem seit 20 Jahren praktizierten Bewaffnungskonzept bedeuten würde, stellt das Pentagon nach Aussagen führender Beamter des Verteidigungsministeriums zur Zeit die Notwendigkeit von Tausenden atomarer Kurzstreckenwaffen in Frage, die stationiert wurden bzw. hergestellt werden sollen.«

»Für den Gegenschlag ist mir eine moderne adäquate chemische Schlagkraft wichtiger als die Neutronenwaffe.« (General B. W. Rogers, vor dem US Senate Armed Services Committee.)

Es ist lebensgefährlich, angesichts der Hydra die Augen zu verschließen. Ein klarer Blick auf die tödliche Absurdität des globalen Rüstungswettlaufs mag einen in die Verzweiflung treiben. Bedarf es übermenschlicher Kräfte, eines Wunders, um die Menschheit vor der Katastrophe zu retten? Die Kräfte, die uns dieses Wunder herbeizuführen hoffen lassen, sind zweifellos sehr menschlich. Sie lassen sich benennen: Ein wacher Blick auf die *condition humaine*, die Vernunft des Intellekts und des Herzens, und die Bereitschaft zu handeln. Unter das Zeichen dieser vierfachen Hoffnung haben wir unsere Arbeit gestellt.

Bielefeld, August 1983 *Die Herausgeber*

Anmerkungen

1 J. Joffe (Hg.), *Friede ohne Waffen?* Hegner, München, 1981.
2 W. K. H. Panofsky, *Science, Technology and the Arms Buildup I*, in: Bull. At. Sci. *37*, 48 (1981).
3 Z. B. H. Hamm-Brücher, s. *Wissenschaft in einer Welt der Krisen*, in: *FAZ* v. 2. 6. 1982, S. 31 f.
4 Z. B. *Lichtblitze über der Elbe*, in: *Der Spiegel*, Nr. 30 (1977).

Reinhart Koselleck
Einleitung

Es besteht kein Zweifel daran, daß die Menschheit seit der Einführung der Nuklearwaffen unter einer realen apokalyptischen Drohung lebt. Wenn der Atomkrieg Wirklichkeit wird, ist der Untergang der Menschheit, wie sie heute existiert, mit Sicherheit vorauszusagen.

Die geplante Einführung nuklearer Gefechtsfeldwaffen scheint nur ein Unterfall zu sein innerhalb der atomaren Überrüstung, die seit Jahrzehnten betrieben wird. Gleichwohl wirft sie neue Fragen auf, die in alle Bereiche hineinreichen, die von der atomaren Rüstung betroffen werden. Und das heißt, sie reichen in alle Bereiche unserer heutigen menschlichen Existenz. Deshalb ließen sich die Ergebnisse des Kolloquiums, die hiermit vorgelegt werden, nicht auf die ursprüngliche Thematik nuklearer Gefechtsfeldwaffen begrenzen.

In der Planung des Kolloquiums wurde diese potentielle Ausweitung von vornherein berücksichtigt. Das Kolloquium wurde unter einer Prämisse veranstaltet, die sich aus der grundsätzlichen allumfassenden Problematik der atomaren Rüstung ergibt: daß es nämlich keinen Aspekt des heutigen politischen und militärischen, des sozialen und ökonomischen, selbst des kulturellen Lebens gibt, der nicht von der Atomwaffenbedrohung betroffen wäre. Ein Kolloquium, das den Anspruch erheben will, wissenschaftlich vorzugehen, d. h. mit Theorien, Hypothesen und Methoden kontrollierbare Fragen zu beantworten – ein solches Kolloquium muß zwangsläufig alle Aspekte zu berücksichtigen suchen. Deshalb war auf die Teilnahme von Politikern und Militärs so wenig zu verzichten wie auf die Teilnahme unterschiedlicher wissenschaftlicher Disziplinen. Alle sind gleicherweise betroffen.

In Anbetracht der gemeinsamen Drohung rücken nämlich alle Positionen der Moral, der Theologie, der Physik, der Chemie, der Biologie, der Medizin, der Politologie, der Historie, der Ökonomie, der Soziologie auf eine gemeinsame Ebene: Wie läßt sich in Anbetracht der Drohung überleben?

Die im Kolloquium angestrebte wissenschaftliche Pluralität ermöglichte es zwar, Einzelaspekte besonders scharf herauszupräparieren, aber konfrontiert mit anderen Aspekten verändern zahlreiche Argumente ihren Stellenwert. Auch wenn es nicht möglich war – was auch nicht erwartet werden konnte –, daß ein allgemeiner Konsens zu erzielen sei, so zeichneten sich doch aporetische Lagen ab, in die rational hineinzuleuchten die gemeinsame Anstrengung aller Beteiligten blieb. Auf diese Weise mag die Hoffnung wachsen, daß politische Alternativen aufgezeigt und in die politische Öffentlichkeit und vielleicht auch in die politische Geheimdiplomatie hineinreichen mögen.

Es handelte sich also um einen wissenschaftlichen Rationalisierungsversuch, der ohne die außerwissenschaftlichen Faktoren der atomaren Problematik gar nicht durchführbar ist. Mehr noch: Auch die Politiker und Rüstungsexperten, die nolens volens politische oder ökonomische Interessen wahrnehmen müssen, können nicht umhin, sich der wissenschaftlichen Argumente zu bedienen. Es stellt sich daher die Frage, ob es wissenschaftliche Argumente gibt, die eine höhere Konsensfähigkeit erzwingen, weil sie ihre immanente Logik durchsichtig machen. Dabei zeigte sich schnell eine Aporie, mit der wir alle konfrontiert sind: Viele Argumente nämlich sind gegenläufig verwendbar. So beruht jede antinukleare Grundeinstellung, etwa der Friedensbewegung oder der Moraltheologie, auf der konkreten Vorstellung einer einmal verwirklichten atomaren Katastrophe. Genau diese konkrete Vorstellung, daß niemand der Beteiligten einen Atomkrieg wirklich überleben könne, ist aber auch das Basisargument der Abschreckungsstrategie. Ohne die Untergangsvision könnte sie nicht wirksam sein.

Beide Positionen, hier vertreten durch Erlinghagen, Lipton und Barash auf der einen Seite und durch McGeehan, Glatt und Schauer auf der anderen Seite, wollen den Frieden erhalten, und zwar mit demselben Appell an die apokalyptische Dimension eines Krieges, den es zu verhindern gelte.

Der Moraltheologe sieht sich aufgrund seiner persönlichen Erfahrung aus Hiroshima in die neue Lage versetzt, daß es zwar gerechte Kriege geben könne, aber offenbar nicht mehr gerechte Waffen. Damit stellt sich ein neues moraltheologisches Problem, das natürlich völkerrechtliche Konsequenzen in sich birgt. Wo liegt hier die Grenze, zumal wenn berücksichtigt wird, daß der Übergang von hocheffektiven konventionellen zu sogenannten kleinen nuklearen Waffen offenbar immer leichter wird – nicht zuletzt durch die Neutronenwaffe.

Psychologen verstärken die Argumente gegen jede atomare Bewaffnung. Sie zeigen die Irrationalität auf, die hinter der scheinbaren Rationalität der technischen Kontrollierbarkeit atomarer Waffen lauert. Im historischen Gleichnis gesprochen: Dem illusionären, schwachen Neville Chamberlain steht gegenüber die normale Gesundheit von Eichmann. Die Risiken einer atomaren Panne seien aus den Gründen psychischer Fehlverhaltensweisen weit größer, als jede rationale Kontrolle sein könne. Speziell die Neutronenwaffe steigert das Risiko insofern, als sie aus taktisch situativen Gründen schneller einsetzbar sein muß, als es die strategischen Fernwaffen sind.

Die biologischen, medizinischen und sozialen Auswirkungen der Bombe auf Hiroshima und Nagasaki (Ohkita) sprechen eine eindeutige Sprache: Die Kurz-, Mittel- und Langzeitfolgen haben die menschliche Natur destruiert oder deformiert, soweit es sich um Überlebende handelt – darin vergleichbar mit den Schäden einer KZ-Haft. Darüber hinaus wirken die Folgen, die in die Erbsubstanz hineinreichen mögen. Wer diese Folgen persönlich erlebt und durchlitten hat, kann keinen Atomkrieg wollen.

Deshalb wollen ihn auch die Strategen der Abschreckung nicht. Paradoxerweise beruht die Wirksamkeit der Abschreckung auf denselben Befunden, auf die sich die Atomrüstungsgegner berufen. Für die Strategen der Abschreckung bleibt die Grundentscheidung klar: Es gibt keine Möglichkeit, einen Atomkrieg zum Siege zu führen, auch wenn die sowjetische Doktrin dieses unterstellt und auch wenn die Direktiven Reagans die Begrenzbarkeit und damit die Durchführbarkeit eines Atomkrieges anstreben. Die Grundhaltung der Abschreckungsstrategie bleibt jedenfalls vorerst, durch seine Androhung den Atomkrieg – und damit einen Krieg zwischen atomar bewaffneten Staaten – zu verhindern. Die Alternative eines Defensiv- oder Offensivkrieges schmilzt dahin vor der Alternative, den Krieg zu verhindern oder in die Katastrophe zu geraten. Freilich wird von manchen Wissenschaftlern (Miettinen) bezweifelt, daß das NATO-Konzept, mit Atomwaffen auf allen Ebenen zu drohen, geeignet sei, den Krieg wirklich zu verhindern. Wann schleißt sich die Drohung ab, die auf die Dauer nicht ernst gemeint sein kann, wenn die nördliche Halbkugel dabei restlos zerstört wird?

In diesem Zusammenhang kommt der Neutronenwaffe eine besondere Bedeutung zu. Während die Russen in ihrer Doktrin an der These festhalten, »Alles oder Nichts«, beruft sich die NATO seit eh und je auf die mögliche Eskalation von Abschreckungswaffen, die um so wahrscheinlicher wird, als die steigende Zielgenauigkeit einen vermeintlich begrenzten Atomkrieg zu führen erlaubt. Die Neutronenwaffe speziell ist nun so konzipiert, daß sie nur im taktischen Umkreis verwendet werden soll.

Damit besteht die Gefahr, daß die Schwelle zur Eskalation gesenkt wird. Die Neutronenwaffe wird gleichsam als nur taktische Waffe begreifbar und damit der politischen Strategie entzogen. Sie erleichtert einen scheinbar nur militärischen, rein taktischen Einsatz. Gegen diese Gefahr wenden sich zahlreiche Positionen, ohne daß sie die Extrempositionen der reinen Abschreckung oder der reinen Friedensbeschwörung teilen (Baudissin u. a.). Während die militärischen, politischen und politologischen Vertreter des NATO-Konzepts darauf insistieren, daß die Abschreckung gerade durch die Neutronenwaffe gesteigert werde, wurde die gegenteilige Folgerung plausibel gemacht, daß die Schwelle gesenkt wird und damit die Eskalation um so zufälliger entfesselt werden kann.

Starke Argumente gegen die Neutronenwaffe kamen hinzu, weil die rein technischen Daten der Neutronenwaffe ihre Effektivität, gemessen an konventionellen Waffen, stark bezweifeln läßt. Auch wo die Strahlen auf die Dauer tödlich oder absolut gesundheitszerstörend wirken, bleiben sie situativ, vor allem in geschützten Panzern, vergleichsweise unwirksam (Zimmerman). Die nachgeforderte Alternative bleibt dann eine verstärkte konventionelle Aufrüstung.

So wechselt der argumentative Stellenwert der Neutronenwaffe, je nachdem, ob sie nur militärisch betrachtet wird, was ihre taktische Funktion nahelegt, oder nur als politische Drohwaffe begriffen wird, wie es die Abschreckungsstrategen postulieren, auch um eine Verhandlungsbasis zu gewinnen.

Für die Vertreter, die im Einsatz einer Atomwaffe grundsätzlich ein Verbrechen und einen geplanten Massenmord erblicken, bleibt die Schwierigkeit, wie eine solche Position politisch in Anbetracht des atomaren Patts und der gegenseitigen Angst durchsetzbar ist. Eine nicht zu unterschätzende Rolle spielt in diesem Zusammenhang der Zivilschutz, weil er die betroffene Bevölkerung an der Planung aktiv beteiligt. Die Schweizer Position (Sager), die selbst auf Atomwaffen verzichtet, ist in dieser Hinsicht klar: Fast die gesamte Schweizer Bevölkerung kann in Unterstände flüchten, die ein 14tägiges Überleben für rund 80% wahrscheinlich machen. Damit freilich ist nicht die Frage beantwortet, wie das Überleben nach 14 Tagen aussehen kann, wenn die Landschaft atomar verseucht ist. Für Rußland und Amerika kommt der Referent (Weinstein) zu dem Ergebnis, daß ein Überleben, selbst bei einem Zweitschlag nach der jeweiligen Richtung, für die Mehrzahl der Kontinentalbewohner unmöglich ist. Damit rückt die Absage an einen Zivilschutz in eine ausgesprochen starke politische Position ein: nämlich die Bereitschaft, sich als Geisel der atomaren Drohung zu verstehen, um den rein defensiven Charakter der Abschreckung gleichsam durch Einsatz des eigenen Lebens glaubwürdiger zu machen.

Die gegenwärtig immer häufiger auftauchenden Erwägungen über die Führbarkeit eines Nuklearkrieges rücken freilich die Frage des Zivilschutzes verstärkt in den Vordergrund. Unbeschadet der Kostenfaktoren (in der Schweiz werden pro Kopf 1 200 Franken ausgegeben, um Unterstände für jedermann erreichbar zu machen) mobilisiert diese Herausforderung jedenfalls die Bevölkerung mehr als ein im Grunde ineffektiver Zivilschutz. Wer ist bereit, um den anderen abzuschrecken, sich selbst der Vernichtung preiszugeben? Wird dagegen der Zivilschutz vorangetrieben, zeigt sich die makabre Antinomie unserer Lage. Ein Vergleich mit den »neutralen« Positionen in der Schweiz oder Finnland macht die Perversion deutlich: Im Spannungsfeld der atomaren Mächte droht, wer sich schützt. Die gesamte Atomkriegsplanung führt dabei unmittelbar in politische Legitimationsfragen hinein, die ihrerseits alle Argumente zu verschieben geeignet sind.

Das zeigt sich besonders bei den Vertretern der Randländer (Finnland, Portugal und in gewisser Weise auch die Schweiz). Deren Vertreter neigen dazu, die militärische Bereitschaft, den Frieden zu wahren, von den atomaren Supermächten abzukoppeln. Sei es, daß internationale Kontrollen gefordert werden, auf die sich die Supermächte einlassen sollten, sei es, daß die konventionelle Aufrüstung so hoch getrieben wird, daß man sich vermeintlich der atomaren Drohung auf diese Weise entziehen kann. Die Tatsache, daß das atomare Patt einen Atomkrieg verhindert, dafür aber rund 150 Kriege seit dem Zweiten Weltkrieg zugelassen und ermöglicht hat, spricht hier eine andere Sprache. Andererseits muß eingeräumt werden, daß der Einsatz nuklearer Gefechtsfeldwaffen nicht auf die direkte Konfrontation von Amerika und Rußland hin konzipiert ist: Es handelt sich um Waffen, die im konkreten Einsatzfall nur in Europa (oder zwischen China und Rußland) verwendbar sind. Auf diese Weise könnten die Neutronenwaffe wie auch die Mittelstreckenraketen dazu dienen, die USA zwar aus der unmittelbaren Konfrontation mit Rußland herauszuhalten, aber Europa um so eher einem auf den eigenen Kontinent begrenzten Atomkrieg auszusetzen. So führt die Nukleardebatte im Hinblick auf die Neutronenwaffe in das Zentrum der strategischen Gesamtplanung von NATO und Warschauer Pakt: Wieweit sind die Interessen von Rußland und Amerika mit ihren jeweiligen Verbündeten identisch und wieweit nicht? Es liegt in der Logik der Argumente, daß eine Verselbständigung europäischer Interessen in den Bereich möglicher Alternativen rückt, die von der Friedensbewegung im Westen begrüßt werden. Derartige Alternativen können dann wiederum auf die Verhandlungen zurückwirken, die eine Parität in der Bewaffnung zwischen den Supermächten anstreben. Eine geostrategische Dauerproblematik liegt hierbei in der doppelten Rolle, die die Sowjetunion immer innehat: sowohl Teil des europäischen Kontinents zu sein wie auch mit den USA und China konfrontiert zu bleiben. Und für die Friedensbewegungen bleibt die dauernde Herausforderung, daß ihre moralisch eingängigen Argumente, in den politischen Funktionszusammenhang eingerückt, den sowjetischen Interessen entgegenkommen. Die zentrale Aufgabe aller Beteiligten, aller Betroffenen liegt darin, die Gesamtheit aller differierenden Aspekte in politisch handhabbare Argumente und Handlungsdirektiven umzusetzen.

Jorma K. Miettinen
Fragen der taktischen Nukleardoktrin und -politik

Drei Veränderungen während der siebziger Jahre haben die NATO-Politik der »flexible response« heute zu einem brennenden Problem gemacht:

Erstens: Der Verlust der amerikanischen Überlegenheit bei den strategischen Kernwaffen.[1]

Zweitens: Die Modernisierung der sowjetischen M/IRBM und ihrer nuklearfähigen Flugzeuge, nachdem die USA ihre strategische Überlegenheit verloren hatten, wodurch Westeuropa zu einer nuklearen Geisel ohne glaubhafte »weiterreichende Abschreckung« durch die USA geworden ist, wie Kissinger in seiner Rede vom September 1979 betont hat.[2]

Drittens: Die Modernisierung der sowjetischen nuklearen Gefechtsfeldwaffen durch Einführung nuklearer Artillerie und von Raketen kurzer Reichweite: SS-21, SS-23 und demnächst der SS-22.[3]

Angesichts der gegenwärtigen Entwicklungen auf ein nukleares Kriegführungspotential hin sind die Asymmetrien in den militärischen Positionen und Doktrinen in Europa für den Westen unerträglich geworden. Bevor wir aber zu den Doktrinen kommen, sind einige Worte vonnöten über das europäische militärische Gleichgewicht, weil dieses Gleichgewicht ein wichtiger Faktor ist im Hinblick auf die Möglichkeiten der NATO, zu einer nichtnuklearen Position überzugehen.

Zunächst das konventionelle Gleichgewicht. Die Truppenstärken in Mitteleuropa sind während der vergangenen acht Jahre in Wien in mikroskopischem Detail studiert worden, und wenngleich die NATO immer noch daran festhält, daß es eine Diskrepanz von 150 000 Mann gebe, wie sie es im Jahre 1973 behauptet hat[4], so wird es ihrer Aufklärung in Wirklichkeit bekannt sein, daß die Diskrepanz um einiges kleiner ist. 1976 waren die offiziellen Zahlen: Warschauer Pakt: 805 000 Mann Bodenstreitkräfte, NATO: 731 000 ohne französische Truppen in der Bundesrepublik. Zählt man diese, etwa 60 000, mit, so beträgt der Unterschied 14 000.[5]

Tabelle 1:
Warschauer Pakt / NATO Zentralfront Friedensstärken der Bodentruppen

	Nato[a]	Warschauer Pakt[b]
Mannschaftsstärke (Mio.)	1045–1096	1124–1216
Divisionen	22–32	26–50

Anmerkungen:
a Für die NATO umfaßt der niedrigere Schätzwert nur die aktiven NATO-Divisionen auf westdeutschem Boden, nicht jedoch Reserven, westdeutsche Territorialstreitkräfte, französische Divisionen und belgische und holländische Streitkräfte. Die höheren Schätzwerte enthalten aktive deutsche Territorialstreitkräfte, drei französische Divisionen, die in der Regel in der Bundesrepublik stationiert sind, sowie zwei belgische und drei holländische Divisionen, die normalerweise in ihren Heimatländern stationiert, jedoch für die Vorwärtsverteidigung auf westdeutschem Boden vorgesehen sind.
b Die niedrige Schätzung der Mannschaftsstärke für den Warschauer Pakt umfaßt alle Divisionen der Kategorien II und III in Friedensstärke; der höhere Schätzwert der Divisionen umfaßt alle Divisionen der Kategorie I des Warschauer Pakts in Ostdeutschland. Der obere Schätzwert umfaßt alle Divisionen der Kategorie I, die in Polen, der DDR und der Tschechoslowakei stationiert sind. Zusätzlich gibt es zwei sowjetische Divisionen der Kategorie I in der westlichen Sowjetunion, die kurzfristig in Osteuropa eingesetzt werden könnten.

Quellen: John M. Collins, *U.S. Soviet Military Balance, 1960-1980*, McGraw-Hill Publications Co. 1980; International Institute for Strategic Studies, *The Military Balance, 1980-81*, London 1980; Robert Lucas Fischer, *Defending the Central Front: The Balance of Forces*, London: International Institute for Strategic Studies, Adelphi Paper No. 127, Herbst 1976; Congressional Budget Office, *Assessing the NATO/Warsaw Pact Military Balance*, Dezember 1977; Carnegie Panel on U.S. Security, *Challenges for U.S. National Security*, Part II, Carnegie Endowment for International Peace.

Ein Vergleich, den das Carnegie Panel on U. S. Security[6] aufgestellt hat, findet sich in Tabelle 1.

Das Zahlenmaterial ist wichtig, aber die Diskrepanzen werden aufrechterhalten, weil es keinen politischen Willen gibt, in einer für die Supermächte zweitrangigen Frage zu einem Abkommen zu kommen, solange diese nicht in der Lage sind, in Fragen der strategischen Kernwaffen Übereinstimmung zu erzielen. Es ist äußerst schwierig, die Zahlen zu verifizieren, aber selbst wenn der Osten einen 15%igen Mannschaftsvorteil hätte, wie die NATO sagt, so wäre dies nicht entscheidend. Ein mindestens dreifacher Vorteil, d. h. 300%, sind notwendig, um einen Erfolg beim Angriff zu garantieren. Gewiß könnte eine derartige Überlegenheit lokal auch durch einen schwächeren Angreifer erreicht werden, wenn er in der Lage wäre, Ort und Zeit für seinen Angriff zu wählen, wenngleich freilich die Geheimhaltung einer solchen Konzentration heute schwierig sein dürfte. Jedoch vorausgesetzt, der Verteidiger hätte eine geeignete Verteidigungsposition und Doktrin (d. h. hinreichend viel Tiefe und Beweglichkeit), so könnte er die Streitkräfte des Angreifers wirkungsvoll absorbieren und dann zum Gegenangriff übergehen. Dieses könnte z. B. erreicht werden durch eine geeignete Kombination von verteidigungsstarken Territorialstreitkräften und allgemeinen Streitkräften mit offensiven Fähigkeiten und Beweglichkeit.

Die gegenwärtige Position und Doktrin der NATO genügt diesen Anforderungen nicht. Die Vorwärtsverteidigung der NATO ist zu linear, um einem geballten Angriff standzuhalten. Hierbei ist der nuklearen Artillerie eine allzu beherrschende Rolle zugewiesen. Die NATO muß sehr früh auf nukleare Gefechtsfeldwaffen zurückgreifen, um einen strategischen Durchbruch zu verhindern. Und der wirkliche Einsatz von Kernwaffen wäre verhängnisvoll, weil die NATO, wie wir später zeigen werden, keine glaubhafte taktische Nukleardoktrin hat. Darüber hinaus entziehen sich die hernwaffen kurzer Reichweite einer adäquaten politischen Kontrolle. Jedoch ist diese Betonung einer nuklearen Kriegführung nicht notwendig.

Die NATO insgesamt hat mehr stehende Truppen, mehr Truppen nach einer Gesamtmobilmachung und eine viel stärkere wirtschaftliche und industrielle Basis.[7] Ein Viertel der sowjetischen Truppen ist immer noch an der chinesischen Grenze gebunden, wo sie einer Nation gegenüberstehen, die während einer sich hinziehenden Krise zusätzlich zu 4,4 Millionen regulärer Streitkräfte etwa 100 Millionen Miliz, von denen 10 Millionen schon in Friedenszeiten bewaffnet und relativ gut ausgebildet sind, in Bewegung setzen kann. Darüber hinaus könnte China im Fall eines allgemeinen Krieges die Unterstützung von Japan finden, einer Nation mit großer Militärtradition, einer Viertelmillion stehender Truppen, einer Million professionell ausgebildeter Reservisten und einer hochgezüchteten Kriegsmaschinerie.

Der Warschauer Pakt mag 2,7mal mehr Panzer und auch mehr Artillerie, gepanzerte Mannschaftstransporter und Kampfflugzeuge haben als der Westen[8], aber der Westen besitzt eine erhebliche Überlegenheit bei den Antitankwaffen, Hubschraubern und ganz allgemein in moderner militärischer Technologie und könnte diese technologische Führung noch weiter ausbauen. Durch eine Aufstockung der Verteidigungsausgaben um 1% des BSP könnte die NATO zu einer konventionellen Position übergehen, wie dies von General Rogers festgestellt wurde.[9]

Der hohe Bestand an Panzerfahrzeugen erklärt sich aus der Tatsache, daß sich die sowjetische Doktrin[10] auf Angriff, Überraschung und schnelles Vordringen stützt. Der Westen hatte bewußt eine andere Bewaffnung und eine andere Doktrin gewählt. Aber er kann seine Doktrin ändern.

Die Euro-Nuklearwaffen (Theatre nuclear weapons). Die NATO ist zahlenmäßig überlegen: Es existieren etwa 6000 einsatzfähige taktische Nuklearwaffen in Europa gegenüber zur Zeit etwa 4500 sowjetischen Waffen.[11] Bezüglich der Zahl der sowjetischen Euro-Nuklearwaffen gibt es eine erhebliche Unsicherheit. Viele Jahre lang hat das IISS die magische Zahl von 3500 publiziert. Diese Zahl ist wahrscheinlich auf 4000 bis 4500 angestiegen durch die Einführung weiterer SCUD B auf Armeeebene, der SS-21, nuklearfähiger Artillerie (vielleicht 300 Rohre), der SS-23 und zusätzlicher nuklearer Flugzeuge. Das sowjetische Schlachtfeldpotential hat sich auf diese Weise in den letzten Jahren erheblich verbessert.[12]

Das IISS hat unlängst einen besonderen Vergleich der lang- und mittelreichweitigen Nuklearsysteme für den europäischen Kriegsschauplatz durchgeführt und dabei dem Warschauer Pakt eine unglaubwürdig hohe »Bestandzahl« zugesprochen – 5364 (hiervon 4150 Bomben).[13] Für die NATO hat das Institut eine Zahl von nur 2045 angegeben, davon 366 Raketen. Wegen der geringeren Einsatz- und Eindringfähigkeit von Flugzeugen sind die »Systemwirksamkeitszahlen« (Zahl der Sprengköpfe, die voraussichtlich ihr Ziel erreichen würden): Warschauer Pakt: 1209, NATO: 1065. Auf diese Weise hätte der Warschauer Pakt einen Vorteil von 13%. Jedoch kann diese Schätzung wohl kaum genauer als ± 30% sein, und so kann man im wesentlichen von Gleichstand sprechen oder von einem groben zahlenmäßigen Gleichgewicht. Bekanntlich halten die Sowjets daran fest, daß es einen Gleichstand von etwa 980 auf beiden Seiten gibt.[14] Ein westlicher Vergleich[15] gibt der

Sowjetunion einen Vorteil von 3 : 1 für 1981, wobei er die französischen Kernstreitkräfte außer Betracht läßt und 400 ältere Raketen mit einbezieht, die inzwischen abgebaut wurden, sagt jedoch für Mitte der achtziger Jahre einen Gleichstand voraus (Tabelle 2).

Wenn wir die Gefechtsfeldwaffen kürzerer Reichweite jedoch zum Bedrohungsgleichgewicht hinzurechnen, hat die NATO einen klaren zahlenmäßigen Vorteil. Dies wurde selbst von einer Autorität wie General Brown im Jahre 1978[16] zugegeben. Die NATO hat möglicherweise auch eine qualitative Überlegenheit und wird sie sicher dann haben, wenn das US-Modernisierungsprogramm abgeschlossen ist, also etwa in der Mitte der achtziger Jahre. Aber Zahlen allein sind nicht ausschlaggebend, und ich würde sogar behaupten, daß sie nicht einmal der entscheidende Faktor bei einem Wirksamkeitsvergleich sind. Beide Seiten haben mehr Nuklearbewaffnung, als sie einsetzen könnten, bevor die Welt in die Luft fliegt. Angesichts solch exorbitanter Arsenale sind die Doktrinen von entscheidender Bedeutung. – Viele weitere Faktoren mögen ebenso eine Rolle spielen – Ausbildung, Motivation, Moral, Einschätzungen, psychologische Faktoren; niemand besitzt irgendwelche wirklichen Kenntnisse oder Erfahrungen, wie eine nukleare Schlacht tatsächlich verlaufen würde.

Die Nukleardoktrinen. Meiner Meinung nach hat die NATO es nie geschafft, eine logische Kriegführungsdoktrin für den Einsatz ihrer nuklearen Gefechtswaffen zu entwickeln. Sie behauptet, eine reine Verteidigungsdoktrin zu haben[17]: Euro-Nuklearwaffen werden in beschränktem Umfang gegen Konzentrationen des angreifenden Gegners eingesetzt, wenn die konventionelle Verteidigung zu erodieren beginnt – nach vielleicht einigen Tagen hinhaltenden Operierens in befreundetem Gebiet zwischen Millionen fliehender Zivilisten. Dies mag vielleicht Sinn gehabt haben zu einer Zeit, als die USA über eine klare nukleare Überlegenheit verfügten und Nuklearwaffen vorrangig eine Abschreckungsrolle gespielt haben – es ist aber eine höchst fragwürdige Doktrin für reale Kriegführung, zu der der Trend zur Zeit auf beiden Seiten zu führen scheint.

Die Sowjets haben keine Schwierigkeiten, den Nuklearwaffen in ihrem militärischen Denken eine klare Rolle zuzuschreiben.[18] Ihre Doktrin ist eine rein militärische, auf Clausewitz zurückgehende, vielleicht sogar auf Sun Tzu. Sie basiert auf Angriff und Über-

Tabelle 2: Geschätzte Zahl der landgestützten taktischen Nuklearwaffen (USA/NATO und Sowjetunion)[1]

	Reichweite (km)	Sprengköpfe jeweils	1. Januar 1981				Mitte 80er Jahre (geschätzt)			
			Gesamtzahl global	Gesamtzahl in Europa[2]	Sprengköpfe global	Sprengköpfe in Europa	Gesamtzahl global	Gesamtzahl in Europa	Sprengköpfe global	Sprengköpfe in Europa
Sowjet										
SS-20-Abschußvorrichtungen	≧ 4400	3	180	110	540	330	300[3]	[4]	900[3]	[4]
Backfire-Bomber[5]	4200	4[6]	65–70	40	260–280[8]	160	150	[4]	600	[4]
ältere Raketen	1900–4100	1	400	400	400	400	50–200[7]	50–200[7]	50–200[7]	50–200[7]
ältere Bomber	2800–3100	2[6]	450	350	900	700	400	300	800	600
NATO										
GB Vulcan Bomber	> 2000	–[8]	56	56	–[8]	–[8]	0	0	0	0
US F-111	1800	2[6]	360	170	720	340	330	170	660	340
US GLCM	> 2000	1	0	0	0	0	464[9]	464[9]	464[9]	464[9]
US Pershing II	> 2000	1	0	0	0	0	108[9]	108[9]	108[9]	108[9]

Anmerkungen zur Tabelle 2
1 Sowjetische Systeme, die zweifelsfrei Ziele in Westeuropa von sowjetischen Basen aus erreichen können, und NATO-Systeme, die zweifelsfrei die Sowjetunion von westeuropäischen Basen aus erreichen können. Die Flugzeugreichweiten sind Mittelwerte für europäische Einsätze.
2 Waffen, die normalerweise in Europa oder in Reichweite von Europa stationiert sind.
3 Wegen des gegenwärtig andauernden Konstruktionsprogrammes kann die SS-20-Streitmacht die hier angegebenen Schätzungen übersteigen.
4 Zwei Drittel der globalen Bewaffnungsstärke könnten gegen die NATO eingesetzt werden.
5 Umfaßt nur angriffsorientierte Bomber und Luft-Boden-Raketenträger; nicht jedoch vergleichbare Anzahlen von Backfire und älteren Bombern, die zur Zeit der sowjetischen Marinefliegerei unterstellt sind.
6 Mittlere Sprengkopfzahl. Die tatsächliche Zahl hängt von der Art des Einsatzes und der Art der Waffe (Luft-Boden-Rakete oder Bombe) ab.
7 Die gezeigten Zahlen spiegeln die Unsicherheit über den zukünftigen Status älterer Abschußvorrichtungen wider.
8 Freigegebene Zahlenangaben nicht verfügbar.
9 Nach abgeschlossener LRTNF-Modernisierung.

Quelle: Nach *Department of Defense Annual Fiscal Year 1981*, S. 66. Adelphi Paper 175: Deterrence in the 1980s: Teil I.

raschung, Artillerie-Sperrfeuer, Durchbrüchen, schnellen, beweglichen und andauernden Angriffen. Die Nuklearwaffen erzeugen unabsehbares Chaos, indem sie gleichzeitig auf die gesamte Tiefe der gegnerischen Streitkräfte gerichtet werden. Das Chaos beim Gegner, beim Verteidiger, ist der Schlüssel zum Erfolg des Angreifers: es wird erreicht durch wohlgeplanten Einsatz von Nuklearwaffen mit großer Reichweite unter zentralisiertem Kommando.

Vom rein militärischen Standpunkt aus ist die sowjetische Doktrin ohne Zweifel überlegen, und die Sowjetunion hat Nuklearwaffen, die dieser Doktrin genau entsprechen. Die NATO ist somit das stärkere und reichere Bündnis, fühlt sich aber schwächer – und ist es vielleicht auch aufgrund von Mängeln in Organisation und Doktrin. Viel von diesem Minderwertigkeitskomplex rührt von der Tatsache her, daß die NATO versucht, ihre Verteidigungsprobleme durch Einsatz von Nuklearwaffen auf allen Ebenen zu lösen, von Waffen, die zur Kriegführung nicht geeignet sind.

Die Zukunft. Um eine bessere Glaubwürdigkeit zu erzielen, sollte die Bundesrepublik ihre konventionelle Verteidigung verstärken und ihre Abhängigkeit von einem frühen Einsatz amerikanischer Nukleargefechtsfeldwaffen reduzieren. Als Bürger eines Landes, in dem 97% der jungen Männer ihrer Militärpflicht genügen, kann ich kaum sehen, wie die Bundesrepublik glaubhaft verteidigt werden kann, wenn 25% ihrer jungen Männer den Dienst verweigern. Wie kann sich die Bundesrepublik dies leisten? Warum sollten die 75% die 25% verteidigen? Dies ist eine Frage von Fairneß und Moral. Wenn man von allen diesen jungen Männern die Erfüllung ihrer staatsbürgerlichen Pflicht verlangte, könnte das Ungleichgewicht in Personalstärke und Mobilisierungspotential korrigiert werden.

Ein konventionelles Gleichgewicht könnte zumindest theoretisch auch durch einvernehmliche Reduktionen des konventionellen Potentials erreicht werden. Man könnte in Wien zu einem Übereinkommen über niedrigere gleichgewichtige konventionelle Kräfte gelangen, wen beide Seiten auch übereinkämen, die Zahl ihrer nuklearen Gefechtsfeldwaffen zu reduzieren und sie auf eine zweitrangige, rein abschreckende Rolle zu beschränken. Aber dies ist eine schwierige Veränderung zu einem Zeitpunkt, zu dem auch die Abhängigkeit von Kernwaffen reduziert werden muß.

Wichtiger als zahlenmäßige Einschränkungen wären Veränderungen in der nuklearen Politik und Position. Die NATO sollte sich langsam in Richtung einer verringerten Abhängigkeit von nuklearen Kernstreitkräften und auf einen Verzicht des Ersteinsatzes hin bewegen, wie dies von McGeorge Bundy und anderen vorgeschlagen wurde.[19] Andererseits sollte die Sowjetunion anfangen, sich gleichzeitig auf eine defensivere Position hin zu bewegen, denn ihre gegenwärtige Position mit schwerbewaffneten Schock- und Gardearmeen in der DDR ist eine rein offensive und eine herausfordernde Bedrohung für den Westen.[20] Eine solche Veränderung würde die westliche Notwendigkeit eliminieren, sich vorrangig auf eine nukleare Eskalation zu stützen.

Unglücklicherweise scheinen sich militärische Positionen nicht leicht verändern zu lassen. In der Tat sind die USA von ihren fast eine Million europäischen Alliierten, die die europäischen Sowjetstreitkräfte binden, abhängiger, als es die Europäer von den 193 000 US-Bodenstreitkräften in Europa sind, oder von den Garantien (auf die man sich ohnehin nicht verlassen kann, wie Kissinger sagt). Nachdem nun die gegenwärtige US-Regierung ihre strategischen Beziehungen mit Peking abgeschwächt hat, wären die USA mit 700 000 Bodentruppen global der Sowjetunion unterlegen, hätten sie nicht die europäischen Alliierten. Die USA müssen sich offensichtlich eine gewisse Hegemonie über ihre westeuropäischen Alliierten sichern.

Die Sowjetunion andererseits braucht erhebliche Streitkräfte in den sozialistischen Ländern, weil die Osteuropäer mit ihren gegenwärtigen politischen Systemen nicht zufrieden sind. Die »NATO-Bedrohung« ist eine passende Rechtfertigung für die Anwesenheit von Sowjettruppen in den sozialistischen Ländern. Faktoren wie diese machen die Veränderung der militärischen Position in Europa äußerst schwierig.

Eines ist sicher: Die USA können die grundlegenden Mängel der »flexible response« nicht allein durch die Modernisierung ihrer taktischen Nuklearwaffen beheben. Neutronenwaffen sind kein Allheilmittel. Sie haben nur marginale Vorteile im Vergleich zu Kernspaltungswaffen. Eine lineare Vorwärtsverteidigung widerspricht in der Tat der »flexible response«, weil ihr die Flexibilität fehlt (außer der der nuklearen Mittel). Eine bessere konventionelle Position mit größerer Tiefe, verbessertem Antipanzerpotential, verbesserter Manövriertaktik, einem schnellen Landverminungspotential, mehr Artillerie (konventionelle!) und schnellerer Mobilmachung sind notwendig für eine solide konventionelle Verteidigung. Nuklearwaffen müssen allmählich auf eine vorrangige Abschreckungsrolle zurückgezogen werden. Schließlich sollten sie am besten völlig eliminiert werden, wobei sich beide Seiten ausschließlich auf leicht bewaffnete, rein defensive Streitkräfte und Positionen stützen, wie dies z. B. Finnland jetzt tut, damit wir zu einer dauerhaften Stabilität in Europa gelangen können.

Da Europa keine internen Kriegsgründe hat, sind die Spannungen hier primär außereuropäischen Ursprungs aufgrund des erbitterten globalen Wettstreits der Supermächte. Um einen dritten Weltkrieg zu vermeiden, sollten die europäischen Staaten danach streben, sich von diesem ungesunden Wettstreit abzukoppeln.

Anmerkungen

1 Caspar W. Weinberger, Secretary of Defense, *Annual Report to the Congress, Fiscal Year 1983*, Washington DC, 1982.
2 K. D. de Vries, *Responding to the SS-20: An alternative Approach;* C. J. Makins, *The Next Steps;* H. A. Kissinger, *NATO: The Next Thirty Years*, 1. 9. 1979; Bundy McGeorge, *The Future Strategic Deterrence*, 6. 9. 79; Bonn, *West German White Paper on Defence*, September 1979, in: *Survival* 251–277, vol. XXI, 6/1979.
3 Department of Defense, *Soviet Military Power* 24–36, Washington DC, 1981.
4 *Challenges for U. S. National Security, Assessing the Balance. A Preliminary Report*, Part II, Carnegie Panel on U. S. Security, Carnegie Endowment for International Peace 1981.
5 L. Ruehl, *MBFR: Lessons and Problems*, Adelphi Papers No 176, 1982.
6 Vgl. *Challenges for U. S. National Security* (s. Anm. 4).
7 S. Canby, *The Alliance and Europe: Part IV: Military Doctrine and Technology*, Adelphi Papers No 109, 1974.
8 Vgl. *Challenges for U. S. National Security* (s. Anm. 4).
9 Öffentliche Erklärungen im Jahr 1982. Auf einer Konferenz in Bonn am 20. November 1982 über die Beziehungen zwischen den USA und der Bundesrepublik sprach General Rogers die Warnung aus, daß die NATO im Falle eines konventionellen Angriffs bereits frühzeitig nukleare Waffen einsetzen müßte, wenn sie ihre konventionelle Verteidigung nicht verstärke.
10 Jacquelyn K. Davis, Robert L. Pfaltz, *Soviet Theatre Strategy: Implications for NATO*. USSI report 78–1, United States Strategic Institute, Washington D. C. 20006, 1978. Défense Nationale: *La Guerre Nucléaire: Doctrine Soviétique et Doctrines Occidentales*, 36, Oktober 1980, S.25–44.
11 *Military Balance* 1982–83.
12 Vgl. *Soviet Military Power* (s. Anm. 3) sowie *Challenges for U. S. National Security* (s. Anm. 4).
13 *The Military Balance 1980–81:* Some changes in figures in the reports of 1981–82 and 82–83.
14 Die offiziellen sowjetischen Zahlen lauten: NATO 986, Warschauer Pakt 975 LRTNWs, die auf Ziele in Europa gerichtet sind. *Whence the Threat to Peace?*, 2. Bd., Moskau 1982, S. 87–88.
15 Siehe Tabelle 2.
16 G. S. Brown, USAF, Chairman, Joint Chiefs of Staff, Vorbereitete Erklärung in: *U. S. Congress, Senate, Committee on Armed Services, Department of Defense Authorization for Appropriations for Fiscal Year 1979, Part 1: Authorization, Posture Statement*, S. 407.

17 James R. Schlesinger, *The Theatre Nuclear Force Posture in Europe: A Report to the United States Congress in Compliance with the Public Law 93-365*, S. 2, Washington D. C., April 1975.
18 J. D. Douglass, Jr., *SOVIET Military Strategy in Europe*, Pergamon Press, New York, 1980.
19 Siehe de Vries u. a. (s. Anm. 2).
20 Siehe Department of Defense, *Soviet Military Power* (s. Anm. 3), S. 25.

Frank Barnaby
Entwicklung im atomaren Wettrüsten

Es ist ganz ungewöhnlich, wieviel Information in den Vereinigten Staaten über militärische Belange öffentlich zugänglich ist. Die Sowjets hingegen sind in militärischen Dingen geheimnisbesessen und tragen selbst die Schuld für die im Westen umlaufenden Übertreibungen bezüglich ihrer Militärausgaben und des Umfangs ihrer Kriegsmaschinerie. Bedauerlicherweise schätzen die britischen und französischen Verteidigungseinrichtungen die Geheimhaltung fast ebensosehr wie die Sowjets. Die Welt wäre sicherer, wenn die Großmächte dem amerikanischen Beispiel folgten und mehr Offenheit in ihren militärischen Belangen zeigten.

Für eine aufgeklärte öffentliche Diskussion über Kernwaffenfragen sind Daten über Nuklearwaffenarsenale und nukleare Zielplanung entscheidend. Die öffentlich verfügbare Information über das amerikanische Nukleararsenal wurde unlängst von W. M. Arkin, T. B. Cochran und M. M. Hoenig in einem *Nuclear Weapons Data Book* zusammengestellt, das von Ballinger für den National Resources Defense Council in Washington veröffentlicht werden wird. Überraschend vollständige Informationen über die amerikanische strategische nukleare Zielplanung wurden von Desmond Ball veröffentlicht, einem Wissenschaftler beim »Strategic and Defence Studies Centre« der Australian National University.

Das amerikanische Kernwaffenarsenal hat sich nach Umfang und Qualität über den Zeitraum etwa eines Jahrzehnts nicht wesentlich verändert. Sehr große Veränderungen sind jedoch für die nächsten zehn Jahre geplant. Die Ausrüstung mit neuen Waffen wird einen Übergang von der Kernwaffenpolitik der nuklearen Abschreckung auf der Basis sicherer gegenseitiger Zerstörung (MAD) zur Nuklearkriegführung bewirken.

Nach Arkin et al. enthält das amerikanische Kernwaffenarsenal gegenwärtig 26 000 Kernwaffen – eine Reduktion gegenüber dem Maximum von ca. 32 000 im Jahr 1967. Die heutigen Waffen verteilen sich auf 25 Typen – sie reichen von tragbaren Landminen mit einem Gewicht von nicht mehr als 70 kg bis zu strategischen Bomben von ca. 3,6 t Gewicht. Die Explosivleistung variiert ganz erheblich – von einer Explosivkraft von 10 t TNT-Äquivalent (der

Nuklearmächte

etablierte	USA	1945
	UdSSR	1949
	Großbritannien	1952
	Frankreich	1960
	China	1964
	Indien	1974 (eine Kernexplosion)
mögliche	Israel (?)	
	Südafrika (?)	
nächste	Pakistan (?)	

Sowjetische und amerikanische Nukleararsenale

	USA	UdSSR
ICBM	1 052	1 398
SLBM	520	950
Ballistische Raketen insgesamt	1 572	2 348
Davon:		
ICBM-MIRV	550	818
SLBM-MIRV	520	256
MIRV insgesamt	1 070	1 074
Strategische Bomber	340	150
Trägersysteme insgesamt	1 912	2 489

ICBM = Interkontinentale ballistische Rakete
SLBM = U-Boot-gestützte ballistische Rakete
MIRV = Mehrfache und unabhängig steuerbare Wiedereintrittskörper

Stärke der W 54 Landmine) bis zu 9 Millionen t TNT-Äquivalent (der Stärke der strategischen Bombe B 53 und dem Sprengkopf W 53 der Titan II Interkontinental-Rakete). In der Tat sind Kernsprengköpfe praktisch für alle Arten von Waffen verfügbar – strategische sowohl wie taktische – und für die meisten militärischen Einsatzarten. Zwölf Kernwaffentypen sind gegenwärtig in NATO-Ländern aufgestellt.

Abb. 1: Entwicklung, des amerikanischen Nukleararsenals

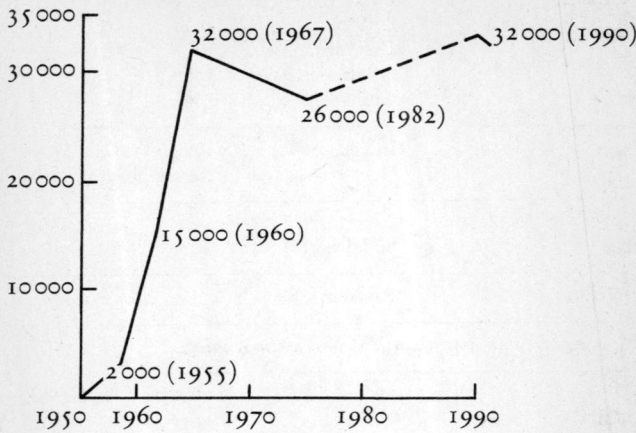

Die Anzahl der Kernwaffen verschiedener Bauarten im US-Arsenal variiert beträchtlich. Die Listen von Arkin et al. zeigen Zahlen, die von 3 500 für die 155-mm-Artilleriegranate W 48 bis zu 65 für die W 53 Sprengköpfe der Titan II reichen. Die Anzahl der Nuklearbomben beläuft sich auf 7 570 und verteilt sich auf fünf Typen (B 28, B 43, B 53, B 57 und B 61). Die Stückzahlen der taktischen und strategischen Kernwaffen sind etwa gleich – im Gegensatz zu den sechziger Jahren, als das US-Arsenal hauptsächlich ein taktisches war. Etwa 6 000 taktische Kernsprengköpfe sind in NATO-Ländern aufgestellt.

Die Daten von Arkin et al. zeigen, daß zur Zeit sechs Typen von Kernsprengköpfen produziert werden – der W 80-Sprengkopf für die luftgestützte Cruise Missile, der Mark 12 A-Sprengkopf (W 78) für die Minuteman III Interkontinentalrakete, der W 76-Sprengkopf für die Trident II U-Boot-Rakete, die Bombe B 61, der »enhanced-radiation« Sprengkopf W 70 (Neutronenbombe) für die Lance Rakete und die 8-Zoll »enhanced-radiation« Artillerie-Granate W 79. Am bedeutsamsten jedoch sind die 16 zusätzlichen Typen, die sich im Stadium der Forschung und Entwicklung befinden, drei von ihnen (die Bombe B 83, der Sprengkopf W 85 für die

Nukleararsenale

			Sprengköpfe	Megatonnen
USA				
	Strategische	ICBM	2 152	1 532
		SLBM	4 800	288
		Bomber	2 588	1 628
		insgesamt	9 540	3 448
	Taktische	Haubitzen Artilleriegranaten Raketen Bomben Landminen Torpedos usw.	16 000	~2 000
UdSSR				
	Strategische	Bomber	412	412
		ICBM	6 384	3 384
		SLBM	2 006	739
		insgesamt	8 802	4 535
	Taktische	(wie USA)	~15 000	~1 900
Insgesamt			~50 000	~12 000

	Sprengköpfe	Megatonnen
GB u. Frankreich u. China		
Strategische u. taktische	1 500	einige hundert

Pershing-II-Rakete und der Sprengkopf W 84 für den bodengestützten Marschflugkörper) gehen 1983 in Produktion. Viele dieser neuen Typen sind Waffen für die nukleare Kriegführung.

Vier Typen von Kernwaffen werden gegenwärtig oder in naher Zukunft aus dem US-Arsenal entfernt – die W 31 Nike Hercules Boden-Luft-Raketen (750), die nuklearen Landminen W 45 (300), die strategischen Bomben B 53 (150) und die W 53-Sprengköpfe der Titan II Interkontinental-Raketen (65). Zehn weitere Typen werden ganz und drei weitere teilweise ersetzt.

Amerikanisches Nukleararsenal (Jan. 82)
Insgesamt 26 000 Sprengköpfe. Die zehn zahlreichsten Typen:

W 48/155-mm-Artillerie	3 500
W 68/Poseidon SLBM	3 500
B 61/Bombe	3 000
B 43/Bombe	2 220
W 33/8-Zoll-Artillerie	2 000
W 76/Trident I SLBM	1 300
W 62/Minuteman III (Mk 12)	1 200
B 28/Bombe	1 200
W 69/»Short Range Attack Missile«	1 140
B 57/»Depth Bomb«	1 000
	20 000

In Produktion	*abgebaut werden:*
B 61/Bombe	4 Typen – W 31/Nike Hercules
W 70/Lance	N 45/ADM; B 35-Bombe;
W 76/Trident I	W 53/Titan II
W 78/MM III (Mk 12 A)	
W 79/8-Zoll-Artillerie	*ersetzt werden:* 13 Typen

Von den zur Zeit in Produktion befindlichen sechs Typen werden nach gegenwärtigen Planungen 9 070 neue Sprengköpfe hergestellt werden. Weitere sieben Typen (die W 80 für seegestützte Marschflugkörper, die W 81 für die See-Luft-Rakete Standard, die 155-mm-Artillerie-Granate W 82, die Bombe B 83, die W 84 für bodengestützte Marschflugkörper, die W 85 für Pershing-II-Raketen und die W 87 für die MX Interkontinental-Raketen) werden im Laufe der nächsten fünf Jahre in Produktion gehen. Die Planung sieht insgesamt die Herstellung von 10 070 dieser Sprengköpfe vor. Für die weitere Zukunft geben Arkin et al. sieben zusätzliche Sprengkopftypen an, die in den späten achtziger und in den neunziger Jahren in Produktion gehen sollen – für Anti-U-Boot-Waffen, für die Verteidigung des unteren Luftraumes, für das »lethalneutralisation«-System, für das »Corps-support«-Waffensystem, für fortgeschrittene taktische luftgestützte Waffen, für taktische Luft-Boden-Bewaffnung und für fortgeschrittene Cruise Missiles.

Produktion (1982)	geplante Stückzahl
6 Typen	9 070
B 61-Bombe	1 000
W 70 Lance (Neutronen)	280
W 76 Trident I	2 300
W 78 Minuteman III (Mark 12 A)	543
W 79 8-Zoll-Artillerie (Neutronen)	680
W 80 flugzeuggestützter Marschflugkörper	4 268

Sie schätzen, daß 10 450 Nuklearsprengköpfe für diese zukünftigen Waffensysteme produziert werden sollen. Falls die Trident U-Boot-Raketen mit manövrierbaren Wiedereintrittsflugkörpern ausgerüstet werden, könnte dies zur Produktion von 7 500 weiteren Sprengköpfen führen.

Insgesamt mag die geplante Kernsprengkopfproduktion in den Vereinigten Staaten bis in die Mitte der neunziger Jahre etwa 37 000 neue Kernsprengköpfe umfassen, hiervon etwa 14 000 für Waffen, die sich gegenwärtig im Forschungs- und Entwicklungsstadium befinden. Es ist daher wahrscheinlich, daß die USA im Laufe der nächsten zehn Jahre 23 000 neue Kernsprengköpfe bauen werden. Berücksichtigt man die Sprengköpfe, die im Rahmen des Modernisierungsprogrammes aus dem Arsenal entfernt oder durch andere ersetzt werden, so wird die Anzahl der Kernsprengköpfe von gegenwärtig 26 000 auf fast 32 000 im Jahr 1990 ansteigen. Die Daten von Arkin et al. zeigen, daß Neutronensprengköpfe eine wesentliche Rolle in der gegenwärtigen amerikanischen Nuklearplanung spielen. »Enhanced-radiation«-Sprengköpfe werden zur Zeit für die 8-Zoll-Artillerie-Granate und für die Lance Boden-Boden-Rakete hergestellt, sie befinden sich in Entwicklung für die 155-mm-Artillerie-Granate, die 1986 an die Truppe gehen soll. Die gegenwärtigen Pläne sehen die Produktion von Neutronensprengköpfen für 800 8-Zoll-Artillerie-Granaten vor sowie 380 Lance-Sprengköpfe und 1 000 155-mm-Granaten. (Übrigens schätzt Arkin, daß die Kosten für diese drei Waffen 5 000 Millionen Dollar überschreiten werden.) Zusätzlich hierzu befinden sich Neutronenwaffen im Entwurf für die Verwendung mit antiballistischen Raketen und mit Boden-Luft-Raketen für die Schiffsverteidigung.

Produktion (1982–87)	10070
W 80 seegestützter Marschflugkörper	460
W 81 Standard See-Luft-Rakete	350
W 82 155-mm-Artillerie	3 500
W 83-Bombe	2 500
W 84 bodengestützte Marschflugkörper	560
W 85 Pershing II	300
W 87 MX ICBM Sprengkopf	2 400

Zukünftige Systeme (ab Ende der achtziger Jahre)
insgesamt 37 000

Cochran berechnet den Umfang des gegenwärtigen amerikanischen Nukleararsenals mit 90 ± 15 t Plutonium, 500–700 t hochangereichertem Uran und 60 ± 10 kg Tritium. Die neuen Neutronenwaffen bedingen einen noch nicht dagewesenen Bedarf an Tritium (mit einer Zerfallsrate von fast 6% pro Jahr), und die anderen neuen Kernsprengköpfe benötigen große Mengen neuen Plutoniums (das Plutonium und Tritium aus den eliminierten Waffen reicht bei weitem nicht für die neuen Sprengköpfe aus). Nach Cochran ist geplant, die Herstellung von Plutonium und Tritium von der gegenwärtigen Jahresmenge – 1 400 kg Plutonium-Äquivalent – auf etwa 4 000 kg Mitte der achtziger Jahre zu erhöhen. (Plutonium-Äquivalent mißt die Menge eines im Reaktor erzeugten Materials durch die Menge der Plutonium-Erzeugung, an deren Stelle es tritt. Ein kg Tritium entspricht 22 kg Plutonium-Äquivalent.) Diese Pläne für eine massive Erhöhung der Produktion von Kernmaterialien haben bisher nicht die gebührende öffentliche Aufmerksamkeit gefunden.

Wie steht es nun mit der Zielplanung für die nuklearen Sprengköpfe im US-Arsenal? Desmond Ball berichtet, daß es mehr als 40 000 potentielle Ziele in der gegenwärtigen amerikanischen strategischen Zielplanung gibt. Diese Ziele zerfallen in vier Hauptgruppen – die sowjetischen Kernwaffen (etwa 2 000 Ziele), etwa 20 000 andere militärische Ziele, die sowjetischen militärischen und politischen Führungszentren (etwa 3 000 Ziele) und etwa 15 000 wirtschaftliche und industrielle Ziele. Die USA haben gegenwärtig ca. 11 000 strategische Kernsprengköpfe, so daß etwa ein Viertel der potentiellen (strategischen) Ziele in einem Nuklearkrieg

Zur Zeit gelagert
Pu 90 ± 15 Tonnen
U^{235} 500–700 Tonnen
Tritium 60 ± 10 Kilogramm

Produktionsrate

1982: 1400 kg Plutonium-Äquivalent pro Jahr
Mitte achtziger Jahre: 4000 kg Plutonium-Äquivalent pro Jahr

---

zerstört werden könnte. Durch Hinzunahme kleiner und kleinerer Ziele läßt sich die Liste der möglichen Ziele fast bis ins Unendliche erweitern. Die Streitkräfte sorgen dafür, daß die Anzahl der Ziele wesentlich größer ist als die Anzahl der aufgestellten Sprengköpfe, um so ihre Forderungen nach immer mehr Sprengköpfen zu unterstützen.

Ball beschreibt eine offizielle Studie, die davon ausgeht, daß amerikanische strategische Waffen abgefeuert werden, bevor sowjetische Waffen in den USA explodieren. Die Studie kommt zu dem Ergebnis, daß etwa 8700 Ziele in der Sowjetunion zerstört werden würden – 2000 im Bereich sowjetischer Kernwaffen, 1600 andere militärische Ziele, 740 Führungsziele und 4400 wirtschaftliche und industrielle Ziele. Die elektronischen Nuklearkriegsspiele verschleiern, daß ein großer Teil der Ziele in der strategischen Zielplanung sich in oder nahe bei Großstädten befindet, selbst wenn keine gezielten Angriffe auf die Zentren der Zivilbevölkerung erfolgen. Es gibt etwa 900 sowjetische Städte mit einer Bevölkerung von mehr als 25000 Menschen. Wenngleich sich die amerikanische Nuklearkriegsplanung scheinbar auf militärische und industrielle Ziele konzentriert, bedeutet sie doch die Zerstörung von mindestens 80% dieser Städte sowie die Zerstörung der 2000 größten sowjetischen Städte (diese letzteren umfassen etwa ein Drittel der Sowjetbevölkerung und zwei Drittel der industriellen Produktion).

Ball zeigt, daß die amerikanische strategische Nuklearzielplanung (und ohne Zweifel auch die sowjetische) ein außerordentlich kompliziertes Unternehmen geworden ist – in dem die Planer endlos mit den Möglichkeiten jonglieren, 10000 Ziele für die amerikanischen strategischen Kernsprengköpfe aus der gegenwärtigen Menge von 40000 potentiellen Zielen auszuwählen. Dazu kommen Anweisungen, Pläne für die »kontrollierte Eskalation« und für die »flexible response« zu erstellen sowie für einen »längerdauernden nuklearen Konflikt«, und schließlich gibt es noch den zunehmenden Einfluß derjenigen militärischen Planer, die daran glauben, daß ein Nuklearkrieg »ausgetragen und gewonnen« werden kann. Der Einfluß dieser Gruppe wird in dem Maße zunehmen, wie immer mehr Waffen zur Nuklearkriegführung (d. h. zielgenaue, verläßliche Waffen mit erhöhter Zielflexibilität) aufgestellt werden.

Den Kriegsspielen liegen ganz und gar unrealistische Annahmen zugrunde (und es gilt zu bedenken, daß es die Resultate dieser Spiele sind, aus denen die Nuklearpolitik hervorgeht). Zum Beispiel gibt es die Annahme, daß die Kommando-, Kontroll- und Kommunikationssysteme lange genug bestehen bleiben, in der Lage sind, mit komplizierten nuklearen Zielplanungen fertig zu werden und die Eskalation eines Nuklearkrieges zu kontrollieren. Fachleute wie Ball glauben, daß diese Annahme völlig falsch ist, wie viele andere, auf denen die nukleare Zielplanung basiert. Das Problem ist, daß die nuklearen Planungsfachleute gerade durch die Komplexität ihrer Pläne zu dem Glauben verführt werden, ein Nuklearkrieg könne tatsächlich geplant, gesteuert, geführt und »gewonnen« werden, so wie es die Computerspiele vorhersagen. Die Gefahr besteht, daß die politischen Führer auf der sowjetischen wie auf der amerikanischen Seite, denen es an Zeit fehlt, sich mit den schwierigen Einzelheiten der strategischen Nuklearplanung vertraut zu machen, den Planungsexperten ausgeliefert sind und deren Meinung übernehmen, wonach ein Nuklearkrieg denkbar wäre. Tatsache ist natürlich, daß *jeder* Nuklearkrieg, in dem die ganzen oder ein wesentlicher Teil der sowjetischen und amerikanischen Kernarsenale eingesetzt würden, die nördliche Halbkugel völlig verwüsten müßte. Und noch so viel Planung oder Zivilverteidigung wären nicht in der Lage, die Zerstörung wesentlich zu verringern.

Wie ein Nuklearkrieg anfangen kann

- bewußte Entscheidung einer Großmacht,
- Eskalation eines konventionellen Krieges,
- mechanische Fehler oder Fehlfunktionen eines Kernwaffensystems,
- menschlicher oder Computerfehler in den Bereichen der nuklearen Bereitschaft und Auslösung,
- irrationales Verhalten derjenigen, die Nuklearwaffen unter Kontrolle halten,
- Erwerb und Anwendung nuklearer Waffen durch verantwortungslose Regierungen,
- die Benutzung von Kernwaffen durch Terroristen.

Eskalation eines Konflikts in der Dritten Welt zu einem nuklearen Weltkrieg

- ein zukünftiger Krieg in der Dritten Welt (im Durchschnitt beginnt einer alle drei Monate) fängt als konventioneller Krieg an,
- dieser eskaliert zu einem Nuklearkrieg unter Verwendung örtlich hergestellter Kernwaffen,
- der Krieg breitet sich dann nach Europa aus,
- dort beginnt er mit konventionellen Waffen und eskaliert dann zu einem taktischen Nuklearkrieg,
- schließlich eskaliert dieser zu einem vollen nuklearen Weltkrieg.

Militärwissenschaft und Technologie

Entwicklung von Waffen für den Nuklearkrieg
- präzise und verläßliche strategische und taktische Nuklearwaffen.

Technologien für den Erstschlag
- Anti-U-Boot-Krieg
- Frühwarnsysteme
- antiballistische Systeme
- Anti-Satelliten-Systeme
- exakte Navigationssysteme
- Kommando-, Kontroll-, Kommunikations- und Aufklärungssystem

Qualitative Verbesserungen der strategischen Kernwaffensysteme (Zielgenauigkeit)

Bomben des Zweiten Weltkriegs	CEP* = ?
Minuteman III	CEP = 300 m
Minuteman III (verbesserte NS-20)	CEP = 200 m
MX	CEP = 100 m
MX (mit Endsteuerung)	CEP = 50 m

Anmerkung: Marschflugkörper und Pershing II werden einen CEP von ca. 50 m haben.

* CEP = Radius für 50%ige Treffwahrscheinlichkeit

Qualitative Verbesserungen der Kernwaffensysteme (Sprengköpfe)

Die größte konventionelle Bombe des Zweiten Weltkriegs:

Gewicht = 11 Tonnen
Sprengkraft = 10 Tonnen TNT-Äquivalent

$$\frac{\text{Sprengkraft}}{\text{Gewicht}} = 0,9$$

Hiroshima-Bombe:

Gewicht = 4500 kg
Sprengkraft = 13000 Tonnen TNT-Äquivalent

$$\frac{\text{Sprengkraft}}{\text{Gewicht}} = 3000$$

Minuteman III (Mark 12 A)-Sprengkopf:

Gewicht = 150 kg
Sprengkraft = 330000 Tonnen TNT-Äquivalent

$$\frac{\text{Sprengkraft}}{\text{Gewicht}} = 3000000$$

Robert McGeehan
Nuklearwaffen in ihrem politischen Kontext: Implikationen für die NATO und die Ost-West-Beziehungen

Es ist völlig richtig und legitim, alle Aspekte nicht nur der sogenannten »Neutronenwaffen«, sondern auch anderer nuklearer Waffen zu untersuchen – deren politischen wie psychologischen Kontext, in dem sie seit den späten vierziger Jahren standen. Bis eine allseitige nukleare Abrüstung erreicht worden und die Bedingungen zu deren Aufrechterhaltung gesichert sind, besteht die Möglichkeit des Einsatzes von Atomwaffen. Da nicht die geringste Wahrscheinlichkeit einer solch weitreichenden Abrüstung gegeben zu sein scheint, sind wir darauf angewiesen, das atomare Problem ausgehend von den unanfechtbaren Annahmen zu untersuchen, daß diese Waffen nicht mehr aus der Welt zu schaffen sind und daß sie einen Teil der Dynamik der internationalen Machtpolitik der vorhersehbaren Zukunft (wie kurz auch immer diese sein mag) darstellen werden.

Andere Mitarbeiter dieses Bandes haben bemerkenswert detailliert die physikalischen Grundlagen von nuklearen Gefechtsfeldwaffen, Probleme der taktischen Nukleardoktrin, den militärischen Nutzen nuklearer Gefechtsfeldwaffen, die medizinischen und psychologischen Dimensionen des atomaren Krieges, die komplexen Fragen der zivilen Verteidigung sowie die Beziehung zwischen zahlenmäßiger Vermehrung und Einsatzwahrscheinlichkeit dieser Waffen herausgearbeitet. Nur der letzte Gesichtspunkt wird in diesem Kapitel behandelt, und zwar deshalb, weil gerade an dieser Stelle die stabilisierenden Elemente der Großmacht gewichtiger sind als die Details ihrer angeblich destabilisierenden Komponenten.

Bevor wir uns dem Hauptthema, dem des politischen Umfeldes der Nuklearwaffen und dessen Entwicklung sowohl innerhalb der NATO als auch in den Ost-West-Beziehungen, zuwenden, ist eine kurze Bemerkung angesichts der reichen Vielfalt von Beiträgen in diesem Buch angebracht. Sie bezieht sich auf einen Aspekt der Sozialwissenschaften, welcher sowohl belustigende als auch irritierende Konsequenzen hat: während de facto kein Experte auf dem Gebiet der internationalen Beziehungen auch nur davon träumen würde vorzugeben, er könne seine Sachkenntnis auf andere wissenschaftliche Disziplinen ohne gründliche Ausbildung und sorgfältige Vorüberlegung ausdehnen, ist dies umgekehrt nicht der Fall. Wie der vorliegende Band beweist, haben Psychologen, Ökonomen, Physiker, Soldaten, Geistliche, Doktoren und ein Heer anderer Beobachter, die alle in ihren eigenen Gebieten und Disziplinen Fachleute, jedoch ohne spezielle Ausbildung oder genaue Kenntnis internationaler Beziehungen sind, das Feld der außenpolitischen Analyse im allgemeinen und der Nukleardebatte im besonderen betreten. Sie haben in vielen Fällen nicht gezögert, Urteile über politische Angelegenheiten mit einer Gewißheit verlauten zu lassen, die weit von der durch die außerfachliche Zurückhaltung auferlegten Vorsicht entfernt war. Dies soll nicht bedeuten, daß eine Debatte, die letztendlich nichts Geringeres als das Schicksal der Menschheit betrifft, nicht jedem offenstehen sollte, dessen Betroffenheit ihm Teilnahme diktiert; allerdings muß man vorsichtig sein, Experten mit Amateuren oder gelegentliche Beobachter mit wissenschaftlichen Fachleuten gleichzusetzen. Obgleich auch die Experten und Fachleute der internationalen Politik nicht miteinander übereinstimmen (ganz im Gegenteil), sollte man sich immer vor Augen führen, daß den Erklärungen wohlmeinender, allerdings naiver Diskussionsteilnehmer ein Element der Vermessenheit innewohnt, wobei wir gewisse führende Politiker nicht ausschließen.

In den Vereinigten Staaten haben beispielsweise die Bischöfe die ethische Seite der Nuklearwaffen diskutiert und gefolgert, daß das millionenfache sinnlose Abschlachten von Menschen in einem atomaren Schlagabtausch nicht mit dem Konzept des gerechten Krieges vereinbar sei. In jüngster Zeit kam der Wissenschaftsrat der »British Medical Association« nach achtzehnmonatigen, den Wirkungen atomarer Waffen gewidmeten Forschungsbemühungen zu dem Schluß, daß ein ausgedehnter strategischer Angriff zum Zusammenbruch der medizinischen Versorgungseinrichtungen des Landes führe. Diese klaren Ergebnisse sind selbstverständlich nicht aus sich heraus falsch oder notwendig irreführend; gleichwohl vereinfachen sie und ermangeln jeglicher Einbettung in eine komparative Analyse, welche die dramatischen Konsequenzen für die Politik mildern könnte. Derartige Überlegungen, die im reli giösen oder medizinischen Gewand auftreten, während sie inmitten einer vom Theologischen bis zum Organisatorischen reichenden Detailfülle verkündet werden, befinden sich grundsätzlich *in vacuo* hinsichtlich der wichtigsten, der politischen Dimension. Diese seriösen Beispiele zu zitieren, erschöpft das Thema nicht – die Nukleardebatte hat nicht nur den höchsten Schichten der Seelenheiler und Knochenflicker der Gesellschaft neue Artikulationskraft verliehen, sondern Dutzenden von weniger illustren Individuen, seien es die »New York-Prostitutes-for-Peace« oder die »Dutch-Dykes-for-Disarmament«, die zusammenkamen, um ihre Stimmen im Ruf nach nuklearer Vernunft zu erheben. Die letztgenannten Beispiele mögen den Zyniker erheitern, nicht jedoch den professionell mit der Außenpolitik Beschäftigten, der mit der für jede Regierung einer demokratischen Gesellschaft geltenden Notwendigkeit vertraut ist, sich der öffentlichen Unterstützung ihrer Sicherheitsbemühungen zu vergewissern. Diese von einem solch breiten Spektrum westlicher Quellen ausgehenden Manifestationen antinuklearer Gefühle können angesichts des Angriffs auf die fundamentalen Verteidigungsstrukturen der Atlantischen Allianz und die Ost-West-Beziehungen, wie sie sich über drei Jahrzehnte entwickelt haben, nur beunruhigen.

Nuklearwaffen im westlichen Kontext

Die NATO ist ein atomares Bündnis. Dies kann aus einer Vielzahl von Gründen nicht anders sein, von denen keiner, ohne das innere Gefüge der Allianz sowie die Glaubwürdigkeit ihrer Abschreckungsfähigkeit aufs Spiel zu setzen, verzichtbar ist. Das bedeutendste Versäumnis vieler aktiver Teilnehmer an der Nukleardebatte besteht genau in dieser Außerachtlassung oder Nichtanerkennung des atomaren Bestandteils der NATO. Man vernimmt Stimmen, welche vorgeben, anti-nuklear, aber pro-NATO zu sein, die die Aufrechterhaltung der Abschreckung bei Ablehnung des auf diesen Zweck gerichteten Gebrauchs von Nuklearwaffen befürworten oder die auf andere Weise westliche Sicherheit mit einer antiatomaren Haltung zu vereinen suchen: aber diese Ansichten, seien sie auch noch so bewundernswert unschuldig in ihrer Motivation, wirken potentiell zersetzend. Dies ist aus einer Reihe von Gründen so.

Zunächst ist festzustellen (wir werden dies unten ausführlicher diskutieren), daß die Sowjetunion eine Nuklearmacht ist. Ihr Prestige und internationales Ansehen können unter den gegenwärtigen Umständen nicht von ihrer militärischen Leistungsfähigkeit gesondert werden; und dies ist um so mehr der Fall, als die ideologische Anziehungskraft des Marxismus-Leninismus geschwunden ist und sich in der Sowjetökonomie grundsätzliche Mängel und die Unfähigkeit offenbart haben, das Volk selbst mit minimalem, einer Supermacht angemessenem Komfort zu versorgen. Als eine Militärmacht, welche den historischen Vergleich mit den frühen expansionistischen Weltreichen nahelegt, kann die UdSSR nicht das mindeste Interesse an nuklearer oder konventioneller Abrüstung besitzen. Nicht nur ist ihre internationale Position gebunden an ihre militärische Stärke, sondern die russische Führung muß darüber hinaus die Aussicht auf eine permanent feindliche Umwelt in Betracht ziehen. Solange wir beobachten können, wie die Sowjetunion die Völker Osteuropas unterjocht, ihren kleinen südasiatischen Nachbarn durch den direkten Gebrauch von Gewalt unterdrückt, obwohl von afghanischer Seite kein Angriff gegen sie selbst drohte, wie sie sich in Spannungsgebiete der Dritten Welt von Süd-Ost-Asien bis zum Horn von Afrika einmischt und sich in beständiger politischer Auseinandersetzung mit China und Japan befindet, wird es keine Aussicht auf sowjetische Abrüstung geben, sei sie atomar oder konventionell. (Dies bedeutet jedoch nicht, daß Moskau kein Interesse an vorteilhaften Rüstungskontrollvereinbarungen hat – aber welche Abkommen auf dem Gebiet der Rüstungskontrolle auch immer erreicht werden mögen, es ist sehr unwahrscheinlich, daß sie an den Kern der sowjetischen Militärmacht rühren.)

Da sich dieses Buch auf Nuklearwaffen konzentriert, muß klar und deutlich hervorgehoben werden, daß Moskau seine Nuklearstreitmacht aus verständlichen Gründen aufrechterhält, wie dies auch jede andere verantwortliche Regierung täte, die einem solchen Aufgebot potentieller Gegner gegenübersteht. Unter den fünf offiziellen Atomwaffenstaaten sieht sich die UdSSR den anderen vier in unterschiedlichen Spannungsgraden gegenüber. Einfach gesagt: sogar wenn der Westen einen völligen Atomwaffenverzicht erklären würde, wäre die Sowjetunion wegen der chinesischen Bedrohung zur Beibehaltung ihrer Nuklearstreitmacht gezwungen. Sollte dieser westliche Verzicht jemals eintreten, stünden die russischen Waffen unvermeidlich nicht nur zur legitimen Abschreckung Chinas, sondern auch zur Erpressung und Einschüchterung Europas und Amerikas zur Verfügung. Angesichts dieser unvermeidlichen Verknüpfungen läßt es die Natur der gegenwärtigen internationalen politischen Realitäten nicht zu, daß der Westen eine nukleare Abrüstung erwägt, ohne zuvor eine Entscheidung zur Aufgabe des grundsätzlichen Bemühens um Aufrechterhaltung des Machtgleichgewichts zu treffen. Aus ähnlichen Gründen kann nicht erwartet werden, daß irgendeine westliche Regierung, die dem strategischen Gleichgewicht abschwöre, ihre konventionellen Streitkräfte in einer Weise vermehren würde, die auch nur den Anschein einer glaubwürdigen Abschreckung bewahrte. Selbst wenn Politiker und Regierungen einen unerwartet exklusiven politischen Willen offenbarten, wäre es in hohem Maße unwahrscheinlich, daß Wähler und Gesetzgeber ungeheure Summen darauf verwendeten, ihre atomare Nacktheit mit einem kostspieligen, aber löchrigen und unangepaßten konventionellen Kleid zu bedecken.

Zusätzlich und gesondert von diesen Faktoren hängt die Möglichkeit einer konventionellen Verteidigung Westeuropas von der fortdauernden Präsenz der US-Streitkräfte auf dem Kontinent ab. Erhielten diese in Europa stationierten amerikanischen Truppen keinen maximalen Schutz – und dies wäre bei einem Verzicht auf strategische Abschreckung der Fall –, so wäre es undenkbar, daß der Kongreß der Vereinigten Staaten (wie auch immer die Präferenzen des amerikanischen Präsidenten wären) ihr Verbleiben als konventionelle Geiseln sowjetischer nuklearer Erpressung zuließe. Die konzeptionelle Grundlage eines jeden militärischen Bündnisses besteht nicht nur in einem gemeinsamen Gefühl der Bedrohung, sondern auch in einer Risikogemeinschaft: Nuklearwaffen symbolisieren dies geteilte Risiko, welches nicht aufgekündigt werden kann, ohne das Bündnis zu untergraben. So verlockend die Hoffnung scheinen mag, ein potentieller Aggressor würde Großzügigkeit walten lassen und atomwaffenfreie Zonen nicht unter Beschuß nehmen, gibt es doch kein Beispiel in der Geschichte der Militärplanung, das solch einen Optimismus rechtfertigte. Solange die NATO existiert, müssen ihre Mitglieder die Gefahren eines möglichen Angriffs teilen, genau wie den Nutzen einer stabilen Abschreckung.

Die gegenwärtige Nukleardebatte

Der Schwerpunkt des öffentlichen Interesses an Nuklearwaffen mag von Sprengköpfen mit verstärkter Strahlungskomponente über atomare Mittelstreckenwaffen (INF) bis zur Verwundbarkeit von Interkontinentalraketen (ICBM) wechseln – begrifflich sind jedoch alle Atomwaffen untrennbar, so daß die Auseinandersetzung unabhängig von ihrem momentanen Fokus in einem kontinuierlichen Zusammenhang bleibt. In der derzeitigen Nukleardebatte, deren Thema vornehmlich der Abschluß der Genfer Verhandlungen zum Jahresende 1983 war, konnte man eine gewisse Dichotomisierung in der Identifikation der Gefahrenquellen durch die westliche Öffentlichkeit erleben. Während Stellungnahmen zu Hunderten sowjetischer, mit Dreifachsprengköpfen ausgerüsteter mobiler SS-20-Raketen, welche seit 1977 unablässig stationiert werden, oft gedämpft, wenn überhaupt zu vernehmen waren, richtete sich der große Aufschrei in den Staaten des Westens gegen die Pershing II und Cruise-Missile-Systeme der Vereinigten Staaten. Die NATO-Entscheidung von 1979, zu diesem Zeitpunkt mit der Stationierung neuer Mittelstreckenraketen zu beginnen, falls die Genfer Verhandlungen nicht zum Erfolg führen, war so lange öffentlich akzeptabel, wie das Schwergewicht auf Rüstungskontrolle (bzw. Rüstungsverminderung) lag, entwickelte sich aber in dem Maße kontrovers, wie die Zeit in Genf ohne Einigung verging. Innerhalb der Friedensbewegung wurde einerseits bemerkenswert wenig Notiz von der fortgesetzten Stationierung weiterer SS-20-Raketen genommen, die als eine ständige Schaffung von *faits accomplis* erscheinen, andererseits entfaltete sich eine heftige Agitation um das *fait non-accompli* der zurückgestellten Stationierung seitens der NATO, als ob letztere mehr als jene für die Auslösung einer neuen und gefährlichen Eskalation des Rüstungswettlaufs verantwortlich sei.

Gerade weil die sowjetische Stationierung von etwa 350 SS-20 bis März 1983 eine Änderung im Ost-West-Gleichgewicht schuf, die nicht ignoriert werden kann – soll das Gewebe der Abschreckung nicht als zerrissen gelten –, bedurfte es eines Nachrüstungsprogramms des Westens für Mittelstreckenraketen, um nicht den Anschein zu erwecken, das Kräfteverhältnis habe sich einseitig zuungunsten der NATO entwickelt. Da es niemals eindeutige Kriterien gab, um Art und Anzahl der zur Abschreckung erforderlichen Waffen festzulegen, mußte jede »Lösung« einigermaßen willkürlich ausfallen, wie dies in der Tat mit der gewählten Gesamtzahl von 572 neuen Systemen, bestehend aus 108 Pershing II und 464 Cruise Missiles, der Fall war. Aber im Laufe der Zeit fand sich die Atlantische Allianz in ihrem Bemühen, den Eindruck zu wahren, sie verfüge über den politischen Willen zur Aufrechterhaltung des militärischen Kräftegleichgewichts, an den Beschluß vom Dezember 1979 gekettet, wiewohl dieser zunehmend dysfunktional wurde. Die Übernahme amerikanischer Waffen durch die Europäer wurde zu einem Test für die Solidarität innerhalb der NATO wie auch für die Loyalität zum Bündnis – eine Prinzipfrage nicht minder im Westen als gegenüber dem Osten. Dies führte dazu, daß andere Möglichkeiten auszuscheiden schienen, nachdem man so oft und vernehmlich erklärt hatte, die einzige Alternative zur Stationierung der 572 Raketen sei die sowjetische Zustimmung zur »Null-Lösung« (bei der die Russen im Gegenzug zum Stationierungsverzicht der NATO alle ihre vorhandenen atomaren Mittelstreckenwaffen – alte wie neue – abbauen würden).

Zwei Gesichtspunkte sind entscheidend. Erstens kann der NATO, wegen der politischen und psychologischen Gegebenheiten in den Ost-West-Beziehungen, die Modernisierung ihrer INF-Waffen nicht durch die endgültige Verbannung atomarer Mittelstreckenwaffen aus Europa verweigert werden, solange die Sowjetunion über eine beträchtliche Anzahl solcher Waffen verfügt, die als Verschiebung des Gleichgewichts zu Moskaus Gunsten gewertet werden. Zweitens müssen die NATO-Regierungen aus Gründen des westlichen Zusammenhalts ihren Völkern erklären, daß die Waffen existieren, um nicht eingesetzt zu werden, und daß Abschreckung nicht weniger aus ethischen und moralischen als aus politischen und militärischen Gründen eine zuverlässige Strategie darstellt.

Die Ost-West-Konfrontation in den achtziger Jahren

Die wirkliche Besonderheit der Entwicklung der internationalen Beziehungen in der Geschichte des modernen Staatensystems ist noch nicht in breitem Maße gewürdigt worden: es handelt sich um die Tatsache, daß die Großmächte es erstmals nicht wagen, Feindseligkeiten gegeneinander in Erwägung zu ziehen, aus Furcht, die daraus entstehenden Folgen führten nicht zu Sieg oder Niederlage im hergebrachten Sinne, sondern zu beiderseitiger Vernichtung der Kontrahenten. Paradoxerweise konnte die Friedensbewegung gerade hinsichtlich dieses Punktes ihre zutreffendste Einsicht verzeichnen, wiewohl sie im nachhinein die falschen politischen Schlußfolgerungen daraus zog. Die gegenwärtige antiatomare Bewegung ist letztendlich eine Rebellion gegen die Perspektive der Vernichtung; doch mit grausamer Ironie erweisen sich die Waffen, die eben diese Aussicht in sich bergen, als die verläßlichsten Garanten gegen sie. Der instinktive Drang, diese Waffen mit dem Bann zu belegen, ist schlicht an der Beherrschung der politischen Realitäten gescheitert, die diesen Bann verunmöglichen; wie es auch den Regierungen, deren Abschreckungspolitik auf dem nuklearen Paradox beruht, nicht gelang, die Waffen ins rechte Licht zu rücken. Sie unterließen es, den Zusammenhang zu verdeutlichen, der Abschreckung nicht, gegründet auf das Aufbegehren gegen das Szenario des Schreckens, als obszönes Phänomen erscheinen läßt, sondern als vernünftige und gegenseitig anerkannte Alternative zur Wiederholung der Geschichte der internationalen Beziehungen – deren Wahrzeichen ein von Trümmern übersäter Friedhof ist, sei es, weil Gewalt angewendet wurde, wann immer die Folgen noch tolerabel erschienen, sei es, weil die Bedeutung des militärischen Gleichgewichtes mißachtet wurde, wann immer die Absichten des Stärkeren weniger als gerade wohlwollend waren.

Dieser Aufsatz wäre unvollständig ohne die Erwähnung des primitiven, wenngleich weitverbreiteten Glaubens, Nuklearwaffen würden eingesetzt, bloß weil sie existieren und ihre Anzahl beständig wächst. Man hört, Staaten hätten immer ihre wirkungsvollsten Waffen eingesetzt (obwohl nicht ebenso häufig in Erinnerung gerufen wird, daß man im Zweiten Weltkrieg auf beiden Seiten kein Giftgas verwendet hat, und zwar aus Furcht, nicht aus Gründen der Moralität). Und oft wird man mit der Fabel konfrontiert, Rüstungswettläufe führten zu Kriegen (ohne hinzuzufügen, daß einige Rüstungswettläufe nicht zu Kriegen geführt haben oder, grundsätzlicher, daß sich die Situation mit der Existenz von Nuklearwaffen derart geändert hat, daß sie mit der Vergangenheit nicht mehr vergleichbar ist).

Der wohl größte analytische Fehlschluß betrifft das Verhältnis zwischen Kriegsgefahr und der Anzahl von Nuklearwaffen, die die konkurrierenden Bündnisse aufstellen. Die Hauptkontrahenten waren selbstverständlich über lange Zeit die Vereinigten Staaten und die Sowjetunion. Während es durchaus stimmen mag, daß die Gefahr des Einsatzes von Atomwaffen mit Zunahme der Staaten (oder anderer internationaler Akteure), die diese besitzen, wächst, so folgt daraus nicht, daß die Wahrscheinlichkeit ihrer Verwendung zwischen den Supermächten mit zunehmender Zahl von Abschußrampen und Sprengköpfen steigt. Tatsächlich sollte bei Zutreffen der Abschreckungstheorie (und wir haben keinen Anlaß, an deren Richtigkeit zu zweifeln) gerade das Gegenteil der Fall sein: solange sich kein Ungleichgewicht herausbildet, das einen Aggressor zum Erstschlag ermuntern könnte, wird das Risiko des Atomwaffeneinsatzes jeden erdenklichen Vorteil aufwiegen, und zwar wegen der unabsehbaren Konsequenzen, die mit dem Beginn eines Nuklearkrieges verbunden sind. Es kann nicht spezifiziert werden, wie groß ein Ungleichgewicht sein müßte, bevor ein derartiger Anreiz entstünde, aber versierte Analytiker stimmen seit langem darin überein, daß ein rationaler Entscheidungsträger davon abgehalten würde, ein Risiko einzugehen, sofern eine ausreichende Möglichkeit besteht, daß auch nur einige Wasserstoffbomben über der Hauptstadt und anderen großen Ballungsgebieten abgeworfen werden. Gemäß dieser Logik würde das Mengenwachstum in den Arsenalen der Supermächte die Stabilität der Abschreckungsbeziehung steigern, statt sie zu bedrohen, da die Gewißheit der Vergeltung außer Zweifel steht.

Abschreckung ist nicht nur ein Zustand und eine Politik, sondern ein Prozeß. Der Prozeß hängt davon ab, daß keine der beiden Seiten zu dem Eindruck gelangt, die Waffen, deren *raison d'être* ihr Nichtgebrauch ist, könnten ohne Vergeltung eingesetzt oder als Mittel atomarer Erpressung verwandt werden. Zudem ist die Wahrscheinlichkeit, daß ein qualitatives Ungleichgewicht Instabilität erzeugt, nicht größer als im Falle eines quantitativen – die Gleichzeitigkeit voneinander unabhängiger bedeutender technischer Entwicklungen durch die Vereinigten Staaten und die Sowjetunion ist von bemerkenswerter Beständigkeit. Der vieldiskutierte »technologische Durchbruch« existiert einfach nicht, und selbst wenn die eine oder andere Seite etwas Wichtiges entwickeln sollte, worüber der Gegner nicht verfügte, bliebe es noch immer außerordentlich riskant, eine Politik, die das Überleben selbst aufs Spiel setzt, auf eine Innovation zu gründen, die erst angemessen erprobt werden kann, wenn es zur Entdeckung ihrer Mängel zu spät ist.

Wäre die Welt mit weniger Waffen sicherer? Die andere Seite der Medaille, der gemäß quantitatives Wachstum die Kriegsgefahr nicht steigert, lautet, Rüstungsbegrenzungen wären der Stabilität nicht notwendig förderlich. Symbolische Kürzungen mögen zur Verbesserung der internationalen Atmosphäre beitragen, innerhalb derer eine neue Entspannungspolitik erprobt werden könnte, aber sie wären eher kosmetisch denn real. Die »tiefen Einschnitte« und »drastischen Kürzungen«, von denen in der Rhetorik der START-Verhandlungen die Rede war, bleiben eher Schlagworte als realistische Zielsetzungen; und einige skeptische Beobachter haben zu bedenken gegeben, die Belastung des Rüstungskontrollprozesses mit neuen, zuvor ungekannten Maßstäben (Forderungen nach wirklich nachweisbaren größeren Abrüstungsinitiativen) fügten den Einigungschancen derartigen Schaden zu, daß die Verhandlungen zum Scheitern verurteilt seien. Es wird nicht immer eingesehen, daß »overkill«-Kapazität weder absurd noch destabilisierend (allerdings ökonomisch kostspielig) ist und positive Funktionen nicht nur durch Festigung der Abschreckung zwischen den Supermächten erfüllt, sondern daß dadurch der Vorsprung vor möglichen weiteren Rivalen so groß wie möglich gehalten wird, damit das internationale System strategisch bipolar bleibt. Es ist die nukleare Multipolarität, die die Drohung eines Krieges von unabsehbaren Ausmaßen in sich birgt; solange Bipolarität gewahrt bleibt, wird keine substrategische Instabilität noch so großen Umfanges die beiderseitige Abneigung Washingtons und Moskaus erschüttern, eine atomare Konfrontation zu riskieren.

Der sich aus dieser Analyse ergebende Schluß ist eindeutig: Nukleare Waffen wären nur gefährlich, würden sie eingesetzt, und ihr Vorhandensein bildet die verläßliche Grundlage der Abschreckung; das Gleichgewicht des Schreckens ist gerade deshalb so stabil, weil es so erschreckend ist; und die politische Wirklichkeit des Umfeldes, innerhalb dessen Nuklearwaffen existieren, sich vervielfachen und *nicht* eingesetzt werden, ist durch Bedachtsamkeit, Zurückhaltung und einen so hohen Grad an Bewußtsein um den Preis der Instabilität gekennzeichnet, daß ein Atomkrieg noch unwahrscheinlicher ist, als unvorstellbar.

Judith Lipton/David P. Barash
Die Neutronenbombe:
Eine psychologische Waffe? Gegen wen?

Oberflächlich betrachtet ist das Problem der Kernwaffen ein Problem des *Materials*: der Bomben, Sprengköpfe und Raketen, die uns mit Zerstörung bedrohen. Aber in einem sehr realen Sinn ist es auch ein Problem der *Gedanken*: der Doktrinen über ihren Einsatz und, vielleicht noch wichtiger, der Denkmuster und des mangelnden Denkens, die hinter ihnen stehen. In der folgenden Darstellung wollen wir uns, unter besonderer Berücksichtigung der Neutronen- und anderer taktischer Nuklearwaffen, auf einige dieser zugrunde liegenden und oft unausgesprochenen psychologischen Faktoren konzentrieren.

Es ist nur allzu leicht, dem »Feind« für jeden Schritt unserer wachsenden nuklearen Verstrickung die Schuld zuzuweisen, derart, daß, mit Einsteins Worten, »jede Eskalation als das unvermeidbare Ergebnis der vorigen erscheint, bis schließlich das Schreckgespenst globaler Vernichtung beschworen ist«. Sicher gäbe es kein nukleares Wettrüsten, keine wachsende Besorgnis in Europa und daher auch kein Bedürfnis für diese Konferenz, wenn die Vereinigten Staaten und Westeuropa keine mit Kernwaffen ausgestatteten Gegner hätten. Dennoch erkennen wir beim Anblick der psychologischen Faktoren, die zur Zeit die NATO in Richtung auf die Neutronenwaffe und neue Raketen bewegen, eine besondere Weisheit in der Beobachtung der amerikanischen comic-strip-Figur Pogo: »Wir sind dem Feind begegnet, und er ist wir.«

Wir wollen nacheinander verschiedene psychologische Illusionen betrachten, die zum gegenwärtigen Dilemma beitragen: die Illusion erhöhter Abschreckung, die Illusion eines kontrollierten und beschränkten Krieges, die Illusion einer rationalen Auslösung, die Illusionen eines »akzeptierbaren Schadens« und der Überlebensfähigkeit, die Illusion der Sicherheit für die »verteidigten« Bevölkerungen und ihre Regierungen. Obwohl unter bestimmten Umständen Illusion angenehmer sein mag als Realität, ist doch jetzt eine kräftige Dosis Realität von verzweifelter Notwendigkeit, wenn wir ein allzu verzweifeltes Erwachen vermeiden wollen.

Wenden wir uns der offiziellen Rechtfertigung für Neutronenwaffen zu, insbesondere der erhöhten Abschreckung.

Letztendlich beruht Abschreckung auf Psychologie – genauer auf der angenommenen Fähigkeit einer Nation oder einer Nationengruppe, mit Hilfe ihrer Zweitschlagswaffen den Gegner von einem Angriff zurückzuhalten. Im Hinblick auf Nuklearwaffen kann die Abschreckung ein fundamentales Paradoxon nicht vermeiden: sie funktioniert nur, insoweit sie dem Gegner als glaubwürdig erscheint, aber da der Einsatz von Kernwaffen (insbesondere in Europa) alles zerstören würde, was er doch »retten« sollte, kann ein derartiger Einsatz nicht glaubhaft sein. Dieses Problem, die »Unglaubwürdigkeit« der nuklearen Abschreckung, besteht in gleicher Weise für die amerikanische und sowjetische strategische Bewaffnung; es stellt sich aber in Europa verschärft wegen der engen Nachbarschaft großer, gegensätzlicher Militärmächte, zusammen mit dicht besiedelten Bevölkerungsgebieten.[1]

Die ursprüngliche Aufstellung taktischer Kernwaffen in Europa war erklärtermaßen die Reaktion auf eine konventionelle militärische Überlegenheit der Sowjets, wenngleich eine solche Überlegenheit stets auch in Frage gestellt worden ist. Mit dem Aufbau der sowjetischen strategischen Bomberflotte in den späten fünfziger Jahren, auf die kurz darauf die Installierung von Interkontinental-Raketen folgte, die in der Lage waren, die Vereinigten Staaten zu erreichen, wuchs die Sorge, daß eine nukleare »Verteidigung« Europas durch die NATO ganz besonders unglaubwürdig werden würde, da die Vereinigten Staaten zögern könnten, ihre Städte für die Verteidigung Westeuropas aufs Spiel zu setzen. Hieraus resultierte ein verstärkter Druck auf die Entwicklung verschiedener taktischer Nuklearwaffen kürzerer Reichweite, die in Europa für einen europäischen Einsatz, höchstwahrscheinlich in Deutschland, abgefeuert werden könnten.

In gewisser Weise stellen die Bemühungen um die Entwicklung und Aufstellung von Neutronenwaffen eine Fortsetzung dieses Trends dar – der vermuteten Notwendigkeit, die Glaubwürdigkeit der nuklearen NATO-Abschreckung zu verstärken. Ebenso wie man den taktischen Nuklearwaffen eine höhere Glaubwürdigkeit als den strategischen Waffen zusprach, weil sie als verwendbarer gelten, sollen die Neutronenwaffen nun noch glaubhafter als andere taktische Nuklearwaffen sein, weil sie sogar noch verwendbarer sind.

Es muß noch einmal betont werden, daß Nuklearwaffen Kernwaffen sind.[2] Wenngleich sie wirksamer sein mögen bei der Zerstörung von Panzeransammlungen als die anderen Nuklearwaffen von vergleichbarer Explosivkraft, so bringt doch ihr Einsatz durch die NATO eine unvorhersehbar hohe Wahrscheinlichkeit für einen nuklearen Gegenschlag der anderen Seite mit sich. In der Tat gibt es keinen Grund anzunehmen, daß diese Wahrscheinlichkeit niedriger liegen könnte als beim Einsatz einer der bisherigen Kernwaffen. Folglich scheint es angesichts der Unsicherheit und des enormen Risikos, das *jeder* Einsatz nuklearer Waffen – inklusive Neutronenwaffen – beinhaltet, unwahrscheinlich, daß die NATO-Streitkräfte eher auf die Neutronenwaffe als auf den Einsatz anderer taktischer oder auch strategischer Kernwaffen zurückgreifen würden. Wenn dem so ist, wird das Vorhandensein von Neutronenwaffen kaum zu einer größeren Zurückhaltung in der derzeitigen Planung im Warschauer Pakt führen. Dies ist ganz besonders der Fall, solange es dem Warschauer Pakt an vergleichbaren Waffen mangelt und er vorrangig mit größeren taktischen Waffen ausgerüstet ist.

Neben der Tatsache, daß sie dem Anspruch erhöhter Glaubwürdigkeit nicht genügen, sind die Neutronenwaffen auch in einer noch bedeutsameren Hinsicht als Versager zu werten: nämlich bezüglich des von ihnen zu erwartenden Beitrages zur Stabilisierung im Krisenfall. So ist es schon schlimm genug, daß das Vorhandensein von Neutronenwaffen nicht zur Abschreckung beiträgt. Es ist aber noch schlimmer, daß im Falle des Versagens der Abschreckung und beim Beginn eines konventionellen Konflikts die Neutronenwaffe die Aussicht auf eine schnelle Eskalation zum nuklearen Krieg wesentlich erhöhen wird. Der Besitz der Neutronenwaffe – wie der jeder anderen Waffe – führt mit einiger Wahrscheinlichkeit dazu, daß sie auch eingesetzt wird. Angesichts ihrer kurzen Reichweite und ihrer Gefechtsfeldeigenschaft scheint es unvermeidbar, daß die Entscheidung zu ihrem Einsatz mehr als bei anderen Kernwaffen von der frontnahen militärischen Führung getroffen wird, deren über die rein örtliche Lage hinausgehende Urteilsfähigkeit und deren Zurückhaltung im Augenblick der Bedrohung niedriger einzuschätzen sind als bei höheren Offizieren und politischen Führern.

Man könnte einwenden, daß diese zweite Erwägung – die größere Wahrscheinlichkeit, daß vorhandene Neutronenwaffen auch tatsächlich zum Einsatz kommen – die Abschreckung in der Tat *erhöht*; dies wäre ein Argument gegen unseren ersten Schluß, daß nämlich Neutronenwaffen nicht glaubhafter wären zur Verhütung eines ersten Angriffs als andere Waffenarten. Mit anderen Worten: wenn, wie uns scheint, Neutronenwaffen von der frontnahen Führung wirklich mit höherer Wahrscheinlichkeit eingesetzt werden – würde diese Perspektive sie dann nicht von vornherein zu einem effektiveren Mittel der Abschreckung machen? Kurz gesagt, wären sie nicht *glaubwürdiger*? Wir sind überzeugt, daß die Antwort hierauf nein ist, vor allem wegen eines wichtigen Aspekts der menschlichen Psyche: dem Unterschied zwischen rationalen Entscheidungsprozessen, die auf leidenschaftsloser, analytischer Bewertung möglicher unterschiedlicher Handlungsweisen beruhen, einerseits und irrationalen Handlungen andererseits, die per Definition außerhalb einer solchen Analyse entstehen.

Wenngleich wir es unvorstellbar finden, daß irgendein Angriff, sei er konventioneller oder nuklearer Art, je vom Warschauer Pakt gegen die NATO unternommen werden wird, so müssen wir doch betonen, daß einem solchen Angriff notwendigerweise eine intensive Planung und Bewertung vorausgehen würden. Angesichts der Größe des notwendigen militärischen Einsatzes und der erschreckenden Größe seiner Folgen muß ein erster Angriff in Europa zumindest in irgendeiner Weise die Folge ganz erheblicher Abwägung sein. Selbst wenn wir annehmen, daß die Streitkräfte des Warschauer Pakts wütend an ihren Ketten zerren, gierig darauf, sich in die Ebenen Mitteleuropas zu ergießen (eine Vorstellung, für die wir allerdings keinerlei Anlaß sehen), müßten doch die enormen Kosten und Risiken automatisch jede ernsthafte Erwägung eines solchen Unternehmens ausschließen. Angesichts der bemerkenswerten technologischen Fortschritte bei Präzisionslenkwaffen würde sich eine solche Erwägung selbst dann verbieten, wenn es der Angreifer nur mit konventionell bewaffneten Verteidigern zu tun hätte. In Anbetracht der vorhandenen Kernwaffen – sowohl der taktischen wie der strategischen – erscheint die Abschreckung überwältigend. Es ist praktisch unvorstellbar, daß der Besitz von Neutronenwaffen irgend etwas zu diesem Abschreckungspotential hinzufügen könnte.

Also funktioniert Abschreckung, insoweit sie überhaupt funktioniert, nur in der Praxis und nicht in der Theorie. Dies ist so, weil der »rationale« Planer (jener, der scheinbar, wenngleich unerklärbar, eine Invasion Westeuropas im Sinn hat) wegen der grundsätzlichen Ungewißheit stets zurückweichen muß, er muß schon zurückschrecken angesichts der reinen Möglichkeit der Irrationalität (d. h. des Einsatzes von Kernwaffen als Antwort auf solch einen Angriff), insbesondere wenn solche Irrationalität das Ende allen menschlichen Lebens nicht nur in Europa, sondern auf der Erde bedeuten könnte.

Bedenken wir andererseits die Folgen, die einträten, wenn die NATO Neutronenwaffen besäße und unsere Analyse falsch wäre, also tatsächlich ein Konflikt ausbricht. Unter den Angriffsschlägen wären die überraschten Verteidigungskräfte gezwungen, kritische Entscheidungen von enormer Reichweite in sehr kurzen Zeiträumen zu fällen, und daher besonders in der Gefahr, sich irrational zu verhalten – im Gegensatz zu dem vermutlich »rationalen« Szenario des Angreifers. Es gibt psychiatrische und psychologische Literatur im Überfluß, die bestätigt, daß Spannung und Zeitdruck zu einem relativ irrationalen und starren Verhalten führen.[3] In der Hitze des Kampfes werden Neutronenwaffen dann mit ziemlicher Sicherheit eingesetzt werden ... wenn sie verfügbar sind. Kurz, wenn unsere Annahmen richtig sind, wird der Besitz von Neutronenwaffen den Angreifer nicht mehr abschrecken, als dies bereits jetzt der Fall ist; sind sie aber nicht richtig, d. h., findet ein Angriff trotz des Besitzes von Neutronenwaffen statt, dann werden sie wahrscheinlich auch eingesetzt werden, womit eine reale und nicht akzeptierbare Möglichkeit entsteht, daß wir alle am Ende tot sein werden.

Die vorstehende Analyse hat nahegelegt, daß der Einsatz von Neutronenwaffen – oder irgendeiner anderen Kernwaffe, sei sie nun taktisch oder strategisch – eine erhebliche Wahrscheinlichkeit der Eskalation zum vollen Nuklearkrieg mit sich bringt. Für die meisten Europäer mag diese Erwägung einigermaßen akademisch sein, denn für sie unterscheidet sich ein »beschränkter« Nuklearkrieg, falls es so etwas gibt, kaum von einem totalen apokalyptischen Schlagabtausch. Sie berührt sich jedoch mit wichtigen psychologischen und psychiatrischen Gesichtspunkten, die dem gesamten Problem der Nuklearwaffen innewohnen und die im allgemeinen unzureichende Aufmerksamkeit erhalten.[4] Sie führt uns auch zu unserer nächsten Illusion – der Illusion von Kontrolle und Begrenzung.

Die westliche Welt hat verschiedene größere historische Anpassungen ihrer *Weltsicht* erlebt. Von diesen könnten wir zuerst die Kopernikanische Revolution erwähnen, in der das ptolemäische, geozentrische Universum durch die genauere, wenngleich das Ich weniger befriedigende Erkenntnis ersetzt wurde, daß die Erde sich in der Tat um die Sonne dreht. Eine andere wichtige intellektuelle Revolution wurde durch Charles Darwin und die Evolutionstheorie eingeleitet, die zeigte, daß das menschliche Wesen ebensowenig der Mittelpunkt der lebenden Welt ist wie die Erde der Mittelpunkt der astronomischen. Schließlich kommen wir in unserer verkürzten Liste zur Freudschen Revolution. Es ist hier nicht unser Anliegen, die psychoanalytische Bewegung zu beschreiben oder zu verteidigen, die selbst heute umstritten ist, zumindest teilweise deswegen, weil sie sich aller Widerlegung zu entziehen scheint. Vielmehr geht es uns darum, einen wichtigen Eckstein der Freudschen Revolution zu betonen, der außer Diskussion steht und darüber hinaus für unser gegenwärtiges nukleares Dilemma relevant ist: die Existenz und die tiefe Bedeutung irrationaler Motivationen und Verhaltensweisen. Diese einfache, aber wichtige Tatsache ist allmählich von praktisch allen Richtungen menschlichen Denkens akzeptiert worden. Bezeichnenderweise jedoch und zu unserer gemeinsamen Gefährdung haben sich militärische Planung und politische und strategische Analyse als ganz besonders unzulänglich gegenüber dieser Erkenntnis erwiesen.

Folglich befassen sich scheinbar rationale Entscheidungen, etwa die, die zur Ausstattung mit taktischen Kernwaffen führen, fast ausschließlich mit Fragen der Strategie und Lagebeurteilung; dies spiegelt sich besonders in der Abschreckungstheorie wider. Wie wir bereits gesehen haben, sind diese Argumente noch nicht einmal in sich konsistent. Darüber hinaus versagen sie, weil sie der Möglichkeit nichtrationalen Verhaltens ungenügende Aufmerksamkeit widmen.

Die Illusion der Rationalität führt direkt zum Begriff des »begrenzten« Nuklearkriegs. Es gibt technische Gründe im Überfluß, warum ein jeder Nuklearkrieg unbegrenzbar erscheinen muß: sie reichen von unvorhersehbaren elektromagnetischen Impulseffekten bis zur Verletzbarkeit von Kommando-, Kommunikations- und Kontrollzentren und zu unerträglichem politischen Druck.[5] Wir haben nicht vor, sie hier im einzelnen vorzustellen. Wir wollen vielmehr darauf hinweisen, daß selbst jenseits der praktischen Unmöglichkeiten das anhaltende Interesse, das Kriegführungsszenarios finden, ein Ergebnis der überwundenen Anschauung ist, wonach Menschen auch dann die Lage kognitiv kontrollieren können, wenn sie von der rapiden Entfaltung der zerstörerischsten Ereignisse in der ganzen Menschheitsgeschichte umgeben sind.

Wir müssen uns im Alltag so verhalten, *als ob* wir unser Leben unter Kontrolle hätten. Andererseits ist es nützlich und oft wesentlich, sich klar zu machen, daß eine solche Kontrolle bis zu einem gewissen Grade eine Illusion ist. Wir gehen gelegentlich einer solchen Kontrolle verlustig, und es steht uns gut an, uns diese Tatsache bewußt zu machen und solche Vorkommnisse im voraus einzuplanen, um so ihre Gefahr möglichst gering zu halten und damit auch den Schaden, der entstehen könnte. In ähnlicher Weise müssen militärische und politische Führungen die Kontrolle bewahren; in der Tat besteht ihre wesentliche Aufgabe vor allem in der Manifestation der Kontrolle. Folglich bleibt bei der Planung für die verschiedensten Möglichkeiten *Kontrolle* eine grundlegende Annahme, denn ohne die Möglichkeit, seine Untergebenen und die verschiedenen Waffen zu führen, wird ein Führer ein beliebiges Individuum und ist in keiner Weise mehr ein Führer. Deswegen ist eine Planung, die den möglichen *Verlust von Kontrolle* ins Auge faßt, dem heutigen Militärstrategen so fremd, wie es das Unbewußte dem Menschen vor Freud war. Beide irren gleichermaßen.

Zusätzlich zur psychologischen Illusion von Kontrolle und Begrenzung verläßt sich die europäische Nuklearbewaffnung zu ihrer Rechtfertigung auf eine andere, weit verbreitete Illusion: die Illusion einer rationalen Auslösung. Ungeachtet der Frage, ob Kernwaffen *je* als Ergebnis rationaler Erwägung eingesetzt werden könnten, nehmen die Doktrinen der NATO und des Warschauer Paktes an, daß Nuklearwaffen nur dann eingesetzt werden, wenn ein solcher Einsatz explizit gewollt ist: ein berechnender Blitz aus blauem Himmel, ein warnender Gegenschlag, um Entschlossenheit zu demonstrieren, eine Gefechtsfeldantwort auf eine besondere taktische Situation usw.

Die zu erwartende Wirklichkeit ist jedoch eine andere. Es gibt zahlreiche Weisen, wie ein Nuklearkrieg allein durch nichtrationale Faktoren entstehen kann, und die meisten von ihnen sind verschärft durch die hohe Konzentration von Nuklearwaffen auf europäischem Boden. Unter diesen sind die wahrscheinlichsten[6]:

Zufällige Explosion: Die Detonation einer nuklearen Bombe oder eines Sprengkopfes könnte leicht als ein Angriff mißinterpretiert werden, der einen Gegenanschlag verlangt.

Terrorismus: Das Vorhandensein von Tausenden von Kernwaffen der verschiedensten Art, zusammen mit einer Vielfalt von Terroristengruppen, macht es möglich, daß solche Waffen in der Zukunft in die Hand von Terroristengruppen fallen. Ein Nuklearkrieg könnte dann durch die Fehlinterpretation des Grundes für eine Explosion ausgelöst werden, oder es könnten auch diese Explosionen selbst so zerstörerisch sein, daß ihre Wirkung denen eines Nuklearkrieges gleichkäme.

Unerlaubter Einsatz: Trotz aller Beteuerungen über fehlersichere Mechanismen und trotz aller menschlichen Zuverlässigkeitseinschätzungen bleibt die einfache Tatsache, daß kein System absolut funktionssicher ist und kein Mensch absolut zuverlässig. Zusätzlich zur Möglichkeit des unerlaubten Einsatzes durch untere Dienstgrade gibt es die stets vorhandene Möglichkeit von Zusammenbrüchen der menschlichen Rationalität, wie sie durch den bekannten Umfang von Alkohol- und Drogenmißbrauch bei NATO-Streitkräften und im Warschauer Pakt belegt werden. Solche Irrationalität braucht sich natürlich nicht auf das militärische »Fußvolk« zu beschränken.

Fehlalarm: Das Schreckgespenst eines Fehlalarms ist wahrscheinlich das realistischste und daher furchterregendste. So gab es allein in den Vereinigten Staaten unlängst in einem Zeitabschnitt von nur zehn Monaten 147 ernsthafte Fehlalarme. In einem bemerkenswerten Fall wurde dieser durch ein gespeichertes Kriegsspiel ausgelöst, das versehentlich als ein wirklicher Angriff interpretiert wurde, während in zwei anderen Fällen geringfügige Fehlfunktionen eines Computers uns alle an den Rand des Unglücks brachten.

Wegen ihrer kurzen Flugzeit und hohen Genauigkeit würde die vorgeschlagene Aufstellung von Pershing-II-Raketen in Deutschland die Möglichkeiten einer Kriegsauslösung durch Fehlalarm beträchtlich erhöhen, speziell wenn, wie zu erwarten, eine solche Aufstellung die Sowjetunion zu »Start nach Warnung« treiben würde. Darüber hinaus erhöht die Ansammlung von großen Stückzahlen taktischer Waffen in einer Region der Feindschaft, des Mißtrauens und der politischen Gewalt – wenngleich erklärtermaßen im Namen der Abschreckung – ganz wesentlich die Wahrscheinlichkeit, daß ein Nuklearkrieg aus einem einzigen oder aus der Kombination von mehreren dieser nichtrationalen Gründe ausgelöst wird. Da Neutronenwaffen dem exakten Gefechtsfeldeinsatz dienen sollen, müssen sie nahe bei dem wahrscheinlichen Schlachtfeld gelagert werden. Dies erhöht noch weiter die Möglichkeiten eines nichtrationalen Einsatzes, da solche Waffen besonders in der Gefahr stünden, bei einem plötzlichen Angriff überrannt zu werden (die Frontkommandeure wären vor die Entscheidung gestellt, sie abzufeuern oder zu verlieren). Eine solche Aufstellung würde auch ganz allgemein die Zeit verringern, die für eine rationale Entscheidung zur Verfügung stünde bzw. für die Feststellung eventueller Unfälle, von Terrorismus, unerlaubter Verwendung, Fehlalarmen usw. Auf diese Weise erhöht die Ansammlung zusätzlicher taktischer Waffen, insbesondere von Neutronenwaffen, nicht nur die Aussicht auf nichtrationale Verwendung, sondern sie verringert auch die Möglichkeiten einer abgewogenen Bewertung vernünftiger Reaktionen.

Wenngleich die Europäer (verständlicherweise) dazu neigen, sich auf die Bedrohung zu konzentrieren, die von den auf ihrem Kontinent gelagerten taktischen Waffen ausgeht, so muß doch hervorgehoben werden, daß die Gefahr ebenso groß sein kann – oder größer –, daß die taktischen Waffen, die möglicherweise Europa zerstören, nicht vor den strategischen Arsenalen der beiden Großmächte zum Einsatz kommen, sondern vielmehr nach oder während eines strategischen Krieges. So gelten sämtliche oben erwähnten Risiken eines nichtrationalen Einsatzes in gleicher Weise für die strategische Bewaffnung, wobei diese Risiken noch durch die vorgeschlagene neue Generation destabilisierender Counter-force-Bewaffnung auf beiden Seiten erhöht werden, wie z. B. durch die amerikanische MX und Trident II und die sowjetische SS 18.

Von zwei weiteren nuklearen Schimären gilt es Abschied zu nehmen, wenn das Leben auf diesem Planeten fortdauern soll. Die erste ist, daß der Schaden in irgendeiner Weise auf einen »annehmbaren« Bereich begrenzt werden kann, und die zweite besteht in der Illusion, daß man den nuklearen Krieg überleben könne. Die Vorstellung eines »chirurgischen« oder »enthauptenden« Erstschlages auf die feindlichen Kommando-, Kontroll- und Beobachtungszentren ist für militärische Führer verführerisch, da sie schließlich nicht trainiert und gedrillt sind, um stillzusitzen, sondern um zu kämpfen. Unsere kulturellen Mythen ehren den mutigen Krieger, stark und todesverachtend bei seinem Einsatz im Kampf, nicht aber den wohltätigen oder zurückhaltenden Gelehrten, der zu Verhandlung und Kompromissen rät. Von einem Soldaten zu erwarten, daß er nicht kämpft, ist gleichbedeutend mit dem Anspruch an den Chirurgen, nicht zu schneiden; jeder von ihnen mag sich bewußt sein, daß Handeln Risiken birgt, aber beide sind dahingehend ausgebildet, die Risiken auf sich zu nehmen und das Beste aus ihnen zu machen. Wenn Soldaten die Überzeugung gewönnen, daß Kriege nicht ausgetragen oder »gewonnen« werden könnten, was wäre dann der Anreiz, ein Soldat zu sein? Daher argumentieren wir, daß die Vorstellung eines begrenzbaren oder akzeptierbaren Schadens das Dilemma des Soldaten erleichtert, ihn für seine Handlungen »in Verteidigung« seines Landes entschuldigt und ihm die Sicherheit gibt, daß eine militärische Laufbahn eine edle sein kann. Um noch einmal einen Vergleich aus der Medizin zu benutzen: heroische chirurgische Leistungen lassen sich rechtfertigen, solange der Patient noch am Leben ist und der mögliche Nutzen die Risiken überschreitet. Ist der Patient aber tot, lassen sich aufwendige chirurgische Maßnahmen kaum rechtfertigen. Ähnlich lassen sich Vorbereitungshandlungen rechtfertigen, solange die Soldaten glauben, daß der Nuklearkrieg begrenzt und gewonnen werden kann. Wenn jedoch jeder glaubte, daß der Nuklearkrieg den unausweichlichen Tod des gesamten Planeten bedeutet, gäbe es keinen Weg, weitere »heroische« Aufrüstungsschritte zu rechtfertigen. Der Patient kann nur einmal sterben.

So müssen sich letztlich alle nuklearen Argumente und Erwägungen mit der Frage der Überlebensmöglichkeit im Nuklearkrieg befassen, und nur mit äußerster Anstrengung können wir, in Martin Bubers Worten, »uns die Realität vorstellen« und die Möglichkeit wirklich ins Auge fassen, daß der nukleare Krieg die Vernichtung des Lebens auf dieser Erde bedeutet. Nach einem Szenario, das Joseph Rotblat beim zweiten Kongreß der International Physicians for the Prevention of Nuclear War vorgestellt hat[7], würden nur etwa 5% der sowjetischen strategischen Waffen auf Europa gerichtet sein, wobei die Hauptmasse des Angriffs von den sowjetischen euro-strategischen und taktischen Kräften ausgehen würde; insgesamt 1500 Megatonnen, die auf Westeuropa gerichtet wären, und etwa 500 Megatonnen, die die NATO auf Osteuropa richtet. Die Gesamtheit der Explosivkraft, die im Zweiten Weltkrieg zum Einsatz kam, entsprach drei Megatonnen. Würde ein Drittel dieser Sprengkraft auf Städte gerichtet, so läge nach Schätzung der amerikanischen Regierung die Zahl der sofortigen Todesopfer bei etwa 150 Millionen Menschen oder einem Drittel der städtischen Bevölkerung in Europa. Von den Überlebenden wäre etwa die Hälfte verletzt, und die meisten würden angesichts fehlender medizinischer Versorgung sterben. Würden kleinere, präzisere Bomben eingesetzt, so würde sich die Zahl der städtischen Todesopfer auf etwa 205 Millionen Menschen oder 42% der gesamten europäischen Bevölkerung erhöhen.

Dazu kämen noch 1300 Megatonnen auf militärische und wirtschaftliche Ziele, Raketenbasen, Seehäfen, Nachschublager, C3I-Zentren, Eisen- und Stahlwerke, Ölraffinerien und Kernkraftwerke. J. Rotblat schätzt, daß innerhalb von 24 Stunden 150 Millionen Menschen an Strahlenkrankheit sterben könnten. Unvorhersehbare, unquantifizierbare und synergetische ökologische Wirkungen verstärken die Katastrophe, indem sie jeden Überlebenden mit unendlichen Problemen der Strahlenverseuchung, des Nahrungs- und Wassermangels, der Seuchenepidemien, der Ungeschütztheit und intensiven, lähmenden psychologischen Wirkungen aussetzt. Die Überlebenden des nuklearen Holocaust werden wahrscheinlich ziellos durch die Trümmer wandern, nicht mehr fähig zu kämpfen oder zu hassen, aber ebenso unfähig zu bauen oder zu lieben, bis sie schließlich dankbar sich mit ihren Freunden, Familien und Feinden im traumlosen Tod vereinigen. Lord Mountbatten hat die Wirkungen des nuklearen Kriegs mit der Einsicht eines großen Militärführers und auch mit der Klarheit und Menschlichkeit eines fühlenden menschlichen Wesens gesehen: »Und wie wird die Welt aussehen, wenn alles vorbei ist? Unsere schönen großartigen Bauten, unsere Häuser werden nicht mehr da sein. Die Jahrtausende, die es brauchte, um unsere Zivilisation zu entwickeln, werden vergeblich gewesen sein. Unsere Kunstwerke werden verloren sein. Radio, Fernsehen, Zeitungen werden verschwunden sein. Es wird keine Verkehrsmittel geben. Es wird keine Krankenhäuser geben. Keine Hilfe für die wenigen verwundeten Überlebenden in irgendeiner Stadt darf aus der Nachbarschaft erwartet werden – es wird keine Nachbarstädte mehr geben, keine Nachbarn, keine Hilfe, keine Hoffnung.«

Wir kommen daher zu dem Schluß, daß die Neutronenwaffen die Abschreckung nicht erhöhen werden, sie *werden* aber ganz erheblich das Risiko des nuklearen Krieges erhöhen. Die entscheidende Frage lautet daher, wie die Menschen auf dieser Welt und ganz besonders in Europa abschrecken können – nicht wie sie Neutronenwaffenabschreckung verwenden können, sondern vielmehr, wie sie ihre eigenen Regierungen davon abschrecken können, diese Waffen jemals zu produzieren oder aufzustellen.

Wenden wir uns nun der Illusion der Sicherheit zu innerhalb der Nationen, die durch solche Waffen »verteidigt« werden.

Die Glaubwürdigkeit der Abschreckung beruht letztendlich nicht auf dem technischen Entwicklungsstand oder der Tödlichkeit der Waffen- und Trägersysteme, sondern vielmehr auf dem politischen Zustand der militärischen und politischen Führung beider Seiten und damit auf dem zugrunde liegenden Grad der Militarisierung der betroffenen Bevölkerungen. Jenseits aller Erwägung militärischer Vorteile beruht die Theorie der Abschreckung auf der Wahrnehmung des Gegners, daß der andere nicht nur die Macht zu totaler Verwüstung hat, sondern auch den Willen, sie einzusetzen. Dies gilt insbesondere für Westeuropa und die Vereinigten Staaten mit ihren demokratischen Systemen repräsentativer Regierungsgewalt. Jedoch übt auch in Osteuropa und der Sowjetunion der »Wille des Volkes« einen erheblichen Einfluß auf die Politik aus. Und selbst im 20. Jahrhundert halten sich Regierungen nicht lange ohne die Zustimmung der Regierten.

Lassen Sie uns daher die politischen Auswirkungen auf die Glaubwürdigkeit der Abschreckung untersuchen, die von der wachsenden öffentlichen Wahrnehmung ausgehen, daß die Regierungen und Bürokratien auf beiden Seiten des Eisernen Vorhanges nicht zum Schutze des Lebens ihrer Bürger handeln. Es gibt einen ständig größer werdenden Abgrund zwischen Regierungen und Bürgern, oder zwischen denjenigen, die auf den Knopf drücken, und Opfern, der die Wahrscheinlichkeit eines Nuklearkrieges zu erhöhen droht, denn er kann soziale Unruhe und Widerstand auslösen. Die Abschreckung wird durch das wachsende öffentliche Bewußtsein untergraben, daß nukleare Kriegsvorbereitungen im Gange sind – aber auch absurd sind – ebenso wie die sogenannten »Zivilverteidigungs«-Aktivitäten. Die wachsenden Friedensbewegungen sowohl in den Vereinigten Staaten wie in Europa, Ost und West, stellen alle Regierungen vor ein Dilemma. Es wird immer klarer, daß Millionen von Menschen sich nicht sicherer unter dem nuklearen Schirm fühlen und nicht durch nukleare Waffen »verteidigt« werden wollen, und diese Tatsache selbst untergräbt die Glaubwürdigkeit der Abschreckung, es sei denn, diese Regierungen gingen repressiv gegen ihre eigenen Bürger vor, um ihr nukleares Establishment zu schützen. Militärische und politische Bürokratien betrachten die Friedensbewegungen in ihren Ländern als Bedrohung, und sie sind dies in der Tat, solange die Regierungen darauf bestehen, sich in ihrer Politik auf eine Eskalation der Abschreckung oder auf gegenseitige sichere Zerstörung zu verlassen.

Die 1977 zunächst von Präsident Carter und dann von Bundeskanzler Helmut Schmidt gefällte Entscheidung, Neutronenwaffen in Europa aufzustellen, war der Zündfunke für die europäische Friedensbewegung. Die absurde und zugegebenermaßen übertriebene Vision der Neutronenbewaffnung katalysiert ein gewaltiges öffentliches Erwachen angesichts der Drohung des Nuklearkriegs, am deutlichsten dargestellt durch die Anti-Neutronenwaffenbewegung in den Niederlanden, deren Plakate heile Städte angefüllt mit toten Familien zeigten. Bis zu dieser Zeit war die unaufhaltsame, aufwärts gerichtete Spirale des Wettrüstens teilweise durch öffentliche Apathie erleichtert worden sowie durch den Mangel menschlicher Vorstellungskraft, die zu massiver Verweigerung hätte führen müssen. Dies erlaubte den politischen und militärischen Planern, so vorzugehen, als ob die Öffentlichkeit ihrer Politik zustimmte. Darüber hinaus wurden kostspielige Militärprogramme durch massive Propaganda-Aktionen unterstützt unter Ausnutzung stereotyper Bilder des »Feindes« und seiner mutmaßlichen Stärke. Traditionelle Vorstellungen von Sicherheit auf der Grundlage militärischer Stärke waren der Ausgangspunkt für die Aufrüstung beider Seiten, und beide Seiten schienen Neville Chamberlains Kapitulation gegenüber Hitler in München auszubeuten als ein Beispiel der Torheit von Beschwichtigungsstrategien. »Niemals wieder!« schworen beide Seiten, »wollen wir schwach oder besetzt sein oder von einem Gegner mit überlegener militärischer Stärke angegriffen werden.« Doch scheint die Vision der Neutronenbombe die Völker in Westeuropa dahingehend sensibilisiert zu haben, daß sie die Bedeutung von Sicherheit im nuklearen Zeitalter in Frage stellen, indem sie die Unterschiede zwischen nuklearem und konventionellem Krieg verdeutlichen, und ebenso die moralische Unerträglichkeit von Waffen, die die Leute töten, aber ihren Besitz – relativ – unversehrt lassen. Wenngleich diese Vorstellung zumindest bis zu einem gewissen Grade ungenau ist (schließlich sind Neutronenbomben immer noch Kernwaffen und verursachen erhebliche Hitze- und Sprengwirkungen), so war sie wegen ihrer Anschaulichkeit doch ausreichend, um die letzte moralische und ethische Grundlage nuklearer Abschreckungsstrategien zu erschüttern.

Die Kinder dieser Welt spüren die Drohung eines kommenden Nuklearkrieges und verlieren allmählich den Glauben an die Erwachsenen, die sie vorgeblich schützen, und an die Zukunft selbst. Nach Schätzungen zahlreicher Studien haben 80 bis 99%, der Kinder in den Vereinigten Staaten und Europa den Glauben an die Zukunft verloren und sind nicht in der Lage, zukünftige Ehen, Karrieren oder Ausbildung zu planen, da sie sich hilflos, hoffnungslos und apathisch fühlen. John Mack, Psychiatrieprofessor in Harvard, fand eine überwältigende Rate von Depressionen und Verzweiflung in einer demographisch breitgestreuten Population von High-School-Schülern in Cambridge, Massachusetts.[8] Elizabeth Kaye untersuchte jugendliche Drogenbenutzer in Kalifornien und fand bei 100% die Meinung, daß ein Nuklearkrieg unvermeidbar sei.[9] Jim Siemer, Leiter des High-School-Programms von Pax Christi, berichtet, daß 99% der High-School-Schüler in den Vereinigten Staaten glauben, daß sie in einem Nuklearkrieg sterben werden. Und Horst-Eberhard Richter berichtet, daß 48% der Westdeutschen glauben, ein dritter Weltkrieg sei wahrscheinlich und daß 50% der westdeutschen Jugendlichen in der Altersklasse von 18 bis 24 Jahren erwarten, daß die Welt durch einen Nuklearkrieg zerstört werden wird.[10]

So hat, unabhängig vom politischen und militärischen Ziel zukünftiger Bewaffnungen, die Abschreckungspolitik schon den Glauben und das Zutrauen der Bevölkerung in die Absichten und die Moralität ihrer eigenen Regierungen zerstört. Diese Epidemie der Verzweiflung hat weitreichende Folgen für die Gesellschaft, selbst wenn die Bomben nie zum Einsatz kommen werden. Die primären, unmittelbaren Wirkungen sind ökonomischer Art; verängstigte Menschen, die keinen Glauben an die Zukunft haben, werden nicht gut planen oder investieren, sei es in persönlichen Besitz oder in persönliche Ziele, wenn dies doch keinen Sinn macht. Führung und Regierungen werden Mißtrauen und Verdächtigungen entgegengebracht, und insbesondere die jungen Menschen werden eher maßlose Protesthaltungen einnehmen, als sich im politischen Prozeß zu engagieren. Die Gesellschaft verkümmert aus Mangel an sozialen Werten. Wenngleich einige behaupten, daß die Abschreckung funktioniert hat (insoweit kein

Krieg ausgebrochen ist), hat doch die Abschreckungspolitik die Struktur der ganzen Gesellschaften untergraben, die sie eigentlich hätte schützen sollen. Die Bürger fallen vereinfachenden Fundamentalismen und Kulten anheim, weil die Gesellschaft ihnen keine wirkliche Sicherheit bietet.

Als Beispiel mag der Zulauf zu apokalyptischen christlichen Sekten in den Vereinigten Staaten dienen, die den Gläubigen Erlösung versprechen, eine sogenannte Verzückung, wenn der Nuklearkrieg ausbricht, so wie dies angeblich im Buch der Offenbarung prophezeit sei. Ebenso ist auf holistische Gesundheitsbewegungen hinzuweisen, die nahezulegen scheinen, daß bei hinreichendem Training und mit Vitaminen die menschliche Gesundheit trotz der Bedrohung in der Gesellschaft aufblühen könne. Das extremste Beispiel einer Aufgabe des Glaubens an soziales Überleben liefern in den Vereinigten Staaten die Tausende von Menschen, die ihre Zuflucht in Gebirgshöhlen und unterirdischen Kondominiums suchen, in der Überzeugung, daß der nukleare Krieg unvermeidlich, individuelles Überleben aber möglich und sogar wünschenswert sei.

Kein Land hat mehr Erfahrungen mit einer Regierung, die sich auf eine gefälschte Moralität stützt, als Deutschland. Ein Land mit stolzen religiösen, ethischen, moralischen und wissenschaftlichen Traditionen ließ sich von einem Kult des Rassismus, des Nationalismus und des Militarismus überwältigen, und das Blut von Millionen von Menschen belastet das deutsche Gewissen. Wie wirkte dies auf eine deutsche Jugend, die in einer Atmosphäre unaussprechlicher Schuld aufgewachsen ist und nun mit dem Schreckgespenst eines neuen Holocaust konfrontiert wird? Als Amerikaner können wir diese Frage nur stellen, nicht beantworten. Wir möchten jedoch mit diesem ausgewählten Zuhörerkreis die Ansicht teilen, daß die letzten Fragen von Moral und Ethik und der persönlichen Reaktionen, die sie auslösen, zum Wesen der Friedensbewegung in Deutschland gehören, wo die Kinder es auf sich genommen haben, die Sünden ihrer Väter zu vermeiden und sogar für sie zu büßen. Lassen Sie mich Ihnen ein Erlebnis mitteilen, das ich im November 1981 hatte, als ich durch Europa reiste, um Vertreter der Friedensbewegungen vieler Länder zu treffen. In Deutschland haben die Führer unserer Gruppe uns als erstes zu einem ehemaligen Gestapo-Gefängnis unter einem öffentlichen Gebäude in Köln geführt, wo ein alter Mann, auf dessen Handgelenk die Häftlingsnummer tätowiert war, für die amerikanischen

Gäste über die Geschichte von Hitlers Aufstieg zur Macht berichtete. Die Vertreter der Friedensbewegungen, mit denen ich zusammengetroffen bin, sahen nicht Rußland oder die Vereinigten Staaten als Feind, sondern vielmehr die Kräfte eines prinzipienlosen und räuberischen Militarismus auf beiden Seiten, der alle grundlegenden menschlichen Werte verachtet und nur Habgier und einen kurzsichtigen Machtwillen kennt.

Psychologisch beruht die Abschreckung günstigstenfalls auf einer wackeligen Logik, und man kann nicht so tun, als ob die Welt beliebig lange überleben könnte, wenn man sich auf solch paradoxe und fehlerhafte Konstruktionen stützt. Auch die Bürger dieser Welt sind in einem emotionellen Paradoxon gefangen; entweder können sie fortfahren, ihren Haß auf einen entfernten Feind zu projizieren, während an ihnen Hoffnungslosigkeit und Angst nagen, oder sie müssen aktiv werden und der Narrheit der Regierenden entgegentreten und damit riskieren, als Feinde ihrer Staaten zu gelten. Entweder sie stumpfen ab und bezahlen den Preis eines Gefühlsverlusts auf allen Ebenen, vom Glück bis zur Verzweiflung, oder es bleibt ihnen nichts anderes übrig, als überwältigt zu werden von Gefühlen des Zorns, der Furcht und, so würde man hoffen, einer Sehnsucht zu leben. Was können die Kinder dieser Welt tun? Mit einer klaren und ursprünglichen Weisheit durchschauen die Kinder die falsche Moralität der Abschreckung, und sie sind entgeistert vom Doppelspiel der Erwachsenen, denen sie die Zukunft anvertrauen müssen. »In unserer Welt keimt ein absonderlicher Begriff von Sicherheit und ein verdrehtes Moralgefühl«, sagt Bertrand Russell, »Waffen werden wie Schätze gehütet, während zur gleichen Zeit Kinder der Verbrennung ausgesetzt werden.« Die Kinder haben dies bemerkt.

Es gibt eine apokryphe, aber sehr lehrreiche Geschichte über die Wahrnehmung von Kindern im Unterschied zu der von Erwachsenen.[11] Ein Kind und ein Erwachsener gehen gemeinsam weg, um ein Haus anzusehen, und als sie wiederkommen, werden sie gefragt, was sie denn gesehen haben. Der Erwachsene beschreibt ein Haus, das soundsoviel Dollar gekostet, soundsoviel Zimmer hat, soundsoviel Badezimmer, ein Grundstück von einer bestimmten Größe und Zimmer von einer bestimmten Höhe. Mit anderen Worten, die Wahrnehmungen der Erwachsenen sind quantifiziert, gemessen und berechnet. Das Kind sagt andererseits, »es war ein schönes Haus« oder ein häßliches Haus, oder die Zimmer waren dunkel und angsteinflößend, oder hinten im Garten war ein toller Kletterbaum. Die Wahrnehmungen sind qualitativ und drücken Stimmung und Gefühl aus. Die Akteure des Rüstungswettlaufs sind natürlich Erwachsene, und die Wahrnehmungen von Überlebensfähigkeit und Risiko, Begrenzung des Schadens und selbst der relativen Stärke der gegnerischen Seite beruhen auf quantitativen Einschätzungen, die für wertvoller oder glaubwürdiger gehalten werden als die qualitativen Reaktionen einfacher Leute. Auf der Grundlage von Zahlen werden wir mit Illusionen des Überlebens und der Kontrollierbarkeit eingelullt, weil die Zahlen, die den Nuklearkrieg betreffen, den qualitativen Schrecken der Realität nicht auszudrücken vermögen. Wenngleich wir nicht behaupten, daß Kinder moralischer als Erwachsene seien, so sagen wir doch, daß man *Erwachsene* braucht, um den Mord zu bürokratisieren und um Leben und Tod der Menschen an das blut- und gefühllose Knopfdrücken und Schlüsseldrehen zu delegieren. Noch einmal: das Deutschland des 20. Jahrhunderts war ein führender Vertreter in dieser neuen »Moralität«, aber heute wird auf der ganzen Welt eine Million Dollar pro Minute ausgegeben für Waffen, die den Mord effizienter machen sollen.

Ich bin mir bewußt, daß in diesem Zusammenhang das Wort Mord einen starken emotionalen Klang hat. Und in der Tat, so soll es sein. Um uns von der psychischen Abstumpfung zu heilen, die uns herzlos den Völkermord erlaubt und gegen individuellen Widerstand immunisiert, gibt es nur das eine Mittel: sich nicht den Emotionen zu verschließen, die Wahrnehmung fürchterlicher Sachverhalte nicht zu verweigern. Alles, was je für die Menschheit Sinn und Bedeutung hat, ist in höchster Gefahr.

Die Mehrzahl der Menschen auf diesem Planeten dämmert auf dem Weg zum Untergang dahin, während täglich 3 bis 10 neue Kernsprengköpfe den über 55 000 in den Arsenalen der Welt hinzugefügt werden. Während wir in diesen Zeilen einige der irrationalen Komponenten herausgearbeitet haben, die zur Wahrscheinlichkeit eines Nuklearkrieges beitragen, müssen wir doch auch Thomas Merton darin zustimmen, daß die »gesunden« Leute gerade die allergefährlichsten sind. »Es sind die Gesunden, die Angepaßten, die ohne Bedenken und ohne Ekel die Raketen auf ihr Ziel lenken und die den Knopf drücken, der das große Fest der Zerstörung einleitet, das sie, die Gesunden, vorbereitet haben«[12], schreibt Merton. Während die kalten Krieger auf beiden Seiten auf die Schwäche von Neville Chamberlain verweisen, deuten die Menschen der Friedensbewegungen mit ebensolcher Abscheu auf die scheinbare Gesundheit Adolf Eichmanns. Wieder Merton: »Wir dürfen nicht länger annehmen, daß ein ›geistig Gesunder‹ auch immer ›recht bei Sinnen‹ ist. Der ganze Begriff geistiger Gesundheit ist in einer Gesellschaft, deren geistige Werte ihre Bedeutung verloren haben, selbst bedeutungslos geworden.«

Folglich liegen die Fragen, die die Neutronenwaffe und andere Kernwaffen stellen, auf einer tieferen Ebene als der von Taktik und Strategie. Auf dem Spiel stehen nicht nur das Überleben der Menschheit, sondern Fragen letzter Werte und Inhalte, die eher geistiger als psychologischer Natur sind und die nicht übersehen werden dürfen. Wenn die Gesellschaft dieses Zeitalter des Völkermords überleben soll, brauchen wir nicht noch mehr Material und nicht noch mehr Computermodelle, wohl aber vielleicht mehr Sorge, mehr Gefühl und die Heilighaltung der Bewahrung des Lebens, die Grundlage ist für das Heilen, für das Wachsen und für die Liebe. Mag sein, daß dies eine neue Religion verlangt oder die Rückkehr zu den Werten der älteren, unter der besonderen Beachtung unseres gemeinsamen Schicksals – »Wenn ich sterbe, stirbst Du, wenn ich lebe, lebst Du.« Ohne eine feste Bindung an Moralität ist Abschreckung nur ein schwachverknüpfter Faden, an dem die Vergangenheit, die Gegenwart und die Zukunft hängen.

Anmerkungen

1 Eine ausführliche Kritik der Abschreckungsdoktrin findet sich in David P. Barash und Judith Eve Lipton, *Stop Nuclear War! A Handbook*, Grove Press, New York.
2 Herbert Scoville, *The Neutron Bomb*, in: *The Arms Race and Arms Control*, Stockholm International Peace Research Institute, 1982 (Taylor & Francis, Ltd.: London).
3 S. Pally, *Cognitive Rigidity as a Function of Threat*, in: *Journal of Personality* 1954, 23, S. 347–355; E. L. Cowen, *The Influence of Varying Degrees of Psychological Stress on Problem-Solving Rigidity*, in: *Journal of Abnormal and Social Psychology* 1952, 47, S. 512–519; J. W. Moffitt und R. Stagner, *Perceptual Rigidity, Closure and Anxiety*, in: *Journal of Abnormal and Social Psychology* 1956, 52, S. 354–357.

4 Weitere Einzelheiten in Jerome D. Frank, *Sanity and Survival in the Nuclear Age,* Random House, New York, 1982.
5 Desmond Ball, *Can Nuclear War be Controlled?*, Adelphi Papers 169, The International Institute for Strategic Studies, London.
6 Louis Rene Beres, *Apocalypse,* University of Chicago Press, Chicago, 1980.
7 Joseph Rotblat, *Physical and Biological Effects of a Nuclear War on Europe,* 2. Internationale Konferenz des IPPNW, April 1982, Newnham College, Cambridge.
8 John Mack, *Psychosocial Effects of the Nuclear Arms Race,* in: *Bulletin of the Atomic Scientists* 1981, 37, S. 18–23.
9 Elizabeth Kaye, *Stoners: Children of Despair,* in: *Seattle Post-Intelligencer,* April 1982.
10 Horst-Eberhard Richter, *Psychological Effects of Living Under the Threat of Nuclear War,* 2. Internationale Konferenz des IPPNW, April 1982, Newnham College, Cambridge.
11 Antoine de St. Exupéry, *Der kleine Prinz.*
12 Thomas Merton, *A Devout Meditation in Memory of Adolf Eichmann,* in: *The Nonviolent Alternative,* Farrar, Straus & Giroux, New York, 1980.

Volker Glatt
Überlegungen zur Neutronenwaffe

Vorbemerkung

Es liegt eine Herausforderung, aber vielleicht mehr noch eine Gefahr in der Themenstellung für dieses Seminar. Im Rahmen meiner dienstlichen Tätigkeit bin ich zwar täglich mit nuklearen Fragen befaßt, das schließt aber nicht aus, daß ich mich darauf freue, hier zusätzliche und vielleicht auch neue Aspekte erfahren zu können. Die Gefahr sehe ich darin, daß wir uns ausschließlich über *einen* Aspekt aus dem Arsenal/Themenbereich nuklearer Waffen unterhalten wollen und daß darüber unter Umständen der Gesamtzusammenhang verloren gehen könnte. Es scheint mir daher wichtig, in meinem Beitrag besonders diesen Gesamtzusammenhang darzustellen.

1. Chronologie

Nach einem ersten Hinweis auf neuartige nukleare Sprengköpfe in der sogenannten »Technologiestudie« der Nuklearen Planungsgruppe (NPG) aus dem Jahr 1973 trug der US-Verteidigungsminister *Schlesinger im Juni 1975* seinen NPG-Kollegen erstmals über die Charakteristika der Waffe vor. Dabei führte er u. a. aus, daß eines der Entwicklungsziele sei, die Wirkungskomponenten nuklearer Waffen zu beherrschen. Er nannte als Beispiel die Entwicklung von *Gefechtsköpfen mit verstärkter Strahlungskomponente* (»enhanced radiation«, ER).

Der Begriff »Neutronenwaffe« wurde damals nicht verwandt. Er ist in die amerikanische öffentliche Diskussion erst im Jahre 1977 eingeführt worden.

Verteidigungsminister Rumsfeld legte auf der NPG-Tagung in Hamburg 1976 ein Entwicklungsprogramm von ER/RB(Reduced Blast)-(Neutronen-)Waffen für Lance und Rohrartillerie vor.

Präsident Carter stellte jedoch im August 1977 die vorgesehene Produktionsentscheidung zurück, um die inzwischen erarbeiteten Studien im einzelnen prüfen zu können und vor allem die Allianzpartner über die Frage der Ausstattung der NATO-Arsenale mit der neuen Waffe zu konsultieren.

Eine daraufhin im Herbst 1977 von Bundesverteidigungsministerium und Auswärtigem Amt erarbeitete Studie kam zu einer positiven Bewertung der neuen Waffe im Verhältnis zu den bis dahin schon vorhandenen nuklearen Gefechtsfeldwaffen. Der Verteidigungsausschuß des Deutschen Bundestages wurde am 7. September 1977 ausführlich über alle technischen und politischen Aspekte der Neutronenwaffen-Frage unterrichtet.

Am 20. 1. und 14. 3. 1978 legte die Bundesregierung ihre Haltung zur Einführung der Neutronenwaffe fest und brachte die deutsche Haltung den USA gegenüber ein.

Die damaligen Grundpositionen waren u. a.:
– Produktionsentscheidung liege in alleiniger Verantwortung der USA.
– Alle sich bietenden Möglichkeiten zu Fortschritten bei Rüstungskontrollverhandlungen sollten genutzt werden.
– Bereitschaft zur Stationierung auf deutschem Boden, wenn
– nicht innerhalb von zwei Jahren nach der US-Produktionsentscheidung die westliche Seite aufgrund rüstungskontrollpolitischer Vereinbarungen auf die Stationierung verzichten sollte,
– die Stationierung nicht allein in Deutschland erfolge.
Diese Grundpositionen wurden durch den damaligen Bundeskanzler am 13. 4. 1978 in einer Regierungserklärung vor dem Parlament bekanntgegeben.

US-Präsident Carter schob am 7. 4. 1978 die Produktionsentscheidung überraschend auf.

Allerdings stellten die USA im Oktober 1978 Mittel im Haushalt 1979 für die Produktion nuklearer Gefechtsköpfe der Waffensysteme Lance und Rohrartillerie bereit, in welche später die »Neutronenelemente« hätten eingebaut werden können.

Die Sowjetunion hat mehrfach verdeutlicht, daß sie technisch in der Lage sei, ebenfalls die Waffen zu entwickeln, und daß sie das auch tun würde, falls die USA die Produktion beschlösse – eine Aussage, die im Westen nicht bezweifelt wird.

Im November 1978 erklärte Parteichef Breschnew gegenüber US-Senatoren in Moskau: »Unsere Techniker haben eine Neutronenwaffe getestet, aber wir haben das Ganze aufgegeben. Wir haben mit der Produktion nie begonnen.«

Die französische Regierung entschied im Juni 1980, die Neutronenwaffe zu entwickeln. Die Entscheidung ist auch von der Regierung Mitterrand nicht widerrufen worden.

Verteidigungsminister Weinberger bezeichnete in einer Pressekonferenz am 2. Februar 1981 die Entscheidung Präsident Carters als falsch und kündigte eine Überprüfung an. Am 6. August 1981 traf Präsident Reagan die Entscheidung, die Neutronenwaffe komplett zusammenbauen zu lassen und nach Fertigstellung 380 Gefechtsköpfe für Lance und ca. 800 für die 203-mm-Haubitze in den USA zu lagern (*Washington Post* vom 5. 6. 1981).

2. Strategische Überlegungen

Oberstes Ziel unserer Sicherheitspolitik ist, den Frieden zu bewahren. Dies bedeutet, daß die Strategie der Allianz nur eine Strategie der Kriegsverhinderung sein kann. Für uns liegt die entscheidende Schwelle zwischen Nicht-Krieg und Krieg. Militärische Mittel, Wille und Fähigkeit zur Verteidigung sind nur ein Teil der Sicherheitspolitik. Sicherheit braucht mehr als militärische Macht; aber ohne militärische Mittel, die einen Angriff auf das Bündnis zu einem existenzbedrohenden Risiko für den Angreifer machen, gibt es keine Sicherheit.

Die NATO verfügt über moderne konventionelle Kräfte, sie hat nukleare Kurz- und Mittelstreckensysteme in Europa, und dahinter stehen die strategischen Nuklearkräfte der Vereinigten Staaten. Nur der Verbund dieser drei Komponenten und die Möglichkeit ihres aufeinander abgestimmten Einsatzes befähigen die NATO zu angemessener Reaktion gegen jede Art einer Aggression und machen es dem Angreifer unmöglich, sein Risiko zu kalkulieren. Das ist gemeint, wenn wir von »Abschreckung« sprechen. Die Glaubwürdigkeit dieser Strategie für einen potentiellen Angreifer steht und fällt mit der Bereitschaft aller Bündnispartner, alle politischen und militärischen Risiken und Lasten solidarisch zu tragen. Die Sicherheit aller Bündnispartner ist unteilbar.

Die Entwicklung der Nuklearpotentiale in Ost und West seit 1945 hat die Nuklearstaaten in den Besitz eines beispiellosen Zerstörungspotentials gebracht. Gleichzeitig ist das Bewußtsein dafür gewachsen, welche Bedrohung in diesen Potentialen steckt. Da trotz aller internationalen Bemühungen zu jeder Zeit irgendwo auf der Welt kriegerische Auseinandersetzungen geführt werden, besteht die Furcht, nukleare Waffen könnten ebenfalls zur Lösung regionaler Konflikte zum Einsatz kommen. Tatsächlich scheint aber gerade dies ein Fehlschluß zu sein: von den mehr als 140 Kriegen und kriegerischen Auseinandersetzungen, die seit 1945 geführt wurden, hat keine zwischen zwei Nuklearwaffen besitzenden Mächten stattgefunden.

Kriege zwischen Nuklearmächten werden heute von keiner Seite als Fortsetzung der Politik mit anderen Mitteln angesehen; deshalb spricht vieles dafür, daß die längste Friedensperiode in Europa vor allem durch die abschreckende und kriegsverhindernde Wirkung von Atomwaffen möglich geworden ist.

Die Stationierung von Nuklearwaffen in Europa und der enge Verbund von konventionellen Kräften sowie nuklearen Waffen in Europa mit dem nuklearstrategischen Potential der USA stellen die Sowjetunion vor das Risiko, daß jeder militärische Konflikt zwischen dem Warschauer Pakt und der NATO zu einem Nuklearkrieg eskalieren kann.

Dieser Verbund von konventionellen und nuklearen Mitteln hat einen Krieg zwischen Ost und West bisher unführbar und ungewinnbar gemacht; ein Nuklearkrieg wird auch in Zukunft im herkömmlichen Sinn »ungewinnbar« sein.

Da es in diesem Symposium um das Thema Nuklearwaffen im allgemeinen und um die Neutronenwaffe im besonderen geht, möchte ich meine Position zur Rolle von Nuklearwaffen in der Strategie nochmals zusammenfassen und ergänzen:

– Nuklearwaffen haben primär einen politischen Zweck. Sie sollen durch die Androhung ihres Einsatzes (Abschreckung) einen Krieg verhindern. Falls dies nicht gelingt, soll durch die Androhung und den Vollzug eines politisch kontrollierten, selektiven Einsatzes eine bereits begonnene Auseinandersetzung möglichst schnell beendet werden. Mit Nuklearwaffen als »politischen Waffen« wird der Zweck verfolgt, die politische Willensbildung eines Angreifers zu beeinflussen. Dazu gehört u. a., daß von Anfang an der Frage der Vermeidung von Kollateralschäden und des Schutzes der Zivilbevölkerung besondere Aufmerksamkeit gewidmet wird.

– Die *Risiken* eines Kernwaffeneinsatzes sollen alle Allianzmitglieder *gemeinsam* tragen. Diese Bereitschaft, gemeinsam ein hohes Risiko zu tragen, ist ein wichtiges politisches Signal für die Glaubwürdigkeit der Solidargemeinschaft des Bündnisses und der Abschreckung.

– Die nuklearen Kräfte sollen eine Mehrzahl von *politischen Handlungsmöglichkeiten* eröffnen. In seiner Art soll ihr möglicher Einsatz nicht vorauszuberechnen sein.
– Das Kräftepotential der NATO – konventionelle Kräfte, nukleare Kurz- und Mittelstreckensysteme sowie interkontinental-strategische Nuklearwaffen (die sogenannte NATO-Triade) – bildet einen engen Eskalationsverbund. Die enge Verkettung soll einem potentiellen Angreifer das Risiko der Eskalation bei jedem Angriff unmißverständich deutlich machen und dadurch *vor jedem Krieg abschrecken.*
– Der *selektive nukleare Ersteinsatz* durch die Allianz gegen rein konventionell geführte Angriffe wird *nicht ausgeschlossen.* Dieser Einsatz soll für den Gegner deutlich erkennbar begrenzt sein. Gleichzeitig hat er das Risiko einer weiteren Eskalation bewußt zu machen. Er soll den Angreifer hierdurch veranlassen, seine Aggression einzustellen und sich zurückzuziehen.

Mit diesen Ausführungen habe ich Ihnen gleichzeitig die wesentlichen Argumente vorgestellt, die gegen einen erklärten Verzicht auf den nuklearen Ersteinsatz durch die NATO sprechen.

Solange die NATO die nuklearen Gefechtsfeldwaffen als Mittel zur Erreichung des Ziels der Abschreckung und u. U. als Mittel zur Kriegsbeendigung in ihrem Arsenal beibehalten muß, könnte die Neutronenwaffe aufgrund ihrer technischen Auslegung die Überzeugungskraft unserer Fähigkeiten erhöhen: weil diese Waffe die Forderung nach weitestmöglicher Begrenzung von Kollateralschäden besser als andere vergleichbare Systeme erfüllt, scheint sie eher einsetzbar als jene; dies dürfte besonders für die Perzeption eines potentiellen Angreifers überzeugend wirken. Die Neutronenwaffe könnte damit die Glaubwürdigkeit der Abschreckung verstärken.

3. Operative Überlegungen

Die Neutronenwaffe eignet sich insbesondere zur Bekämpfung beweglicher und gepanzerter Angriffsverbände der Landstreitkräfte. Gepanzerte Fahrzeuge können mit der Druckwelle und Wärmestrahlung nur unzureichend bekämpft werden, wohl aber mit der Neutronenstrahlung. Andererseits ist für die Zivilbevölkerung und die eigene Truppe ein Schutz gegen diese Strahlung – auch mit behelfsmäßigen Mitteln – leichter zu verwirklichen als eine

Absicherung vor den Folgen der durch Druck und Hitze verursachten Kollateralschäden.

Die Möglichkeit der Begrenzung unerwünschter Nebenschäden erleichtert die Bekämpfung eines Angreifers, insbesondere wenn sich ein Angriffsverband in der Nähe bewohnter Gebiete, wichtiger ziviler Objekte oder der eigenen Verteidigungskräfte befindet, d. h. unter Bedingungen, die bisher die Bekämpfung solcher Ziele ausschließen, weil sie zu schwerwiegenden Kollateralschäden führen würden. Die Existenz und Einsatzmöglichkeit der Neutronenwaffe erschweren dem Gegner auch die Möglichkeit der bewußten Anlehnung an bewohnte Gebiete und der bewußten Verklammerung mit dem Verteidiger: Die Neutronenwaffe kompliziert die gegnerische Angriffsplanung und Angriffsführung bedeutend. Gegnerische Truppenkonzentrationen zur Vorbereitung und Durchführung offensiver Operationen werden erschwert.

Trotz der unbezweifelbaren Vorteile für die defensive Operationsführung ist die Neutronenwaffe keineswegs als Ersatz für eine ausreichende konventionelle Panzerabwehrfähigkeit geeignet oder gar gedacht. Dies gilt um so mehr, als – falls die Abschreckung versagen würde – ihr Einsatz denselben politischen Kriterien unterliegen würde wie der jedes anderen nuklearen Einsatzmittels.

Sie steht damit dem Truppenführer für sein Konzept der Operationsführung nicht a priori zur Verfügung und unterscheidet sich auch insofern nicht von anderen Nuklearwaffen.

– Im Zusammenhang mit der Diskussion um die Neutronenwaffe werden bestimmte Fragen immer wieder gestellt. Ich werde im folgenden versuchen, die wichtigsten Fragen aufzuführen und aus der Sicht der Bundesregierung zu beantworten.

Ist es richtig, daß die Neutronenwaffe eine reine Verteidigungswaffe ist?

Da die Neutronenwaffe sehr gut gegen bewegliche und gepanzerte Ziele eingesetzt werden kann, eignet sie sich besonders für die Verteidigung gegen einen mit starken Panzerverbänden angreifenden Feind.

Da andererseits das getroffene Gelände nach kurzer Zeit durchfahren werden könnte, würde sie auch für einen Angreifer erhebliche Vorteile mit sich bringen. Deshalb ist die Neutronenwaffe von ihrer technischen Auslegung her weder für den Angreifer noch für den Verteidiger von einseitigem Vorteil.

Im übrigen ist für die Beurteilung der Frage, ob eine Waffe besonders für den Angriff oder besonders für die Verteidigung geeignet sei, die politische Zielsetzung, und es sind nicht technische Parameter ausschlaggebend.

Insofern ist die Neutronenwaffe in den Händen der NATO in erster Linie ein Mittel der Abschreckung und in zweiter Linie ein Mittel der Verteidigung.

Verändert die Neutronenwaffe die nukleare Schwelle?

Die Allianz hat wiederholt und unmißverständlich klargemacht, daß sie willens ist, im Falle eines Angriffs des Warschauer Paktes mit dem Ersteinsatz nuklearer Mittel zu reagieren, falls das erforderlich sein sollte, um den Angreifer zur Einstellung seines Angriffs zu zwingen. Ein solcher Einsatz unterliegt in der NATO einem politischen Konsultations- und Entscheidungsprozeß.

Die Neutronenwaffe ist eine Nuklearwaffe. Ihr Einsatz wird nicht von ihrem militärtechnischen, sondern von ihrem politischen Wert bestimmt. Insofern hat das Vorhandensein der Neutronenwaffe keinen Einfluß auf die »Höhe der Nuklearschwelle«.

Aus sowjetischer Sicht dürfte die Bereitschaft des Westens, diese Waffe einzusetzen, höher eingeschätzt werden als die Bereitschaft, eine herkömmliche Nuklearwaffe in Mitteleuropa zu verwenden. Insofern dürfte dort von einer niedrigeren Schwelle ausgegangen werden. Dies kann aber nur den Abschreckungswert der Waffe erhöhen – ohne etwas an der tatsächlichen, gerade dargelegten NATO-Strategie zu ändern.

Könnte aber nicht in der Kombination von präziser wirkenden Gefechtsfeldwaffen mit ebenfalls präziser wirkenden weitreichenden Nuklearwaffen wie Pershing (P II) und Cruise Missiles (CM) eine Regionalisierung, d.h. eine Abkopplung vom strategischen Potential der USA wahrscheinlicher werden?

Diese Frage basiert auf dem grundsätzlichen Mißverständnis, wonach nukleare Waffen »Kriegführungswaffen« seien. Das sind sie nicht. Die nuklearen Waffen dienen der Abschreckung. Wo immer es im Westen Ansätze von »Kriegführungsstrategien« gibt, muß ihnen konsequent und kompromißlos entgegengetreten werden. Das politische Ziel der geltenden Bündnisstrategie ist, wenn es zum Ausbruch eines Kriegs kommen sollte, durch direkte Verteidigung oder, wenn nötig, vorbedachte Eskalation, den Krieg so früh wie möglich zu beenden und den Status quo ante wiederherzustellen. Eine darüber hinauszielende Strategie, die auf den militärischen Sieg zielt, wäre damit unvereinbar und zudem angesichts des militärischen Kräfteverhältnisses (auch die Sowjetunion besitzt Nuklearwaffen!) unrealistisch.

Die Abschreckung funktioniert nur, wenn der Verbund der konventionellen, der nuklearen Waffen in Europa und der nuklearstrategischen Einsatzmittel für die UdSSR glaubwürdig bleibt. Diese Verbindung wird am besten durch solche Systeme gewährleistet, die, in Europa stationiert, sowjetisches Territorium erreichen können und so die USA in eine mögliche Reaktion direkt einbinden. Daß ihre Einbindung in das gemeinsame Risiko durch solche Systeme verstärkt wird, wissen auch die USA.

Das besondere Interesse der Bundesrepublik Deutschland ist es, die Integrität ihres schon durch einen konventionell ausgetragenen Krieg existentiell bedrohten Territoriums zu erhalten. Deshalb haben wir seit Jahren immer wieder darauf hingewiesen, daß wir einem Einsatz nuklearer Waffen nur dann zustimmen können, wenn damit das politische Ziel der Kriegsbeendigung erreicht werden kann, und nicht, wenn dadurch Unterlegenheit auf dem Gefechtsfeld ausgeglichen werden soll.

General Rogers führte dazu in der Diskussion zu seinem Vortrag vor der Deutschen Atlantischen Gesellschaft am 8. September 1981 ausdrücklich aus, daß der nukleare Ersteinsatz keineswegs auf dem Gefechtsfeld erfolgen müsse.

Hierzu bedarf es geeigneter Mittel, die den potentiellen Gegner durch ihre technische Auslegung davon überzeugen, daß unser politisches Ziel – das ihm bekannt sein dürfte – angemessen instrumentiert ist.

P II und CM dienen dem strategischen Ziel der Abschreckung ebenso, wie das die Neutronenwaffe täte, falls sie in Europa stationiert würde. Die Gefahr einer Abkopplung vom strategischen Potential der USA ist durch die Einführung dieser Systeme nicht gegeben. Nach übereinstimmender Auffassung in der Allianz wird die Kopplung an die US-strategischen Systeme mit Einführung von P II und CM verbessert.

Zielt der Bau der Neutronenwaffe nicht auf die Minimierung des amerikanischen Risikos ab?

Unter den oben dargelegten politischen und strategischen Voraussetzungen ist die Frage zu verneinen. Die Waffen dienen der besseren Durchführbarkeit der Abschreckungsstrategie der Allianz und kämen insofern allen Bündnispartnern zugute.

Ich fasse zusammen:
– Die Neutronenwaffe ist als Ersatz für veraltete Sprengköpfe seit ca. acht Jahren entwickelt worden. Sie ist Teil eines amerikanischen Modernisierungsprogramms.
– Das Bündnis verfügt seit ca. 25 Jahren über nukleare Gefechtsfeldwaffen, allerdings mit weit höheren Sprengwerten.
– Die neue Gewichtung der »Komponenten« ermöglicht es, gleiche militärische Wirkung bei erheblich verminderten Sprengwerten zu erzielen.
– Damit reduziert sich der Umfang unerwünschter Nebenschäden, und es erhöht sich der Schutz für Nichtkombattanten.
– Solange die NATO nukleare Gefechtsfeldsysteme zur Durchführung ihrer Strategie benötigt, könnte die Neutronenwaffe das Abschreckungsarsenal in Europa ergänzen und durch die hohe Wirksamkeit gegen gepanzerte Verbände in besonderem Maße zur Abschreckung beitragen, da sie die in der strategischen Konzeption des Ostens für den Angriff als Schwerpunktwaffen vorgesehenen gepanzerten Verbände auch in der Angriffsbewegung einer speziellen Gefährdung aussetzt.
– Diese Nuklearwaffe ist jedoch kein Ersatz für eine starke konventionelle Panzerabwehr.
– Wenn die Abschreckung versagen sollte, unterläge der Einsatz dieser Waffe demselben politischen Entscheidungsprozeß nach denselben Kriterien im Rahmen der politischen und strategischen NATO-Vereinbarungen (angefangen von den Athener Richtlinien von 1962) wie der Einsatz aller anderen nuklearen Waffen. Zur Erreichung der politischen Zielsetzung wäre die Einbeziehung von nuklearen Gefechtsfeldwaffen nur eine Option aus dem Gesamtspektrum der Möglichkeiten.

Hans Schauer
Einige Bemerkungen aus außen- und rüstungskontrollpolitischer Sicht

1) Für die Erhaltung des Friedens ist die Schaffung und Bewahrung eines militärischen Gleichgewichts zwischen West und Ost von ausschlaggebender Bedeutung. Das wird grundsätzlich wohl von keinem ernst zu nehmenden Kenner der Materie bestritten. Das Problem ist weniger der Grundsatz als seine Anwendung.

Die NATO hat sich in dieser Frage seit jeher einer besonderen Schwierigkeit gegenübergesehen: der günstigen geostrategischen Lage des Warschauer Paktes und seiner konventionellen Überlegenheit. Das heißt, das östliche Bündnis verfügt in Zentraleuropa über mehr Streitkräfte als die Allianz und kann sie schneller verstärken. Lange Zeit wurde diese Unterlegenheit des Westens durch die Überlegenheit der USA auf dem Gebiet der interkontinentalstrategischen Waffen ausgeglichen. Seit Mitte der siebziger Jahre besteht diese Überlegenheit nicht mehr. Die USA und die Sowjetunion haben im Bereich der strategischen Nuklearwaffen gleichgezogen.

Moskau hat außerdem sein nukleares Mittelstreckenpotential – und das ist ein ganz entscheidender Punkt – wesentlich verstärkt. Die Stationierung der SS-20-Rakete – die eine größere Reichweite und eine größere Treffgenauigkeit als ihre Vorläuferinnen besitzt, außerdem beweglich ist und über drei statt nur über einen Gefechtskopf verfügt – stellt eine Bedrohung Westeuropas dar, die unbedingt in den Zusammenhang unserer Diskussionen gehört. Ich glaube, daß wir diesen Gesichtspunkt in unseren bisherigen Debatten zu sehr vernachlässigt haben. Die nuklearen Gefechtsfeldwaffen sind Teil des Verbunds der nuklearen Waffen und sollten nicht völlig isoliert von den anderen nuklearen Waffen betrachtet werden. Wir sollten auch den psychologischen Effekt, den die sowjetische Rüstung gerade im Mittelstreckenbereich im Westen hervorgerufen hat, in unsere Überlegungen miteinbeziehen. Nur dann werden wir den NATO-Doppelbeschluß, der unser Thema ja zumindest indirekt berührt, richtig würdigen. Er stellt eine sehr überlegte Antwort auf die das Gleichgewicht erneut schwer gefährdende Stationierung der SS 20 dar. Sein einer Teil umfaßt ein begrenztes Nachrüstungsprogramm, das als Gegengewicht dienen soll. Der andere Teil ist ein rüstungskontrollpolitisches Angebot, das eine neue Aufrüstung vermeiden will, indem es die zu stationierenden westlichen Mittelstreckenwaffen mit dem Ziel des Verzichts auf alle landgestützten amerikanischen und sowjetischen nuklearen Waffen mittlerer Reichweite zur Verhandlung stellt.

2) Der Doppelbeschluß ist ein gutes Beispiel dafür, daß eine Verteidigungspolitik, die nicht auf Überlegenheit gerichtet ist, sondern ein stabiles militärisches Gleichgewicht anstrebt, der Ergänzung durch eine konstruktive Außen- und Rüstungskontrollpolitik bedarf. Ich betone das gerade denen gegenüber, die sich für einseitige Abrüstungsmaßnahmen einsetzen, weil sie den Ergebnissen von Abrüstungsverhandlungen mit Skepsis gegenüberstehen. Sicherlich gibt es Fälle, in denen einseitige Maßnahmen sinnvoll sein können. Ein Beispiel ist der Abzug von tausend amerikanischen nuklearen Gefechtsköpfen, über den im Rahmen des Doppelbeschlusses entschieden wurde. Im Prinzip sollten Abrüstungs- und Rüstungskontrollmaßnahmen aber auf der Basis der Gleichheit und des Gleichgewichts ausgehandelt werden. Wir sollten auf diesem schwierigen Gebiet allerdings prinzipiell nicht zu viel fordern und keine zu schnellen Ergebnisse erwarten. Im übrigen sind die Erfolge auf dem Gebiet der Rüstungskontrolle nicht unerheblich. Ich erwähne nur den Teststoppvertrag von 1963, den Nichtverbreitungsvertrag von 1968, den ABM-Vertrag und die SALT-I-Vereinbarung von 1972 und die in der Schlußakte von Helsinki im Jahre 1975 festgelegten vertrauensbildenden Maßnahmen.

Zur Zeit gibt es vier wichtige Vorhaben auf dem Gebiet der Abrüstung und Rüstungskontrolle:
– die START-Verhandlungen, die im Juni 1982 begannen und bei denen es um Verminderungen der nuklearen Interkontinentalwaffen der Sowjetunion und der USA geht;
– die seit 1981 laufenden INF-Verhandlungen, in denen der Verzicht auf alle landgestützten amerikanischen und sowjetischen nuklearen Mittelstreckenwaffen angestrebt wird;
– die MBFR-Verhandlungen in Wien über beiderseitige ausgewogene Truppenverminderungen in Mitteleuropa und
– das KSZE-Folgetreffen, das im November in Madrid wiederaufgenommen wurde und das, wie wir hoffen, zur Einsetzung einer

Konferenz über vertrauens- und sicherheitsbildende Maßnahmen und über Abrüstung in Europa führen wird.

3) Das ist ein Katalog, der sich sehen lassen kann. Er schließt leider die Gefechtsfeldwaffen, über die wir hier im besonderen sprechen, nicht speziell ein. Sie sind weder in den INF-Verhandlungen noch bei MBFR berücksichtigt. Ihre Berücksichtigung begegnet einer Reihe von Schwierigkeiten – die wichtigste ist wahrscheinlich die der Verifikation, was besonders für die Rohrartillerie gilt.

In diesem Zusammenhang einige Worte zum kürzlichen Vorschlag der Palme-Kommission, eine von nuklearen Gefechtsfeldwaffen freie Zone in Europa zu errichten. Hier sind Zweifel angebracht, ob es sich um einen praktikablen Vorschlag handelt, der sich mit unserer Verteidigungspolitik vereinbaren läßt. Sein Hauptziel ist, die nukleare Schwelle anzuheben, d. h. die Versuchung zu mindern, in einem frühen Stadium einer Auseinandersetzung nukleare Waffen einzusetzen. Sicher ein gutes Ziel – nur: Unsere Verteidigungsdoktrin beruht auf Abschreckung, auf Kriegsverhinderung, sie ist keine Kriegführungsstrategie, und wir müssen uns fragen, ob die Abschreckung nicht geschwächt wird, wenn wir auf nukleare Gefechtsfeldwaffen überhaupt verzichten. Wir müssen uns fragen, ob der Krieg in den Augen des Gegners nach einem solchen Verzicht nicht führbarer, risikoloser erscheinen müßte, wenn auf längere Sicht nicht mit einer Eskalation auf unserer Seite zu rechnen wäre. Es kommt noch ein anderer Grund hinzu, der Zweifel aufkommen läßt: Der Mangel eines Gleichgewichts im konventionellen Bereich in der Mitte Europas – solange dieses Gleichgewicht nicht besteht, werden wir kaum auf sämtliche nuklearen Gefechtsfeldwaffen verzichten können. Das bereits erwähnte Verifikationsproblem und die Frage, ob eine 150 km breite Zone einen militärisch und rüstungskontrollpolitisch sinnvollen Raum darstellt, vermehren die Zweifel an der Praktikabilität des Vorschlags.

4) Eine Bemerkung noch zu der uns alle beschäftigenden Frage, wie die konventionelle Verteidigung der NATO verbessert werden könnte. Alle Anstrengungen, die in diese Richtung zielen, verdienen volle Unterstützung, nicht nur, weil dadurch die nukleare Schwelle erhöht werden könnte, sondern vor allem auch deshalb, weil die konventionellen Streitkräfte ein entscheidendes Element der Triade sind und nur mit modernster Ausrüstung den Gegner effektiv abschrecken, den Krieg verhindern können. Nur, das

heißt – ganz abgesehen von Kostenproblemen – beim jetzigen Stand der Dinge, wie ich bereits ausgeführt habe, nicht, daß wir auf die nuklearen Gefechtsfeldwaffen ohne weiteres verzichten könnten. Auch hier kann eine wirkliche Lösung wohl nur auf dem Wege über eine Rüstungskontrollvereinbarung gefunden werden.

5) Lassen Sie mich zum Schluß noch einmal den Zusammenhang von Sicherheitspolitik auf der einen Seite und Entspannungspolitik auf der anderen Seite unterstreichen. Im Dezember 1967 hat die Allianz den sogenannten Harmel-Bericht verabschiedet. Darin heißt es:

»Die Atlantische Allianz hat zwei Hauptfunktionen. Die erste besteht darin, eine ausreichende militärische Stärke und politische Solidarität aufrechtzuerhalten, um gegenüber Aggressionen und anderen Formen von Druckanwendung abschreckend zu wirken und das Gebiet der Mitgliedschaft zu verteidigen.«

Als zweite Funktion des Bündnisses wird genannt »die weitere Suche nach Fortschritten in Richtung auf dauerhafte Beziehungen, mit deren Hilfe die grundlegenden politischen Fragen gelöst werden können. Militärische Sicherheit und eine Politik der Entspannung stellen keinen Widerspruch, sondern eine gegenseitige Ergänzung dar.«

Ich glaube, daß es von großer Bedeutung ist, sich immer wieder klarzumachen, daß wir nur, indem wir beides tun – für unsere Sicherheit sorgen und nach wirklicher Entspannung trachten –, den Frieden sichern können.

Rui Vilela Mendes
Wettrüsten, Konflikt und wissenschaftliche Methode

Ein Kommentar

Ich muß sagen, daß mich dieses Symposium einigermaßen beeindruckt hat. Wenngleich ich meiner Ausbildung und meinem Beruf nach zu den exakten Wissenschaftlern gehöre, so hatte ich dennoch in der Vergangenheit mit dem Problem der Kernwaffen eher als ein Freund des Friedens denn als Wissenschaftler zu tun. Diese Tagung hat mir klargemacht, was m. E. die richtige Anwendung der Wissenschaft auf das gegebene Problem ist.

Selbstverständlich kommt Wissenschaft immer wieder in Teilaspekten der Kriegsproblematik zur Anwendung. Physik wird verwendet, um Strahlungsdichten zu berechnen, Statistik, um die Opfer und die Zahl der »glücklichen« Überlebenden zu schätzen, Biologie, um die Strahlenschäden in den Zellen zu bestimmen, usw. Jedoch wird eine teilweise Anwendung von Wissenschaft und Quantifizierung auf ein Problem globaler menschlicher Dimension nur die Illusion von Ernsthaftigkeit und Genauigkeit erwecken und am Ende mehr Schaden als Nutzen stiften. Ich bin z. B. sicher, daß das »Jason Committee« in einer ganz und gar »wissenschaftlich forschenden Haltung« die Wirksamkeit des Ohrabschneidens bei vietnamesischen Kriegsgefangenen diskutiert hat . . .

Daher gilt es, wenn Wissenschaft für dieses Problem von Nutzen sein soll, die wissenschaftliche Methode nicht auf einzelne Aspekte, sondern auf das Problem als Ganzes anzuwenden. Ich glaube, dies war von vornherein die Absicht der Organisatoren dieses Symposiums: eine globale Beurteilung und eine globale Anwendung der wissenschaftlichen Methode.

Meiner Meinung nach ist es notwendig, selbst unter Spezialisten des Problems einiges über die Methodologie der exakten Wissenschaften zu sagen. Z. B. haben mich einige Aussagen überrascht über das Wettrüsten, die Abschreckung und die Hoffnung, daß irgendwie eine wechselseitig ausgeglichene Abrüstung funktionieren könne. Jeder Mathematikstudent, der mit den Mechanismen des Wettrüstens vertraut ist, wird Ihnen sagen können, daß dies einer wohlbekannten Situation in der Spieltheorie ähnelt, dem sogenannten Gefangenen-Dilemma. Dieses Problem hat eine Lösung, die günstig für beide Spieler ist; eine zweite ist, wenngleich keine Katastrophe, doch einigermaßen mittelmäßig. Der Haken ist, daß die gute Lösung die riskante und die sichere Lösung die mittelmäßige ist. Selbst wenn nun die Spieler zu einem gewissen Zeitpunkt sich über eine Zusammenarbeit verständigen und gleichzeitig die gute Lösung wählen, so ist die Situation deswegen instabil, weil das Risiko besteht, daß einer von beiden es sich später anders überlegt und dadurch dem anderen einen schweren Schaden zufügt.

Solange es Furcht und Mißtrauen zwischen zwei Militärmächten gibt, ist das Wettrüsten ein Gefangenen-Dilemma. Deswegen sind Versuche, gemeinsame Abrüstungsanstrengungen zu unternehmen, nichts anderes als Versuche, eine Problemlösung zu stabilisieren, die von Natur aus instabil ist. Ich hatte Verständnis für Herrn Schauer, als er sagte, daß unglücklicherweise solche Verhandlungen nicht sehr weit gekommen sind. Das ist freilich nicht deren Schuld. Das Ganze ist einfach ein Fall von mangelhafter Mathematik.

(Dennoch: solange es keine bessere Alternative gibt, soll man nicht aufgeben. Ein adäquater Informationsfluß zwischen den Spielern kann, indem er das Mißtrauen reduziert, ein gewisses Maß an Zusammenarbeit hervorbringen, und die instabile Lösung kann zumindest für einen gewissen Zeitraum funktionieren.)

Kehren wir zu unserem Mathematikstudenten zurück: wenn er besonders hilfsbereit ist, wird er Ihnen auch noch sagen, daß selbst die stabile mittelmäßige Lösung instabil werden kann, wenn mehr als zwei Spieler teilnehmen. Wie Peter D. Zimmerman gesagt hat (s. S. 165 f.), ist die Technologie der Kernwaffen (und, nicht zu vergessen, auch anderer Waffen von massiver Zerstörungskraft) überall in der Welt weitgehend verfügbar. Wie kann man darauf vertrauen, daß auch nur das Wettrüsten und die Abschreckung zwischen den Supermächten stabil bleiben könnten, wenn so viele Spieler ins Spiel eintreten? Wie kann man seine Hoffnungen auf wirklichen Frieden auf solch unzulängliche Mathematik stützen?

Oft wird es als die große friedenserhaltende Leistung der Kernwaffen angesehen, daß von den hundert bewaffneten Konflikten, die seit 1945 ausgetragen wurden, nicht einer zwischen zwei Nuklearmächten stattfand. Die Denkweise der internationalen Politik muß schon etwas ganz Besonderes sein. In jeder anderen Wissenschaft stellte eine solche Aussage geradezu die Verurteilung der Kernwaffen als ein Mittel zur Erhaltung des Friedens dar. Wie kommt es, daß eine derart »wunderbare« Erfindung zur Erhaltung des Friedens nicht in der Lage war, jene hundert Konflikte zu verhindern, die nun dazu dienen, diese Erfindung zu preisen?

Es ist bezeichnend, daß Aussagen über die abschreckenden und friedenserhaltenden Vorzüge der Kernwaffen immer aus dem Kreis der Nuklearmächte kommen. Die Kernwaffen haben freilich bislang sichergestellt, daß die Nuklearmächte – unter Gewährung einer gewissen Freiheit – schwächere Nationen an sich binden und in ihren Einflußsphären nach Belieben schalten können ohne Furcht vor Interventionen durch andere Mächte. Es gehört ein äußerst verdrehter Begriff vom Frieden dazu, dies als Friedenserhaltung zu deklarieren.

Und wenn Kernwaffen den Frieden sicherstellen, zumindest zwischen denen, die sie besitzen, bedeutet dies, daß endgültig Frieden sein wird, wenn jeder ein paar Atombomben in seinem Hinterhof hat?

Es sollte klar sein, daß ein so widersprüchliches Konzept wie die nukleare Abschreckung keine stabile Lösung für den Weltfrieden bieten kann. Soll man verzweifeln? Noch nicht. Folgen wir der wichtigsten Lehre aus diesem Symposium. Seien wir global, betrachten wir andere Aspekte des Problems. Wenn der Materialaspekt nicht helfen kann, so sollte man vielleicht dem Problem vom moralischen und psychologischen Standpunkt her nähertreten.

Die Visionen von bürokratischem Massenmord und emotionslosem Knopfdruck sind in der Tat moralisch und psychologisch höchst eindrucksvoll. Kann man aber aus ihnen eine Lösung für unser Problem ableiten? Vielleicht. Vielleicht haben wir uns derart in die Technologie vertieft, daß wir jedes Gefühl für menschliche Werte verloren haben. Vielleicht brauchen wir eine neue Moral, eine neue Religion.

Das ist eine schöne Theorie. Aber was sagt hier die wissenschaftliche Methode? Sie sagt: Wenn Sie eine Theorie haben, dann vergleichen Sie sie mit den Daten und versuchen Sie, sie zu beweisen oder zu widerlegen. Eine Theorie ist nicht mehr als ein Instrument, um mit der Wirklichkeit fertig zu werden; wenn man nun das Geschichtsbuch aufschlägt und über die Zeiten nachliest, als die

Religion die Menschen im Griff hatte und sich (zumindest theoretisch) zu hohen menschlichen Werten bekannte, was sieht man dann? Kriege, viele Kriege, selbst Massenmord, begangen im Namen der Religion. Vergessen Sie nicht die Kreuzzüge.

Zu schade, aber vielleicht bietet unsere Theorie uns doch nicht die Lösung. Zu allen Zeiten haben die Menschen häufig auf den Krieg zurückgegriffen, um ihre Konflikte zu lösen. Daß sie bis heute überlebt haben, liegt nicht an der Religion oder an den höheren menschlichen Werten; der Grund liegt darin, daß ihre Vernichtungsmittel einigermaßen beschränkt waren.

Der Konflikt, den wir jetzt so sehr fürchten, wurzelt in der menschlichen Natur, wie sie bereits vor Hochtechnologie, Computern und Knopfdruckraketen bestand. Der Unterschied ist, daß der jetzige Konflikt, wegen der Art der Waffen, zur Ausrottung der Menschheit oder mindestens der menschlichen Zivilisation führen kann.

Es scheint daher eine Art der Kontrolle von Konflikten notwendig zu sein, eine Kontrolle jener Art von Konflikten, die in der Vergangenheit durch Krieg ausgetragen wurden. So seltsam es scheinen mag: mindestens eine Methode gibt es schon jetzt, die sich in der Zeit und bei den Menschen bewährt hat.

– Warum bringen Sie Ihren Nachbarn nicht um, wenn Sie wütend auf ihn sind?
– Weil es ein Gesetz gibt, nach dem Töten verboten ist.
– Was passiert, wenn Sie dieses Gesetz übertreten?
– Sie kommen ins Gefängnis.
– Wer bringt Sie ins Gefängnis?
– Die Polizei.
– Warum akzeptieren Sie das Gesetz und die Polizei?
– Weil sie beide Bestandteil der globalen Gesellschaft (Ihres Landes) sind, mit der Sie sich identifizieren.

Ist die Gefahr eines Nuklearkrieges nicht ein globales Weltproblem? Für ein globales Problem eine globale Lösung: ein weltweites Gesetz und eine weltweit wirksame Macht zur Regulierung von Konflikten.

Ich weiß, ich weiß. Ein solcher Vorschlag wirft immer viele Fragen auf: Verlieren die Staaten ihre Identität? Werden die Staaten um die Vorherrschaft in der globalen Ordnungsmacht kämpfen?, usw. usw.

Die Hauptfrage ist natürlich auch die schwierigste. Wie überzeugt man die souveränen Staaten, daß sie die liebgewonnene Souveränität des Kriegführens aufgeben (selbst wenn sie wissen, daß diese Souveränität sie früher oder später umbringen wird)?

Zugegeben, eine schwierige Frage. Aber lassen Sie mich zur wissenschaftlichen Methode zurückkommen, die das Hauptthema dieser Anmerkung ist, und lassen Sie mich beschreiben, wie diese Methode im Rahmen eines technologischen Projekts angewendet wird. Nehmen wir an, jemand will eine Maschinerie für irgendeinen »raffinierten« Zweck konstruieren (eine Wasserstoffbombe zum Beispiel!).

– Erster Schritt: Das Problem wird formuliert.
– Zweiter Schritt: Sie formulieren eine geeignete Theorie und ein Realisierungsprojekt.
– Dritter Schritt: Sie konstruieren einen Prototyp und entwickeln ihn, bis er funktionsfähig ist.

Für den letzten Schritt ist »Entwicklung« die passende Bezeichnung. Wenn folglich jemand sagt, daß ein Weltgesetz und eine globale Kraft zu seiner Durchsetzung ein sehr schwieriges Projekt seien, dann bedeutet dies noch nicht, daß die Theorie falsch ist; es bedeutet vielmehr, daß die »Entwicklungs«phase sehr schwierig sein wird. So war es auch mit der Wasserstoffbombe. Aber wenn wir diese wissenschaftliche Methode verwenden können, um eine Wasserstoffbombe zu bauen, warum können wir sie dann nicht verwenden, um den Frieden zu bauen?

Es gibt viele Friedensvorschläge und -pläne. Sie mögen einige attraktiver finden als manche andere, aber alle leiden sie am gleichen grundlegenden Defekt: niemand scheint in der Lage zu sein, sie in die Tat umzusetzen. Wissenschaft und Technologie, selbst wenn sie nicht für die Existenz des Phänomens Krieg verantwortlich sind, haben doch in äußerst erfolgreicher Weise die Zerstörungskraft auf eine ungewöhnliche Höhe gesteigert. Wie die Leute in meinem Heimatland sagen: »Ein Hundebiß wird durch das Fell des gleichen Tieres geheilt.« Warum also nicht den gleichen wissenschaftlich-technologischen Zugang, der uns in diesen Schlamassel gebracht hat, benutzen, um uns wieder herauszubringen?

Die Analogie ist klar. Niemand würde in einer Fabrik versuchen, auch nur das einfachste neue Teil mit unkoordinierten Anstrengungen und ohne Blaupausen zu bauen. Warum sollte man also erwarten, daß ein so empfindliches Gebilde wie der Frieden auf derartige Weise gebaut werden könnte? Wie bei einem technologischen Projekt braucht man eine Firma, eine Planungsabteilung und ein gutes Team spezialisierter Arbeiter. Die »Firma« könnte ein in Friedensfragen etabliertes Institut sein oder eine internationale Einrichtung. Der Planungsstab von »Friedensingenieuren« sollte Leute verschiedener Herkunft und mit verschiedenen beruflichen Fachkenntnissen versammeln. Ihre Aufgabe wäre es, die »Blaupausen für den Frieden« zu zeichnen mit einem Zeitplan für die Ausführung und klaren Strategien für die Durchsetzung.

Diese Blaupausen würden dann weithin verbreitet werden. Was geschähe wohl, wenn alle Friedensarbeiter überall auf der Welt zur gleichen Zeit die gleiche Lösung verlangen würden, statt ihre Zeit mit Protesten gegen den Krieg zu verbringen?

Wenn ich von Friedensarbeitern spreche, meine ich nicht die Aktivisten der Friedensbewegungen, sondern auch Politiker, selbst Militärs in den nuklearen Planungsstäben der NATO und des Warschauer Paktes – ich bezweifle, daß sie solche Kriegshetzer sind, wie man uns manchmal glauben machen will. Viele von ihnen, vielleicht sogar die Mehrzahl, mögen ehrlich überzeugt sein, daß sie das Beste tun, um den Frieden zu erhalten. Der Haken ist, daß sie ihre Bemühungen auf eine äußerst wacklige mathematische Theorie stützen, indem sie sich auf das Gleichgewicht der Kräfte und die Abschreckung verlassen.

Wenn man die Blaupausen für den Frieden zeichnete, sollte man wirksame Zielstrebigkeit nicht mit ideologischer Utopie vermischen. Z.B. sollte eine Lösung des Typs »Weltgesetz und globale Durchsetzungsmacht« nicht mit Weltregierung und vereinigter Welt verwechselt werden. Die Minimallösung, um das Ziel zu erreichen (d.h. den Krieg zu vermeiden), bedarf nicht solcher utopischen Pläne. Die Staaten könnten sehr wohl ihre politische und wirtschaftliche Autonomie bewahren und selbst kleine, nicht nuklear bewaffnete Kräfte, um das Gefühl der Unsicherheit zu beseitigen, als Rekrutierungsbasis für die Weltarmee und vielleicht auch, um jeden Versuch einer globalen Diktatur auf der Grundlage der Weltarmee unwahrscheinlich zu machen. Die einzige ernsthafte Einschränkung ihrer nationalen Souveränität wäre die Unmöglichkeit, Krieg zu führen, um Konflikte beizulegen. Seit dem Zweiten Weltkrieg ist jedoch eine solche Beschränkung nicht neu; die gegenwärtig existierenden übernationalen Militärorganisationen implizieren praktisch eine Beschränkung dieser Art innerhalb eines jeden Bündnisses.

Der Widerstand gegen die Vorstellung einer solchen globalen Ordnungsmacht wäre möglicherweise beim Militär geringer als bei der Waffenindustrie. Das Militär schätzt die Vorstellungen von Mut und Ehre. Solche Vorstellungen werden in Frage gestellt angesichts einer möglichen Rolle als Teilnehmer beim Völkermord an Millionen unbewaffneter Zivilisten und der massiven Zerstörung von Kultur und Zivilisation. Militärethik ist viel eher mit einer globalen friedenserhaltenden Rolle verträglich.

Es mag andere Lösungen geben, um menschliche Konflikte auf globalem Niveau zu regeln. Vielleicht. Aber seien wir vorsichtig, prüfen wir sie auf logische Konsistenz, Stabilität und im Hinblick auf bekannte Tatsachen, wie es die wissenschaftliche Methode verlangt, um sicherzustellen, daß es sich nicht um mathematische Illusionen oder Wunschdenken handelt.

Jede langfristige Lösung für stabilen Frieden auf der Welt braucht Zeit, möglicherweise sogar viel Zeit, zu ihrer Durchsetzung. Währenddessen deuten alle Anzeichen darauf hin, daß Zeit knapp, ja äußerst knapp ist. Die Lösung scheint darin zu bestehen, Zeit einzuhandeln. Hier mag am wirksamsten der Begriff des »Krisenmanagements« sein, den Oberst Glatt erwähnt hat. Die permanente multinationale Arbeitsgruppe, die sich aus Mitgliedern der NATO, des Warschauer Pakts, der anderen Nuklearmächte und auch aus einigen Nichtkernwaffenstaaten zusammensetzt und die er erwähnt hat, könnte in der Tat von Nutzen sein, wenn es gilt, in Zeiten der Krise Überreaktionen zu verhindern.

Die Auslösung von Nuklearkriegen durch Versehen, irrationales Verhalten, Terrorismus und lokale Konflikteskalation ist oft diskutiert worden. Eine weniger oft diskutierte Möglichkeit ist die, die ich als das Syndrom der induzierten Konfrontation bezeichnen möchte. A. M. Katz schrieb unlängst, daß im Falle eines Nuklearkrieges der wahrscheinliche »Sieger« nur eine Regionalmacht aus dem Kreis der weniger industrialisierten Nationen sein könnte. Im Bewußtsein dieser Möglichkeit könnte irgendein megalomanischer Führer in der Dritten Welt mit imperialen Plänen versuchen, die Supermächte zu einem Nuklearkonflikt zu provozieren. Er könnte sogar seinem Verhalten die Erwägung zugrunde legen, daß er damit den Gang der Geschichte umkehren und der Ausbeutung der Dritten Welt durch die Industrienationen ein Ende setzen würde. Oder sie so für ihre Apathie büßen lassen angesichts der einfachen technologischen Probleme der armen Nationen und für ihren Eifer, statt dessen hochtechnologische Mordspielzeuge zu entwickeln.

Auf den ersten Blick sähen alle Symptome so aus wie ein Startschuß auf dem Balkan, jedoch mit dem Unterschied, daß es um den lokalen Konflikt in Wirklichkeit gar nicht ginge. Der lokale Krieg würde nicht ausgelöst, um einen lokalen Disput beizulegen, sondern um die Konfrontation der Nuklearmächte zu provozieren. Dies könnte in einer Region geschehen, wo die Hegemonie der Großmächte noch in Frage steht (Afrika z. B.). Wenn eine Nation oder eine Gruppe von Nationen mit hinreichenden militärischen Mitteln in der Region etwas in Gang setzte, was wie ein Eroberungskrieg quer durch den ganzen Kontinent aussähe, könnte es für die nördlichen Mächte schwer sein zu entscheiden, welche Art von Maßnahmen ihren Interessen am besten dienen würde.

Eine permanente »Krisenmanagement«gruppe, die mit den Möglichkeiten und dem Sachverstand ausgerüstet wäre, möglichst viele plausible Szenarios vorherzusagen, könnte katastrophale Überreaktionen verhindern. Gleichzeitig könnte die laufende Arbeit dieser Gruppe durch den Austausch von Informationen ein gewisses Maß von Vertrauen zwischen den Staaten herstellen.

Man sollte jedoch nicht zu optimistisch werden oder gar abhängig von der Medizin des Krisenmanagements. Noch soviel Krisenmanagement wird nicht in der Lage sein, auf Dauer eine grundsätzlich instabile Situation zu stabilisieren. Eine langfristig stabile Lösung ist das Ziel, das daher unermüdlich verfolgt werden sollte.

Jorma K. Miettinen
Schutz von Militäreinheiten gegen atomare Strahlung

Die atomare Strahlung ist ein Problem, das militärische Operationen in einem nuklearen Gefechtsfeld beeinflussen wird. Es ist üblich, die Strahlung einer Kernwaffe in *Anfangsstrahlung* während der ersten Minute einerseits und *Rückstandsstrahlung* in der Zeit nach der ersten Minute und bis in alle Ewigkeit andererseits zu unterteilen.

1. Anfangsstrahlung

Während bei Waffen großer und mittlerer Sprengkraft die hauptsächliche Zerstörung durch Druckwelle und Hitze verursacht wird, ist die unmittelbare Strahlung um so wichtiger, je kleiner die Waffe ist. Beim gegenwärtigen Trend zu hochpräzisen Waffen sehr kleiner Sprengkraft und besonders bei der Neutronenwaffe wird die Anfangsstrahlung der vorrangige Tötungsmechanismus auf dem Gefechtsfeld.

Die Anfangsstrahlung wird üblicherweise auf die erste Minute bezogen, weil während dieser Zeit der Feuerball zu einer derartigen Höhe aufsteigt, daß seine Strahlung den Boden nicht mehr in wesentlichem Maße erreicht. Die Anfangsstrahlung besteht hauptsächlich aus Neutronen und Gammastrahlen.

Das Verhältnis von Neutronen zu Gammastrahlen hängt von der Bauart der Bombe ab. Die Bomben von Hiroshima und Nagasaki sind hier ein Beispiel. In der Hiroshima-Bombe war die kritische Uranmasse von der Eisenschicht des Mantels umgeben, die die Gammastrahlen mehr als die Neutronen abschwächte. So wird angenommen, daß die Neutronen etwa 20% zur Gewebedosis der Bevölkerung von Hiroshima beigetragen haben (wenngleich dies unlängst bestritten worden ist).

In Nagasaki war die kritische Plutoniummasse vom hochexplosiven Material des Implosionsmechanismus umgeben. Die Wasserstoffatome dieses Sprengmaterials waren ein wirksamer Absorber

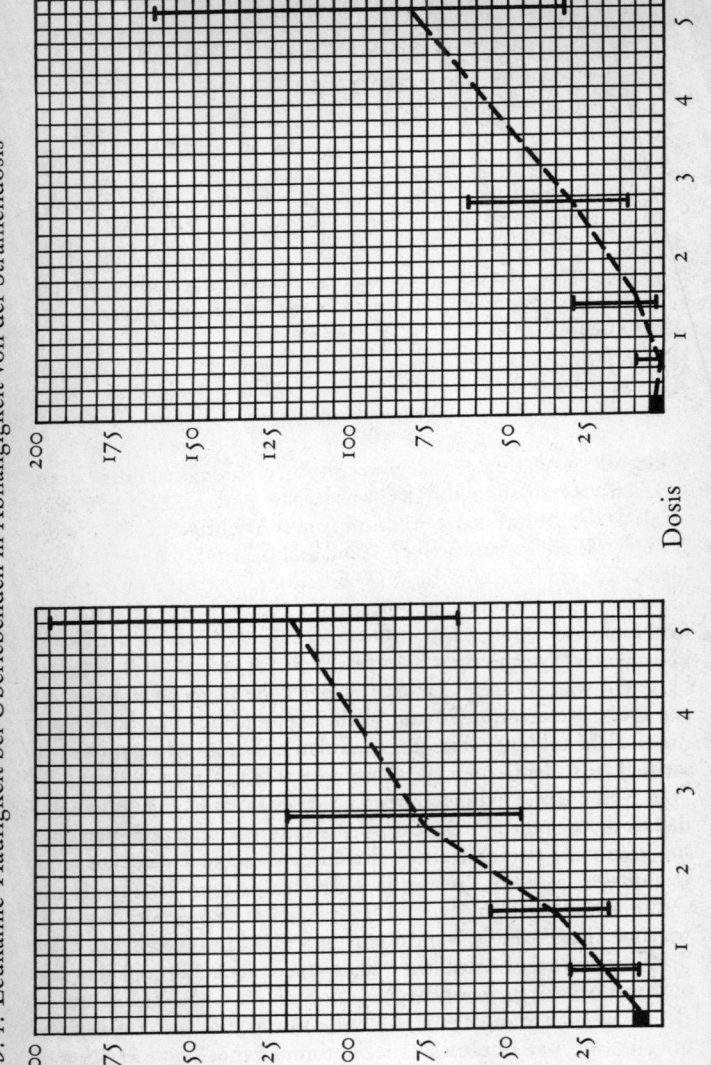

Abb. 1: Leukämie-Häufigkeit bei Überlebenden in Abhängigkeit von der Strahlendosis

Fälle pro Jahr und pro 100 000 Personen

Dosis

Tabelle 1: Schadensradien für Neutronen- und Spaltungswaffen

	Strahlenschäden			Überdruck	
	8000 rad	3000 rad	650 rad	6 psi = 0,425 kg/cm²	4 psi = 0,282 kg/cm²
150 m Explosionshöhe					
1-kt-Neutronenwaffe	750 m	900 m	1200 m	430 m	550 m
1-kt-Spaltungswaffe	400 m	500 m	750 m	520 m	600 m
10-kt-Spaltungswaffe	750 m	900 m	1200 m	900 m	1200 m
500 m Explosionshöhe					
1-kt-Neutronenwaffe	750 m	900 m	1200 m	0 m	250 m
1-kt-Spaltungswaffe	0 m	300 m	600 m	210 m	450 m
10-kt-Spaltungswaffe	750 m	900 m	1200 m	1200 m	1500 m
800 m Explosionshöhe					
1-kt-Neutronenwaffe	300 m	600 m	1100 m	0 m	0 m
1-kt-Spaltungswaffe	0 m	0 m	0 m	0 m	0 m
10-kt-Spaltungswaffe	300 m	600 m	1100 m	500 m	1100 m

Aus: S. T. Cohen, *Strategic Reviews,* 6 (1978), Nr. 1.

für Neutronen. Folglich beruhte die Strahlenbelastung der Bevölkerung von Nagasaki fast ausschließlich auf Gammastrahlen.

Die allgemein höhere Leukämierate – mehr als zweimal höher im Bereich der 3-Gy-Dosis – in Hiroshima (Abb. 1) ließe sich auf diese Weise erklären. Sie ginge auf den höheren Neutronenanteil zurück, falls die höhere Neutronendosis in Hiroshima zutrifft.

Spaltungs- und Fusionsbomben unterscheiden sich in der Anzahl der Neutronen pro Energieeinheit und in ihrer Energieverteilung. Bei gegebener Sprengkraft ist die Anzahl der Neutronen bei einer Fusion etwa zehnmal größer als bei der Spaltung. Darüber hinaus sind die Neutronen aus einer D, T-Reaktion monoenergetisch, 14 MeV, während die Spaltungsneutronen ein kontinuierliches Energiespektrum haben mit einem Maximum bei ungefähr 0,5 MeV und einem nur sehr geringen Bruchteil oberhalb 5 MeV. Fusionsneutronen werden durch das Material der Bombe und die Atmosphäre abgebremst, so daß auch sie ein kontinuierliches Energiespektrum haben, wenn sie auf das Gewebe treffen, aber ihre mittlere Energie

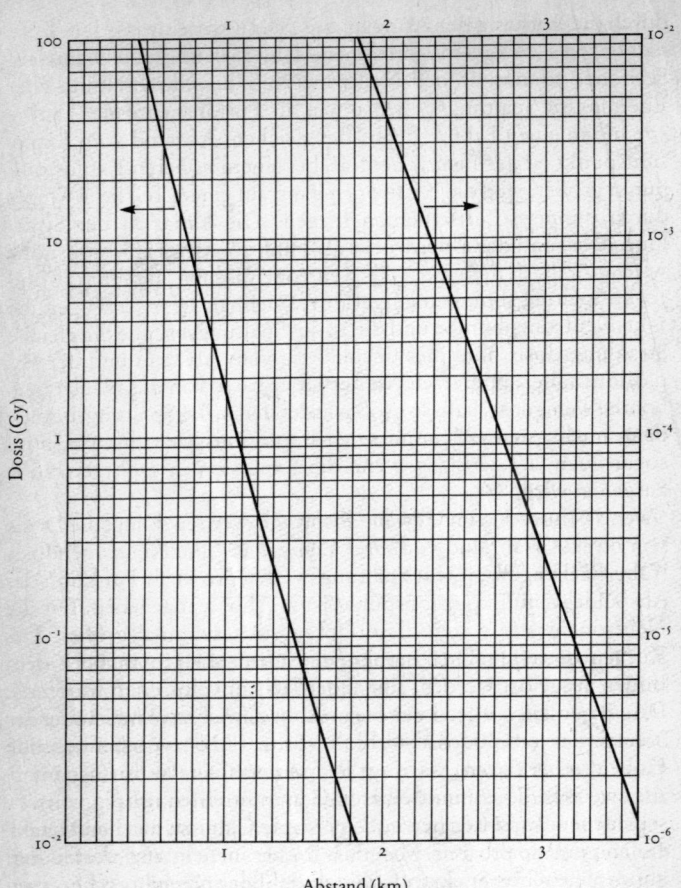

Abb. 2: Neutronendosis (Oberflächendosis) pro kt als Funktion des Abstandes

ist viel größer als die von Spaltungsneutronen aus der gleichen Entfernung.

Auf dem Weg vom Explosionspunkt wird der Neutronenfluß (n/cm^2) proportional zum Quadrat des Abstandes reduziert, ebenso durch die Wirkung der Atmosphäre. Wenn wir eine mittlere Luftdichte von 1,16 kg x m³ annehmen, d. h. 0,9 x normale Dichte auf Seehöhe, so nimmt der Neutronenfluß bei durchschnittlicher Energie (für Spaltungs- ebenso wie für Fusionsneutronen) auf je 570 m um einen Faktor 10 ab. Bei gleichem Abstand vom Explosionspunkt ist der Neutronenfluß bei einem höheren Explosionspunkt größer, weil die Neutronen dann auf einem Teil ihres Weges durch dünnere Luftschichten fliegen. Die Variation der Strahlungsdosis und des Überdrucks als Funktion der Explosionshöhe wird in Tab. 1 für eine 1-kt-Neutronenbombe und für 1- und 10-kt-Spaltungsbomben aufgeführt. Wie man sieht, erzeugen die 1-kt-Neutronenbombe und die 10-kt-Spaltungsbombe die gleiche Strahlungsdosis, und dies unabhängig vom Abstand und der Explosionshöhe, andererseits ist der Überdruck von der Neutronenbombe weniger als halb so groß wie der der 10-kt-Spaltungsbombe beim niedrigsten angenommenen Explosionspunkt (150 m) und sogar noch viel geringer, wenn die Explosion in größerer Höhe ausgelöst wird.

Wenn Neutronen im Gewebe absorbiert werden, hängt die Dosis von ihrer Anzahl und von ihrer Energie ab. Die Neutronendosis (Oberflächengewebe) für Spaltungswaffen pro kt als Funktion des Abstandes zum Explosionspunkt ist in Abb. 2 angegeben. Für die Neutronenwaffe wären diese Dosen etwa zehnmal größer. Die Kurven betreffen Explosionen, die mehr als 100 m über dem Boden ausgelöst werden. Für Oberflächenexplosionen wären die Dosen nur halb so groß wie die in Abb. 2, weil etwa die Hälfte der Neutronen vom Boden absorbiert würde. Für dazwischenliegende Höhen (0 bis 100 m) wäre ein Proportionalitätsfaktor (0,5 bis 1) anzuwenden. Die unmittelbaren Gammastrahlen rühren von verschiedenen Prozessen her (z. B. prompte Gammas aus Neutroneneinfang im spaltbaren Material, Neutroneneinfang durch den atmosphärischen Stickstoff, Zerfall der Spaltprodukte). Die zwei letzten Phänomene sind die entscheidenden. Die exponentielle Absorption der Gammas bewirkt eine Reduktion auf ein Zehntel über einen Abstand von 730 m in Luft bei einer Dichte von 1,16 kg pro m³. Abb. 3 gibt die Gammadosis als Funktion des Abstands vom Explosionspunkt bei einer Spaltungswaffe von 1 kt Sprengkraft.

Wegen des sogenannten hydrodynamischen Verstärkungsfaktors kann die gleiche Graphik nicht für höhere Sprengleistungen ange-

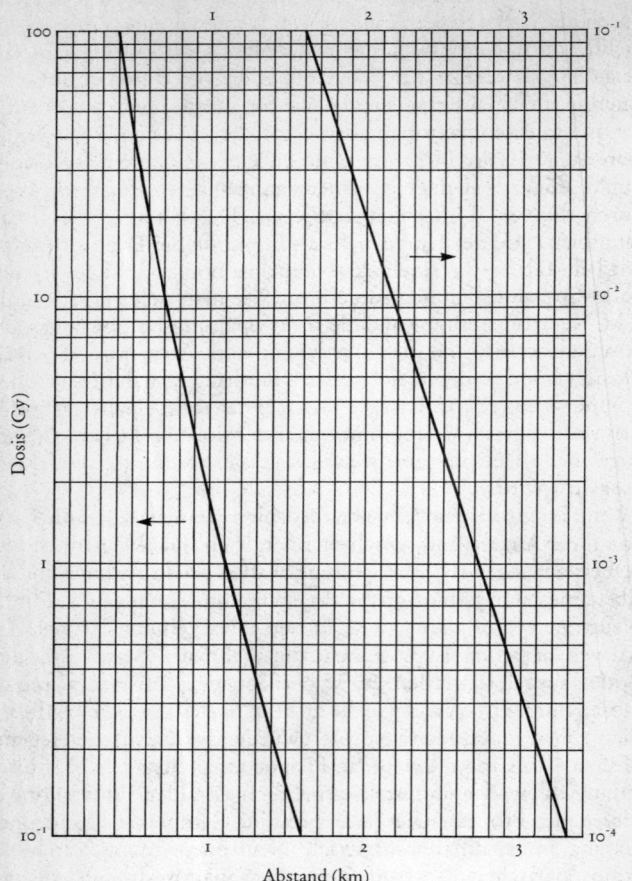

Abb. 3: Gamma-Dosis einer 1-kt-Bombe als Funktion des Abstandes

wandt werden; hierfür sind besondere Kurven notwendig (Abb. 4). Die hydrodynamische Verstärkung kommt daher, daß Gammastrahlen aus Spaltprodukten hinter der Schockwelle durch wesentlich dünnere Luft fliegen und daher sehr viel weniger abgeschwächt werden.

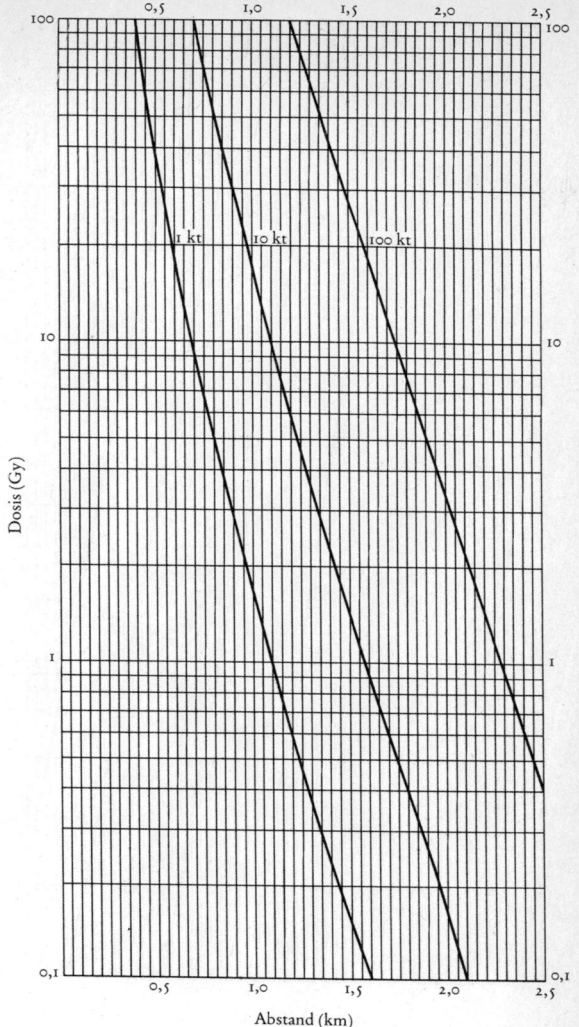

Abb. 4a: Gamma-Dosis als Funktion des Abstandes für Spaltungswaffen verschiedener Sprengkraft

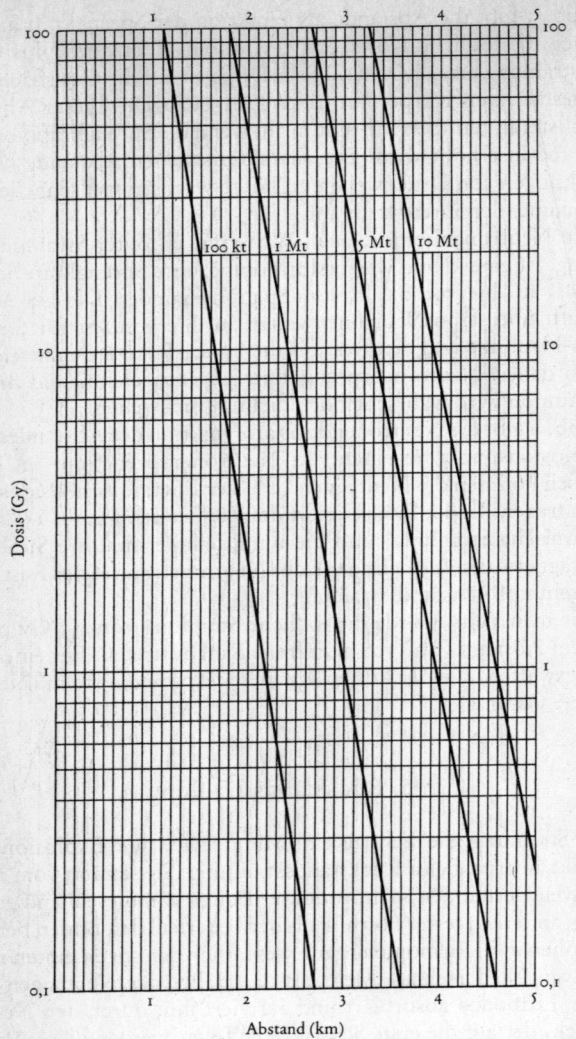

Abb. 4b: Gamma-Dosis als Funktion des Abstandes für Spaltungswaffen verschiedener Sprengkraft

Abb. 5 gibt die Abstände als Funktion der Sprengkraft an, bei denen die tödliche Dosis, 4,5 Gy, durch Neutronen plus Gammastrahlung erreicht wird. Diese Dosis ist auf die Oberfläche des ungeschützten Körpers in freier Luft bezogen. Dieser Abstand wächst nur von 1000 auf 1900 m an, wenn die Sprengkraft von 1 kt auf 100 kt erhöht wird. Die charakteristischen Abstände für die Wirkungen von Druckwelle und Hitze wachsen viel schneller mit zunehmender Sprengkraft an.

Die Neutronenbombe, auch Waffe mit erhöhter Strahlungsleistung, ist eine kleine Wasserstoffbombe. Ihre Sprengkraft beträgt etwa 1 kt, hiervon 0,4 kt vom Spaltungszünder. Die US-Armee schafft über 1100 Neutronenwaffen an, hiervon 800 für die 203-mm-Haubitze und den Rest für die Lance-Rakete. Frankreich ist auch dabei, Neutronensprengköpfe zu entwickeln, und die Sowjetunion wird wahrscheinlich nicht zurückstehen.

Abb. 6 gibt die Neutronendosis als Funktion des Abstandes vom Explosionspunkt für einen 1-kt-Neutronensprengkopf an. Theoretisch könnten die Neutronen 80% der Energie der Fusionsreaktion tragen. In der Praxis liefert der Zünder etwa 40%, 25% sind thermische Strahlung, und die unmittelbare nukleare Strahlung beträgt etwa 30% der Energie der Neutronenwaffe; der Rest, 5%, besteht in Rückstandsstrahlung.

Wie man sieht, würde die tödliche Strahlung von 4,5 Gy bis zu einem Abstand von 1500 m in freier Luft auftreten. Für eine Spaltungswaffe von einer kt betrüge dieser Abstand 1000 m (Neutronen + Gamma).

2. Rückstandsstrahlung

Die Strahlung, die mehr als eine Minute nach dem Explosionszeitpunkt auftritt, heißt Rückstandsstrahlung. Sie stammt vom radioaktiven Zerfall der Spaltprodukte. Einige von diesen sind gasförmig, andere in fester Form. Falls der Feuerball den Boden berührt, erhöhen zwei Phänomene ganz wesentlich den sogenannten radioaktiven Niederschlag. Mehr als die Hälfte der Neutronen wird vom Erdboden absorbiert und aktiviert ihn; durch den Negativdruck, der auf die erste Schockwelle folgt, werden diese Aktivierungsprodukte und die Masse der von Bodenpartikeln absorbierten Spaltprodukte emporgetragen. Je nach der Sprengkraft der

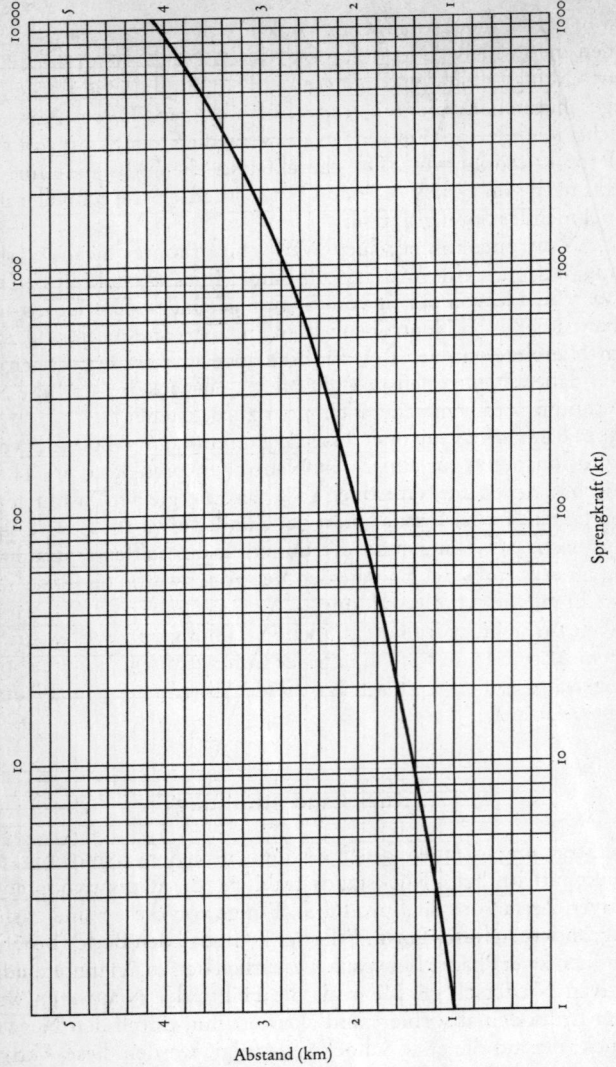

Abb. 5: Maximal-Abstände für tödliche Strahlungsdosen (Neutron plus Gamma)

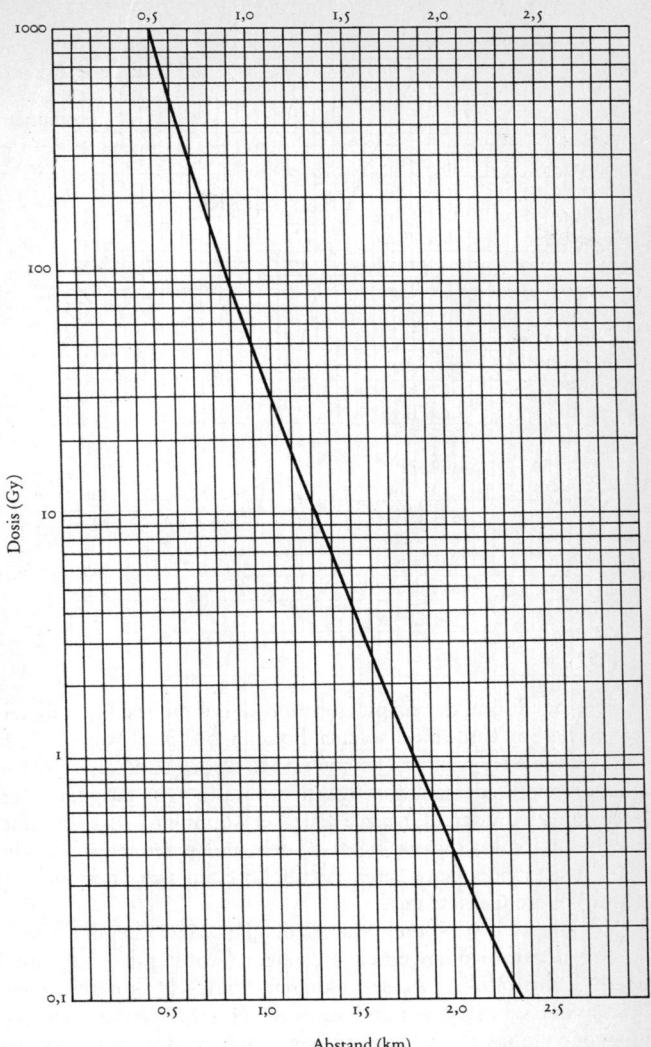

Abb. 6: Neutronen-Dosis einer 1-kt-Neutronenbombe

Tabelle 2: Wichtige Spaltprodukte

Isotop	Halbwertzeit	Art der Strahlung		%-Anteil an den Spaltprodukten
Krypton-85	10,7 Jahre	β	γ	0,2
Strontium-89	50,5 Tage	β	–	2,9
Strontium-90	28,8 Jahre	β	–	3,2
Yttrium-91	58,5 Tage	β	γ	5,8
Zirconium-93	$1,5 \times 10^6$ Jahre	β	–	6,4
Zirconium-95	64,0 Tage	β	γ	6,3
Technetium-99	$2,1 \times 10^5$ Jahre	β	–	6,3
Ruthenium-103	39,4 Tage	β	γ	6,6
Ruthenium-106	367 Tage	β	–	2,7
Jod-129	$1,6 \times 10^7$ Jahre	β	γ	0,9
Jod-131	8,04 Tage	β	γ	3,2
Xenon-133	5,25 Tage	β	γ	5,5
Caesium-134	2,06 Jahre	β	γ	6,6
Caesium-135	3×10^6 Jahre	β	–	6,0
Caesium-137	30,2 Jahre	β	γ	6,2
Barium-140	12,8 Tage	β	γ	5,7
Cerium-144	284 Tage	β	γ	4,9
Promethium-147	2,6 Jahre	β	γ	2,4
Samarium-151	90 Jahre	β	γ	0,5

Bombe, der Höhe der Explosion und der Windgeschwindigkeit fliegen die Spaltprodukte solcher bodennaher Explosionen über eine kürzere oder weitere Distanz und kommen dann als örtlicher radioaktiver Niederschlag möglicherweise in weit ausgedehnten Bereichen zu Boden. Gröbere Partikel kommen frühzeitig und nahe beim Explosionspunkt zu Boden und erzeugen dort sehr hohe Dosisraten. Die feineren Partikel breiten sich über entsprechend größere Gebiete aus.

Explosionen im MT-Bereich lassen den Feuerball über die Tropopause in die Stratosphäre hinein aufsteigen (Abb. 7), wo die gasförmigen Spaltprodukte zu sehr kleinen Partikeln kondensieren. Diese sinken sehr langsam und umrunden hierbei den Globus. Sie bilden den globalen radioaktiven Niederschlag, der für das nukleare Schlachtfeld von geringerer Bedeutung als der lokale ist.

Die Rückstandsstrahlung stammt von Spalt- und Aktivierungs-

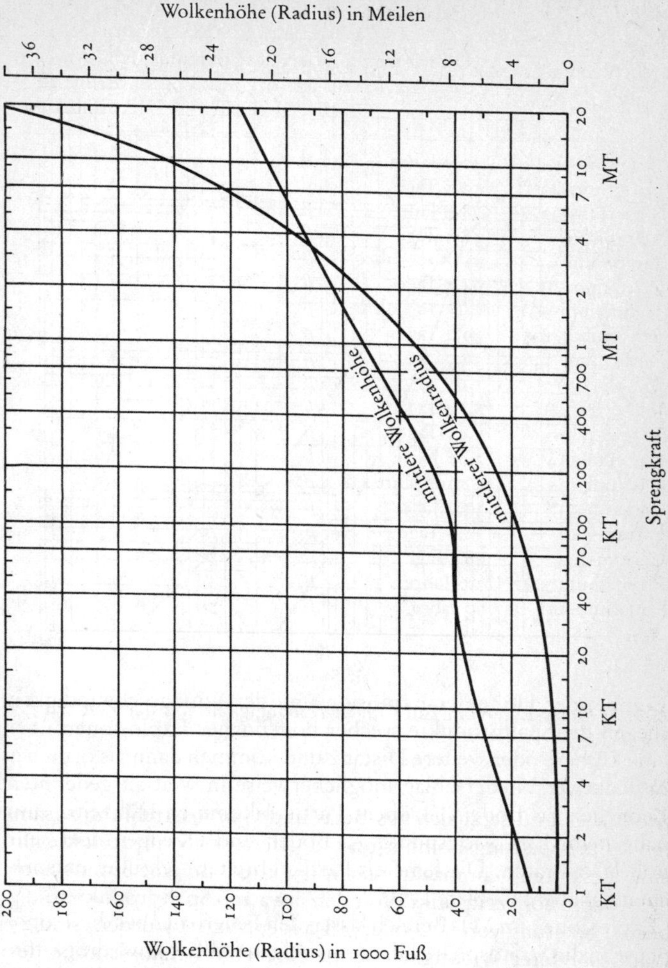

Abb. 7: Mittelwerte für stabilisierte Wolkenhöhe und -radius als Funktion der Sprengkraft

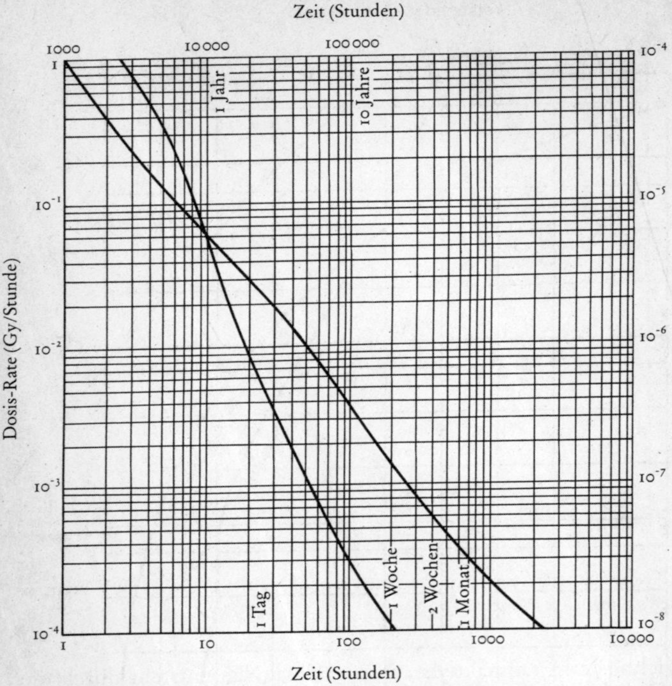

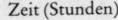

Abb. 8: Dosis-Rate vom Fall-Out in Abhängigkeit von der Zeit seit der Explosion

produkten und setzt sich aus Beta- und Gammastrahlung zusammen. Eine Spaltungsbombe von 1 kt liefert 57 g Spaltprodukte mit einer gesamten Gammaaktivität von 2×10^{19} Bq eine Stunde nach dem Explosionszeitpunkt. Von den etwa 200 Spaltprodukten, die bei der Spaltung von ^{235}U oder ^{239}Pu identifiziert wurden, sind 25 von besonderer Wichtigkeit. Fünf davon sind Radioisotope des Jod, 131, 132, 133, 134 und 135, die einen großen Teil der externen Dosis und der eingeatmeten internen Dosis der ersten Stunden ausmachen. Die anderen (Tab. 2) sind die hauptsächliche Quelle der externen Gammadosis und die Hauptquellen der allmählichen internen Verseuchung. An Aktivierungsprodukten ist ^{55}Fe das

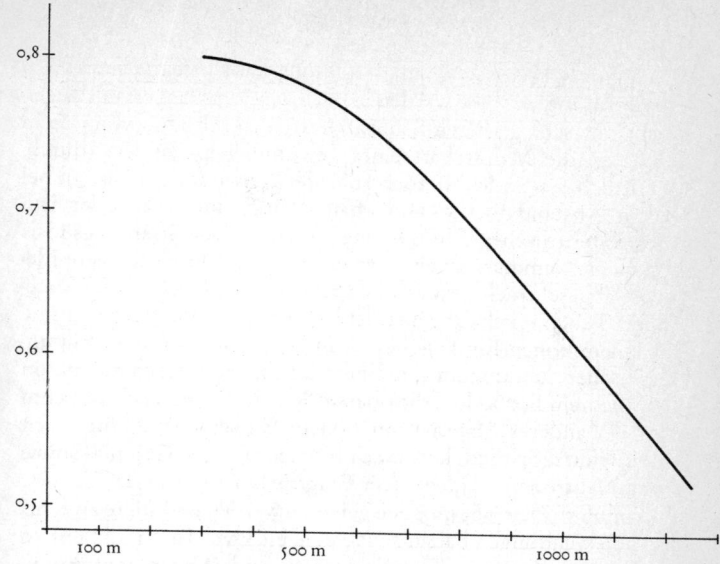

Abb. 9: Schutzfaktor eines Panzers (6,3 cm Stahl) gegen 14-MeV-Neutronen. Explosionshöhe 13–280 m

wichtigste in radioaktivem Niederschlag. Es entsteht durch die Aktivierung des Bombenmantels.

Die Aktivität der Spaltprodukte nimmt schnell ab. Im siebenfachen Zeitraum nimmt die Strahlung auf ein Zehntel ab. Falls die Dosisrate des radioaktiven Niederschlags an einem gegebenen Ort eine Stunde nach der Explosion ein Gy/hr beträgt, ist sie 23 Stunden später $2,4 \times 10^{-2}$ Gy/hr, vier Tage später $3,6 \times 10^{-3}$ Gy/hr (Abb. 8).

Amerikanischen Militärhandbüchern zufolge würden auf dem Gefechtsfeld Waffen kleiner Sprengkraft und Explosionspunkte in einigem Abstand von der Bodenoberfläche in Anwendung kommen. In diesem Falle wäre der radioaktive Niederschlag kein vorrangiger Faktor. Nur gewisse Ziele, wie z. B. unterirdische Hauptquartiere, Flugplätze usw., würden Explosionen am Boden erfordern. Diese lägen wahrscheinlich im rückwärtigen Bereich des Gegners. Folglich würde nur ein kleiner Bruchteil der Gesamtzahl der Gefechtswaffen am Boden zur Explosion gebracht.

3. Schutz

Ein Schutz gegen die Anfangsstrahlung kann effektiv nur durch Abschirmung erreicht werden. Das Eisen von Panzerfahrzeugen bietet nur sehr geringen Schutz. Auf einen Abstand von 300 m empfängt die Mannschaft eines gewöhnlichen Panzers (durchschnittlich 6,3 cm Stahl) noch 80% der Außendosis (Abb. 9), bei 1000 m Abstand noch 58%. Gebäudewände und Beton oder Erdreich unterirdischer Schutzräume reduzieren die Strahlungsdosis erheblich. Gammastrahlen werden am besten durch schwere Elemente abgeschwächt. Neutronen müssen erst durch leichte Materialien (Feuchtigkeit) abgebremst werden und dann durch Atome mit einem hohen Einfangquerschnitt absorbiert werden. Ein unterirdischer Schutzraum mit einem 1 m starken Dach aus Beton oder dichtem Erdboden, die oberste Schicht 20 cm feuchter Lehm oder ein anderes Material mit hohem Wassergehalt, böte einen guten Schutz (Schutzfaktor 0,001 bis 0,0001 gegen Gamma- sowie gegen Neutronenstrahlen). Der Eingangskorridor in den Schutzraum muß so klein wie möglich gehalten werden und sollte zwei bis drei 90°-Wendungen haben sowie eine bis zwei Türen, die mit 10 cm feuchtem Torf oder Erdreich gefüllt sind. Anderenfalls könnten Streuneutronen eine hohe Dosis in einem ansonsten guten Schutzraum bewirken.

Gegen Strahlung gibt es nur sehr ineffiziente chemische oder biologische Schutzmittel. Injektionen von Knochenmark (vorzugsweise eigenes) könnten einen Schutzfaktor von etwa 0,5 bieten, würden aber intensive medizinische Pflege verlangen, die in einem Nuklearkrieg nicht in ausreichendem Maße vorhanden wäre. Cysteamine und verwandte Sulphydryl-Komplexe würden bei Einnahme kurz vor oder sofort nach einer Explosion den Schaden auch auf etwa die Hälfte reduzieren; dies gilt insbesondere für die Wirkung der Gammastrahlung.

Folglich können nur unterirdische Schutzräume einen effektiven Schutz im nuklearen Gefechtsfeld bieten. Sie können den tödlichen Bereich unterhalb des Explosionspunktes wesentlich reduzieren.

Wenn der Einsatz von Kernwaffen von seiten des Gegners erwartet wird, müssen die Verteidiger in tiefgelegenen unterirdischen Schutzräumen verweilen und das Gelände mit optischen, elektronischen oder anderen ferngelenkten Methoden beobachten, bis der

Gegner so nahe herangekommen ist, daß er Kernwaffen nicht mehr einsetzen kann. Zu diesem Zeitpunkt nehmen die Verteidiger ihre Kampfpositionen an der Oberfläche ein.

Bodennahe Explosionen als Sperrfeuer könnten zu massiven radioaktiven Niederschlägen führen, wodurch Tausende von Quadratkilometern über lange Zeiträume für Mensch und Tier unzugänglich gemacht würden. Getreide, Obst und Blattgemüse des Jahres würden ungenießbar; Wurzelgemüse könnte wahrscheinlich verwendet werden, wenn man es ernten könnte. Entgegen einer weit verbreiteten Ansicht bliebe das Oberflächenwasser selbst in seichten Gewässern trinkbar.

4. Schlußfolgerungen

Es läßt sich folgern, daß der offensive taktische Einsatz von Nuklearwaffen die Operationen des Gegners dann durch die atomare Strahlung besonders behindert, wenn gewollte nukleare Niederschlagsfelder sowie Barrieren aus umgestürzten Bäumen in Wäldern oder aus Trümmern in städtischen Bereichen erzeugt werden, und zwar insbesondere mit dem Ziel tiefreichender Sperrwirkung oder zum Flankenschutz.

Ansonsten wird die atomare Strahlung des radioaktiven Niederschlags auf dem Gefechtsfeld wahrscheinlich relativ niedrig sein, weil sich der Niederschlag nicht leicht regulieren läßt und die eigenen Operationen verhindern könnte. Daher werden in der Regel Explosionen in der Luft und von geringer Sprengkraft empfohlen. Waldbrände und Baumbarrieren wären in der Lage, die Operationen mehr, als der radioaktive Niederschlag es kann, zu behindern.

Bei der Verteidigung ist das schnelle Graben tiefliegender Schutzräume wesentlich und kann die Zahl der Opfer bei einem Nuklearkrieg drastisch verringern. Auch die Reserven müssen umgehend tiefliegende Schutzräume für sich anlegen. Nasser Boden ist ein hervorragendes Abschirmmaterial selbst gegen Neutronen.

Andere Schutzmaßnahmen auf dem nuklearen Gefechtsfeld sind Verstreuung, schnelle Beweglichkeit, Tarnung, Täuschung, Überraschungsangriff und Vermischung mit den gegnerischen Truppen, so daß diese keine Nuklearwaffen einsetzen können. Für diese Maßnahmen bedarf es einer überlegenen Aufklärung und Doktrin, eines überlegenen Ausbildungsstandes und einer überlegenen Führung.

Trotzdem bleibt zweifelhaft, ob sich eine rationale nukleare Schlacht führen ließe. Es liegt in der Natur der Kernwaffen, daß der Ersteinsatz gewaltige Vorteile mit sich bringen würde; diese Tatsache könnte die Eskalation wesentlich beschleunigen. Hohe Verluste bei den Divisionen der vordersten Front (30 bis 60% Todesopfer!) in einem kurzem Zeitraum – bisher auf keinem Schlachtfeld je dagewesen –, Ausfall von Kommando-, Kontroll- und Kommunikationsstrukturen sowie Psychosen könnten zu totalem Chaos führen und die Fortsetzung des Kampfes irrelevant machen. Ich glaube nicht, daß eine nukleare Schlacht nach den ritterlichen Spielregeln der Militärhandbücher (kleine Sprengköpfe, Explosionen nur oberhalb des Bodens, minimalisierte Kollateralschäden) ablaufen könnte. Wenn Leben oder Tod der eigenen Truppen in der Waagschale liegen, wird jeder Kommandeur die Wirkung der ihm zur Verfügung stehenden Waffen maximieren wollen. Es ist dies die Lektion der Geschichte und insbesondere des Zweiten Weltkrieges.

Anmerkungen

1 S. Glasstone und P. J. Dolan, *The Effects of Nuclear Weapons*, 3. Auflage 1980, Castle House Publ. Co.
2 K. Edvardson, *Radiological Aspects of Nuclear Warfare*, in: *Ambio* 4 (1975), Nr. 5–6, S. 209–210.
3 FM 103–31–1 und FMFM 11–4 Nuclear Weapons Employment Doctrine and Procedures. DOA. März 1977, USA.
4 Merril Eisenbud, *Environmental Radioactivity*, New York 1973.
5 J. Rotblat, *Nuclear Radiation in Warfare*, SIPRI, Taylor and Francis, London 1981.

John M. Weinstein
Die strategische Bedeutung der sowjetischen Zivilverteidigung*

Einleitung

Das Konzept der gegeneitigen Abschreckung beruht auf der Vorgabe, daß die Offensivkraft des Arsenals einer jeden Supermacht der Verteidigung ihres Gegners überlegen ist. Eine solche Ungleichheit zwischen Angriff und Verteidigung wird vorausgesetzt, um sicherzustellen, daß jede Supermacht dem potentiellen Aggressor eine derart unannehmbare Zerstörung bereiten könnte, daß ein Nuklearschlag irrational würde.

In diesem Kontext haben eine Menge von Analytikern in der Reagan-Administration, im Militär und in zivilen Instituten eine besonders bezeichnende Einstellung gegenüber der Aufmerksamkeit, die die Sowjetunion seit langem der Zivilverteidigung widmet.[1] Angesichts der amerikanischen Nichtbeachtung der Zivilverteidigung seit der Zeit nach der kubanischen Raketenkrise wurden zahlreiche Schlüsse gezogen aus den mutmaßlichen sowjetischen Plänen und Fähigkeiten der Umsiedlung von städtischen Bevölkerungen in Krisenzeiten, der Verstreuung und Härtung von Industrien und der Wiederherstellung nach Angriffen. Die schwerwiegendste dieser Auswirkungen ist die mögliche Wirkung des sowjetischen Potentials zur Zivilverteidigung auf die reale oder wahrgenommene Stabilität der Abschreckung.[2] Insbesondere wird gelegentlich behauptet, daß das sowjetische Zivilverteidigungsprogramm die Abschreckung dadurch bedroht, daß es das Gleichgewicht der wechselseitigen Verwundbarkeit der Bevölkerungen stört, falls unter gewissen Bedingungen die sowjetischen Zivilverteidigungsmaßnahmen die Zahl der Opfer im unteren »Zehn-Millionen-Bereich« begrenzen würden.[3] Nach Schätzungen des »Congressional Office of Technology Assessment« existieren erhebliche Asymmetrien in der Zahl der amerikanischen und

---

* Die Ansichten, Meinungen und/oder Ergebnisse, die in diesem Bericht enthalten sind, sind die des Verfassers und sollten nicht angesehen werden als eine offizielle Position, Politik oder Entscheidung des Departments of the Army, es sei denn, sie werden durch andere offizielle Dokumente als solche gekennzeichnet.

Tabelle 1:
– OTA Angriffsszenarien – regierungsseitige Verlustschätzungen

Szenario	OTA Angriffsszenarien	Lage der Bevölkerung	Anteil der jeweiligen Toten (%) untere Grenze	obere Grenze
2	kleiner Angriff auf die USA		(nicht verfügbar)	
	kleiner Angriff auf UdSSR		(nicht verfügbar)	
3	Angriff auf amerikanische ICBM	keine Evakuierung (in-place)	1–3	8–10
	Angriff auf sowjetische ICBM	keine Evakuierung (in-place)	<1	1–4
	Angriff auf amerikanische CF	keine Evakuierung (in-place)	<1–5	7–11
		Evakuierung (Evac.)	–	5–7
	Angriff auf sowjetische CF	keine Evakuierung (in-place)	1	1–5
		Evakuierung (Evac.)	1–2	
4	Angriff auf amerikanische CF, OMT und ECON	keine Evakuierung (in-place)	35–50	59–77
		Evakuierung (Evac.)	10–26	32–43
	Angriff auf sowjetische CF, OMT und ECON	keine Evakuierung (in-place)	20–32	26–40
		Evakuierung (Evac.)	9–14	

Szenario	OTA Angriffs-szenarien	Lage der Bevölkerung	Anteil der jeweiligen Toten (%)	
			untere Grenze	obere Grenze
3 (excursion)	Angriff auf amerikanische CF und OMT	keine Evakuierung (in-place)	14–23	26–27
		Evakuierung (Evac.)	–	18–25
	Angriff auf sowjetische CF und OMT	keine Evakuierung (in-place)	15–17	22–24
		Evakuierung (Evac.)	6– 9	
4 (excursion)	Angriff auf amerikanische CF, OMT, ECON und Bevölkerung	keine Evakuierung (in-place)	–	60–88
		Evakuierung (Evac.)	28–40	47–51
	Angriff auf sowjetische CF, OMT, ECON und Bevölkerung	keine Evakuierung (in-place)	–	40–50
		Evakuierung (Evac.)	22–46	

CF = Counterforce-Ziele (hier offensichtlich strategische Nuklearwaffen gemeint; Anm. des Übersetzers)
OMT = andere militärische Ziele
ECON = Ökonomische Ziele
ICBM = Interkontinentalraketen
3 (excursion) = Variante von 3

sowjetischen Opfer, die bei verschiedenen Kriegsszenarios vorkommen würden.[4]

Außerdem bedroht das sowjetische Zivilverteidigungspotential die Abschreckung in dem Maße, wie es Wirtschaftskraft und Wiedererholungsaussichten dieses Landes relativ zu denen der Vereinigten Staaten schützt. Die so erstellten Asymmetrien destabilisieren das amerikanisch-russische strategische Gleichgewicht, denn sie legen nahe, daß die Sowjets nach einem Nuklearkrieg eine bessere Position innehaben könnten als die Vereinigten Staaten, so daß derart der Nuklearkrieg weniger furchterregend schiene.

Angesichts des vergleichsweisen Mangels amerikanischer Zivilverteidigungsmaßnahmen gibt es einige weitere Implikationen, die von der Unfähigkeit der Vereinigten Staaten herrühren, ihre Bürger und ihre Produktionsbasis gegen nukleare Angriffe zu schützen.[5] Erstens hätten Amerikas Alliierte natürlich weniger Zutrauen zum amerikanischen nuklearen Schirm, wenn sie sich eine Situation vorstellen könnten, in der die Vereinigten Staaten vor die Wahl gestellt wären, New York zu opfern oder der sowjetischen Besetzung von Paris oder Bonn zuzustimmen.[6] Zweitens könnten taktische Kernwaffen »nicht länger konventionelle Stärke so glaubhaft ersetzen, wie sie dies in der Vergangenheit getan haben«.[7] Der daraus resultierende, fast sichere Zerfall der NATO und anderer amerikanischer Bündnissysteme wäre ein erheblicher Schlag gegen die Sicherheit der Vereinigten Staaten und würde eines der hauptsächlichen Nachkriegsziele der Sowjetunion verwirklichen. Schließlich würde eine defensive Unterlegenheit die Vereinigten Staaten sowjetischem Zwang unterwerfen, und es bestünde, unabhängig von unserer reinen Zerstörungskraft, kaum eine andere Alternative als Nachgeben.

Solche Kommentare sind bei der Regierung nicht auf taube Ohren gestoßen. Im Jahre 1974 hat Verteidigungsminister James Schlesinger argumentiert, daß die Vereinigten Staaten über ein Gegenstück zum sowjetischen Zivilverteidigungsprogramm verfügen sollten: wir sollten uns gegen jeden Versuch sowjetischer Einschüchterung durch die Evakuierung unserer städtischen Bevölkerung während eines Krisenfalles schützen und dadurch die Zahl der amerikanischen Opfer reduzieren, falls die Abschreckung scheitern sollte.[8]

Die Bekanntgabe der Präsidialrichtlinien PD 41 und 58 im Jahre 1978 bzw. 1980 hat die Organisationsstruktur der amerikanischen

Zivilverteidigung vereinheitlicht und die einzelnen Staaten auf Evakuierungsplanung für den Krisenfall verpflichtet.[9] Unlängst abgegebene Erklärungen der Reagan-Administration liefern zusätzliche Hinweise, daß das Thema in den Vereinigten Staaten ernster genommen wird.[10]

Bevor jedoch die Vereinigten Staaten die Empfehlungen der Verfechter einer amerikanischen Zivilverteidigung akzeptieren, sind weitere kritische Analysen der Wirksamkeit des sowjetischen Zivilverteidigungsprogrammes, der sowjetischen Vorstellungen über Abschreckung und deren strategischen Verwundbarkeit notwendig.

Die beschränkte Wirksamkeit der sowjetischen Zivilverteidigung Bevölkerungsschutz

Dem Bevölkerungsschutz wird von der sowjetischen Zivilverteidigungsplanung herausragende Bedeutung beigemessen.[11] Die CIA merkt an, daß es für die Sowjetführung aller Ebenen ausreichenden explosionsfesten Schutzraum gibt.[12] Diese Schutzräume, die ausgelegt sind, um etwa 110000 Regierungs- und Parteiführer zu schützen, sind bei direktem Angriff verwundbar.[13] Die Schutzräume, die gebaut wurden, um Arbeiter in wirtschaftlichen Schlüsselunternehmungen zu schützen, sind ebenfalls bei direktem Angriff verwundbar. Darüber hinaus stünde den Sowjets pro Person nur eine Schutzraumfläche von einem halben Quadratmeter zur Verfügung, um diejenigen 12 bis 24% der gesamten Arbeitsbevölkerung (24 bis 48% der Arbeitsbevölkerung) zu schützen, die im Falle einer Krisenevakuierung zurückblieben.[14] Diese Raumzuteilung ist nach den meisten Analysen der Überlebensnotwendigkeiten unzureichend.[15] Außerdem stellten die Oak Ridge Laboratories fest, daß die Lüftungssysteme der Schutzräume den verwundbarsten Aspekt des Schutzraumprogramms darstellen und daß – selbst wenn die Schutzräume bei einer Kernexplosion nicht zerstört würden – die Insassen ersticken oder an der Wärmewirkung sterben würden.[16] Auch würde Hunger zu einem ernsten Problem, wenn der Schutzraum für mehr als nur ein paar Tage benötigt würde. Die chronische sowjetische Nahrungsmittelknappheit, die Mängel bei der Nahrungsmittelverteilung und die Tatsache, daß die Sowjetbürger ihre Nahrungsmittel täglich einkaufen, würden viele daran hindern, den notwendigen Zwei-Wochen-Vorrat an Lebensmitteln und Wasser in den Schutzraum mitzubringen. Selbst T. K. Jones, ein Analytiker, der vom sowjetischen Zivilverteidigungspotential tief beeindruckt ist, gibt zu, daß die städtischen Schutzräume »nicht viel gegen einen US-Angriff helfen würden, der auf die Vernichtung der Bevölkerung angelegt wäre«.[17] Diejenigen Sowjetbürger, die darauf angewiesen wären, improvisierte Schutzräume mit den gerade vorhandenen Materialien und Handwerkszeugen zu bauen, wie etwa mit Ziegeln, Bauholz, Brettern und Schaufeln[18], würden sich noch ernsteren Problemen im Winter gegenübersehen, wenn der Boden gefroren ist, im Frühling und im Sommer, wenn die Nahrungsmittel erschöpft sind, im Herbst, wenn der Boden schlammig ist, oder bei Nacht.

Goure beschreibt ausgearbeitete sowjetische Evakuierungspläne, die innerhalb von 72 Stunden durchgeführt werden sollen, wenn ein Evakuierungsbefehl ausgegeben wird.[19] Das Vertrauen der Sowjets in die Wirksamkeit dieser Evakuierungspläne muß jedoch durch die Überlegung eingeschränkt werden, daß die Vereinigten Staaten beim Feststellen einer sowjetischen Evakuierung eine derart ominöse Warnung dazu nutzen könnten, die Bevölkerung während des Transits zu treffen und dadurch die Anzahl der Opfer zu maximieren.[20] Im Falle einer sowjetischen Evakuierung würden die Vereinigten Staaten ohne Zweifel eine Vielzahl von Schritten unternehmen (z. B. unsere Bomber verteilen und sie in der Luft in Alarmbereitschaft halten, unsere U-Boote aus den Häfen auf die See hinausschicken, einen Start nach Warnung befehlen usw.). Dieses alles würde die Wirksamkeit eines sowjetischen Erstschlages reduzieren und die Zerstörungskraft eines amerikanischen Gegenschlags erhöhen. Darüber hinaus haben die Sowjets niemals die vollständige Evakuierung einer größeren Stadt geübt, mehr als ein Transportmittel in ihren begrenzten Übungen eingesetzt, eine Übung ohne lange Vorbereitungsphase durchgeführt oder verschiedene Evakuierungsübungen gleichzeitig unternommen.[21]

Die Entscheidung, eine Evakuierung durchzuführen, würde zu gigantischen Transportproblemen führen. Der Sowjetunion

»mangelt es an einem ausgebauten Fernstraßensystem, das die Außenregionen mit dem industriellen Kern verbände. Das Land hat weniger als 250 000 Meilen gepflasterter Straßen. Es gibt keine zwei Sowjetstädte, die durch eine Fernstraße mit Trennstreifen verbunden wären ... Außerdem behin-

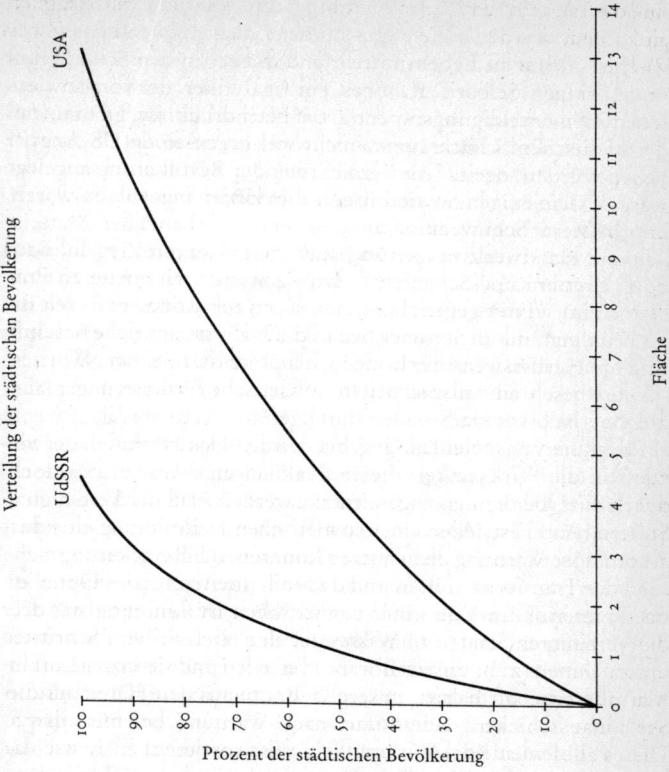

dern die sowjetischen Wetterverhältnisse den Straßenverkehr. Während des Winters, während der Tauperioden im Frühling, während der Regenperioden im Herbst sind die sowjetischen Straßen praktisch unpassierbar. Die Sowjets beschreiben ihre Situation als Rasputitsa oder Straßenlosigkeit während dieser Monate.«[22]

Das sowjetische Straßennetz ist alos darauf ausgelegt, den Verkehr innerhalb der Städte aufzunehmen, und wäre überlastet, wenn es den Massenexodus aus diesen Städten aufnehmen sollte.

Die sowjetischen Evakuierungspläne beruhen außer auf motorisiertem Transport wesentlich auf den Eisenbahnen und den Fußmärschen.

Die meisten Bahnstrecken der Sowjetunion sind einspurig. Um große Städte per Bahn zu evakuieren, müßten die Sowjets sicherstellen, daß sich die Züge an den vorgegebenen Evakuierungspunkten befinden und nicht mit Fracht beladen wären oder dazu benötigt würden, um Truppen oder Nachschub nach Osteuropa zu bringen. Es ist höchst unwahrscheinlich, daß so viele logistische Probleme durch ein Land gelöst werden könnten, dessen Verkehrssystem in ruhigen und friedlichen Zeiten bestenfalls als ineffizient bezeichnet werden kann.

Die sowjetischen Evakuierungspläne verlangen, daß 17 Millionen Stadtbewohner 48 km marschieren (2,4 Stundenkilometer 20 Stunden lang) und dann einen behelfsmäßigen Schutz bauen.[23] Wie die ganz jungen, die alten Menschen und die Kranken solche beachtlichen Marschleistungen erbringen sollen (und dabei zwei Wochenausrüstungen an Lebensmitteln, Wasser und Vorräten mit sich tragen), ist nicht klar.

Wie in der vorstehenden Graphik gezeigt wird, wohnt die sowjetische Stadtbevölkerung – weitestgehend eine Wohnblockgesellschaft – in viel dichterer Konzentration als die städtische Bevölkerung in Amerika. Aus der hohen Konzentration der städtischen Besiedlung ergeben sich gewisse Hindernisse für eine erfolgreiche Evakuierung. So ist z. B. Moskau auf allen Seiten von industriellen Satelliten umgeben, und in ähnlicher Weise ist Leningrad auf drei Seiten begrenzt und vom Wasser auf der vierten. Die Bewohner dieser Bevölkerungszentren wären bei der Evakuierung in ländliche Auffanggebiete oder in Gegenden, die für die Konstruktion von behelfsmäßigen Schutzräumen geeignet wären, mit erheblichen Problemen konfrontiert. Schließlich ist nicht klar, wie die Evakuierten in behelfsmäßigen Schutzräumen die erhöhte Menge radioaktiven Fallouts überleben würden, die dann aufträte, wenn der amerikanische Gegenschlag auch bodennahe Explosionen umfaßte. Diese Frage wird selten von denen angesprochen, die die sowjetische Zivilverteidigung für effektiv halten.

Eine Entscheidung, die städtischen Gebiete zu evakuieren, könnte zahlreiche Wirkungen haben, die für die sowjetische Führung ganz und gar unerwünscht wären. Außerdem brächte eine solche Entscheidung unglaubliche Kosten mit sich, selbst ohne einen Atomschlag der Vereinigten Staaten. Eine Woche Produktionsausfall in den Vereinigten Staaten aufgrund einer Evakuierung würde nach vorliegenden Schätzungen ungefähr 90 Milliarden

Dollar kosten.[24] In der hochzentralisierten und arbeitsintensiven sowjetischen Wirtschaft wären die Kosten gewaltig.

Selbst wenn man von den wirtschaftlichen und logistischen Problemen absieht, die eine Entscheidung zur Evakuierung der Städte mit sich brächte, und annimmt, daß ein solcher bedeutender Exodus durchgeführt werden könnte, sähen sich die Sowjets doch einem größeren strategischen Dilemma gegenüber. Die erklärte Politik der Vereinigten Staaten – ebenso wie die Entwicklung von Lenksystemen von immer höherer Präzision wie z. B. des NS-20 – schließt die Sowjetbevölkerung als *Ziel an sich* aus. Jene Bestandteile der Präsidialdirektive PD-59, die von beschränkten nuklearen Optionen gegen sowjetische Militär- und Wirtschaftsziele ausgehen, sind eindeutig auf Waffenzerstörung und nicht auf Wertezerstörung angelegt. In diesem Zusammenhang kann man sich fragen, welche Wirkung die Evakuierung der sowjetischen Zivilbevölkerung auf die Effektivität der amerikanischen Abschreckung hätte. Die zivile Evakuierung dient gewissen humanitären Zielen, beeinflußt jedoch die amerikanische Fähigkeit, sowjetische Militär-, Industrie- und Wirtschaftsziele zu zerstören, nur wenig. Die Vernichtung der sowjetischen Zivilbevölkerung ist eine Nebenwirkung unserer Pläne, die sowjetische Militär- und Wirtschaftsinfrastruktur zu zerstören. Man könnte in der Tat sogar die Meinung vertreten, daß die Evakuierung der sowjetischen Städte amerikanische Schläge gegen Wirtschafts- und Militärziele »menschlicher« machen würde, da sie die Verantwortung für die Vernichtung ungezählter Millionen unschuldiger Zivilisten beseitigen würde, die anderenfalls als eine Art von menschlichem Schutzschild für die Ziele dienen würden. Auch könnte sich die erfolgreiche Evakuierung und das Überleben der sowjetischen Zivilbevölkerung als nachteilig für die längerfristigen Aussichten des Landes auf Wiedererholung erweisen. In diesem Szenario hat man sich zu fragen, wie die Sowjetunion nach der Zerstörung ihrer wirtschaftlichen, landwirtschaftlichen, medizinischen und Verkehrsinfrastruktur für 200 Millionen Überlebende würde sorgen können. Nach einer Art von Strangelove-Logik könnte der Wiederaufbau zügiger vonstatten gehen, wenn es eher weniger als mehr Überlebende gäbe!

Die Frage der Zivilverteidigung konzentriert sich somit auf die Fähigkeit der Sowjets, ihre Wirtschaft zu schützen. Lassen Sie uns diese Fähigkeit untersuchen.

Der Schutz der sowjetischen Industrie

Trotz sowjetischer Anstrengung, Industriegelände sicherer zu machen und die Industrie zu verteilen[25], sind die CIA und die Rüstungskontroll- und Abrüstungsagentur (ACDA) zu dem Schluß gelangt, daß die Sowjets nicht in der Lage wären, massive industrielle Verwüstungen zu verhindern, insbesondere dann, wenn Industrieeinrichtungen direkt angegriffen werden.[26] Nach CIA-Berichten wurde das Programm der Sowjetunion für die geographische Verteilung der Industrie nicht im wesentlichen Ausmaß durchgeführt; weiter heißt es:

»Neue Anlagen wurden oft direkt neben größeren, bereits vorhandenen Anlagen gebaut; vorhandene Anlagen und Komplexe wurden an Ort und Stelle ausgedehnt; es wurden keine Anstrengungen unternommen, den Abstand zwischen den Gebäuden zu vergrößern oder Anbauten so anzulegen, daß Feuer und ähnliche Gefahren im Fall eines nuklearen Angriffs verringert würden; (und) ursprünglich freie Bereiche auf Tanklagergeländen wurden mit neuen Tanks und Verarbeitungseinrichtungen aufgefüllt.«[27]

In der Tat wächst aufgrund ökonomischer Zwänge der Wert der Produktionskapazität, die vorhandenen Gebieten angelagert wird, schneller als die in neuen Industriegebieten. Dieser Trend erhöht die Verwundbarkeit der sowjetischen Industrie.

Die CIA stellt ferner fest: »Es gibt wenig Hinweise auf ein umfassendes Programm zur Härtung von Wirtschaftseinrichtungen aufgrund der hohen Kosten und wegen der Unmöglichkeit, daß solche Einrichtungen die Explosionskraft direkter Angriffe oder die Beschädigungen durch die nachfolgenden Feuersbrünste überleben würden.«[28] Die ACDA stimmt mit dieser Beurteilung überein und merkt an, daß »jeder Härtungsversuch leicht dadurch überwunden werden kann, daß Waffen in niedriger Höhe zur Explosion gebracht werden mit nur einer kleinen Verringerung im 10-psi-Zerstörungspotential«.[29] Die Agentur hat auch festgestellt, daß die zukünftigen amerikanischen Waffen selbst einen dreifachen Zuwachs an Härtung überwinden können, wenn ein solcher Zuwachs möglich wäre, und ist zu dem Schluß gekommen:

»Versuche, überirdische Einrichtungen zu härten (sind) vergeblich, (und) selbst gehärtete unterirdische Einrichtungen können nicht überleben. Ausgewählte Ausrüstungsgegenstände könnten behelfsmäßig gehärtet werden, um die Überlebenschance in Randgebieten zu erhöhen; jedoch wäre das Härten von Maschinen in Einrichtungen im Zielgebiet von geringem Nutzen.«[30]

Konzentration der sowjetischen Industrie
(übernommen aus Hardt, 1976, XVII und Mathieson, 1975, 47, 63–64)

Industrie	Gesamtzahl der Einrichtungen	Produktion in %/anteilig von der Anzahl der größten Firmen
Chemie		100%/25 Städte
Vereinigte Stahlwalzwerke	18 Walzwerke	
Stahl		60%/15 Firmen
Elektrizität für die Wolga- und Zentralregion	5	100%
Große Erdölraffinerien	34	
Kupferhütten	8	
Blei-Zink-Hütten	6	
Automobile	12 Städte	
Aluminium/Aluminiumfabriken		65%/4 Fabriken (alle von ihnen hängen von einer 5. ab)
Dampfkesselfirmen		100%/5 Städte
Turbinengeneratoren-Firmen	6	3 davon sind in Leningrad
Dieselmotoren	5 Städte	
Diesellokomotiven	5 Städte	
Elektrozüge	2 Städte	
Fleischverpackungsfirmen	17	
Traktorenfirmen		80%/9 Firmen
Laster		20%/1 Firma (Kama Fluß)
Die größten Werften	8	
Firmen, die große Geräte herstellen	16	
Firmen, die Geräte für die Landwirtschaft produzieren	15	

Die Sowjets selbst sagen:

»Es ist unmöglich, Gebäude für eine Schockwelle weniger verwundbar zu machen, ohne radikale strukturelle Änderungen, die erhebliche Schwierigkeiten und Kosten mit sich brächten ... es ist unmöglich, das Überleben von Gebäuden im Schadensbereich zu garantieren, selbst wenn man die Stärke der einzelnen Bauten und ihrer Komponenten etwas erhöht.«[31]

Viele wesentliche wirtschaftliche und industrielle Einrichtungen können überhaupt nicht geschützt werden. Hierzu gehören Ölraffinerien, Kraftwerke, chemische Lagereinrichtungen, Stahlwerke, pharmazeutische Laboratorien, Montagewerke, größere Lastwagen-, Traktoren- und Waggonfabriken, Haupt- und Rangierbahnhöfe sowie Fernstraßenkreuzungen und Pipelines.[32] Da diese Ziele nicht gehärtet werden können, bleiben sie für einen amerikanischen Gegenschlag verwundbar. Der Verlust derartiger Einrichtungen wäre ein unbeschreiblicher Schlag gegen jedes Land, das einen Krieg als Supermacht überleben will.[33]

T. K. Jones beklagt, daß die Vereinigten Staaten nach einem ersten Schlag auf ihr Gebiet nur in der Lage sein würden, ein »paar tausend Zielpunkte« zu treffen, und nicht dazu, der Sowjetunion unakzeptierbaren Schaden zuzufügen.[34] Die sowjetische Industrie ist jedoch so konzentriert (Schlüsselindustrien der Sowjetunion haben über die Hälfte ihrer Produktion in weniger als 200 Fabriken[35]), daß die Vereinigten Staaten mit dieser Zahl von Waffen die sowjetische industrielle und militärische Infrastruktur völlig verwüsten könnten.[36] Die Tabelle auf S. 119 illustriert den hohen Grad der sowjetischen Industriekonzentration. Kemp[37] und Garwin[38] stellen fest, daß nicht mehr als sieben Poseidon U-Boote (ein Drittel derer, die unter normalen Umständen auf See stationiert sind) 62% der sowjetischen Industrie zerstören könnten und daß wir mit neuen Zielplänen für die verbliebenen 10% unserer ICBM der Sowjetunion unakzeptierbaren Schaden zufügen könnten. Eine ACDA-Schätzung, die einen Bedarf von nicht mehr als 1300 Sprengköpfen feststellt, um 70% der sowjetischen Industrie zu zerstören, stimmt mit diesen Schätzungen überein.[39]

Postnuklearer Wiederaufbau

Die bedeutende Konzentration der sowjetischen Industrie, die wir angesprochen haben, läßt die Vorhersage von T. K. Jones, daß sich die Sowjetunion »innerhalb von zwei bis vier Jahren nach einem amerikanischen nuklearen Gegenschlag«[40] erholen könnte, einigermaßen optimistisch erscheinen.

Der psychologische Zustand der Überlebenden ist für den Wiederaufbau von ausschlaggebender Bedeutung. Jedoch hört man von denjenigen, die Szenarios der postnuklearen Wiedererholung untersuchen, wenig über diesen Gesichtspunkt; implizit wird angenommen, daß die Überlebenden des Armageddon aus den Trümmern hervorkommen und ruhig und diszipliniert den Wiederaufbau in Angriff nehmen.

Derartige Disziplin und Kooperation sind unwahrscheinlich, besonders in einer Gesellschaft wie in der Sowjetunion, die traditionell größeren Wert auf Gehorsam und Passivität gelegt hat als auf Initiative. Das Verhalten der Überlebenden von Hiroshima ermöglicht uns einen Einblick in das zu erwartende Verhalten nach einem sowjetisch-amerikanischen nuklearen Schlagabtausch.[41] Die Überlebenden der Atomexplosionen in Hiroshima und Nagasaki erwarteten ihren baldigen Tod und das Ende der Welt. Um sich vor den grotesken Szenen ringsumher zu schützen, nahmen sie bewußt den allgegenwärtigen Schrecken nicht wahr. Diese psychische Betäubung, die zu tiefer Abstumpfung und Gefühllosigkeit gegenüber dem sie umgebenden Leid führte, war zeitlich begrenzt und verlor sich, als die Außenwelt den Opfern der Katastrophe Hilfe brachte. Ein Nuklearkrieg würde jedoch zu nie dagewesenen Zerstörungen führen und die von »außen« verfügbare Hilfe beschränken. Robert J. Lifton, ein bekannter Psychiater, der viel über dieses Thema geschrieben hat, kommt zu dem Schluß, daß die Verwüstungen eines nuklearen Schlagabtausches wahrscheinlich zu so extremer psychischer Abstumpfung führen würden, daß die Wirkungen irreversibel wären.[42]

»Die Plötzlichkeit und schiere Grausamkeit einer solchen Szenerie gäbe den Überlebenden keine Gelegenheit, die üblichen Formen psychologischer Abwehr zu mobilisieren. Die normale menschliche Reaktion auf Massensterben und abgrundtiefen Schrecken ist nicht Zorn oder Depression oder Panik oder Trauer oder auch nur Furcht: es ist eine Art geistiger Betäubung, die sowohl die Urteilsfähigkeit wie das Mitleid mit anderen Menschen einschränkt.«[43]

Unter solchen Umständen können die Verstandestätigkeiten zu einem solchen Grade gelähmt werden, daß sie »nicht länger mit ihrer eigenen Vergangenheit verbunden sind und daher abgeschnitten von den sozialen Formen, aus denen sie ihre Stärke und ihre Gefühle der Menschlichkeit bezogen. Die Verstandestätigkeiten wären dann gänzlich abgeschaltet.«[44] Die Folge eines solchen psychischen Schocks wäre die Unfähigkeit der Überlebenden, Lebensmittel zu sammeln, die Toten zu begraben und andere fundamentale soziale Rituale auszuführen. Ihr Verhalten wäre von extremem Mißtrauen und primitiven Denkformen geprägt. Angesichts dieser Erwägungen verlieren die Aussichten auf eine gesicherte und disziplinierte Erholung, von denen Jones u. a. ausgehen, viel von ihrer Glaubwürdigkeit.

Die Erholung nach einem nuklearen Angriff hängt wesentlich von der Fähigkeit ab, Überlebende zu retten, zu ernähren und zu versorgen, und von der Fähigkeit, Reparaturmaterialien und Energie für den materiellen Wiederaufbau bereitzustellen. Die sowjetischen Wiederaufbaubemühungen wären durch zahlreiche Hindernisse schwer belastet. Umfängliche städtische Bereiche wären zu »heiß« – zu radioaktiv – und könnten während mehrerer Monate nicht betreten werden. Die Strahlenkrankheit wäre weit verbreitet, nachdem 80% der sowjetischen Bevölkerung, inklusive der Evakuierten, einer Radioaktivität von wenigstens 100 Röntgen ausgesetzt wären. Nahrungsmittel wären knapp. Die Hälfte der Viehbestände wäre tot, und wenn der Angriff während der Zeit des Wachstums erfolgte, wären 30% aller Ernten zerstört. Bei der Verteilung wäre mit Verzögerungen von wenigstens zwei Monaten zu rechnen. Die Ozonschicht könnte derart geschwächt sein, daß über mehrere Jahre Beschäftigungen im Freien von länger als 30 Minuten gefährlich wären. 80% des medizinischen Personals, der Vorräte und der Krankenhäuser wären zerstört. Und selbstverständlich gäbe es eine Unmenge sozialer und psychologischer Probleme.[45] Zusätzliche Schwierigkeiten würden aus der geringen Stärke und dem schlechten Zustand der sowjetischen schweren Ausrüstung resultieren[46] und aus der Zerstörung der chemischen Industrie, von der die ohnehin schon unzulängliche sowjetische Landwirtschaft in massiver Weise abhängig ist.

Die obige Analyse unterstützt die Schlußfolgerungen der CIA-Studie von 1978, die feststellte:

»Der gegenwärtige Kenntnisstand legt nicht nahe, daß es in absehbarer Zukunft eine wesentliche Änderung in der Einschätzung der Sowjetführung geben wird, daß die Zivilverteidigung zum Kriegs- und Überlebenspotential beiträgt noch daß ihre Ungewißheit über ihre Wirksamkeit sich verringern würde. Wir haben also keinen Grund anzunehmen, daß die Einschätzung der Sowjetführung über den Beitrag der Zivilverteidigung zu ihrer Fähigkeit zum strategischen nuklearen Konflikt sich wesentlich ändern wird.«[47]

Man mag diesen Schlüssen durch einen Verweis auf Vorhersagen wesentlich größerer amerikanischer Bevölkerungs- und Industriezerstörungen widersprechen und diese Ungleichheit mit dem Fehlen eines Zivilverteidigungsprogramms in diesem Lande und dem Vorhandensein eines solchen in der Sowjetunion in Verbindung bringen. Aber ein solches Argument verwechselt Korrelation und Ursache. Diese Vorhersagen werden nur in einem geringen Maße durch das sowjetische Zivilverteidigungsprogramm beeinflußt. Vielmehr beruhen sie auf der Annahme eines sowjetischen Erstschlages, der den Vereinigten Staaten weniger Waffen zum Gegenschlag übrigließe, und auf der Tatsache, daß die Sprengköpfe der Sowjetunion eine höhere Sprengkraft als die amerikanischen haben.[48] Führten die Vereinigten Staaten den ersten Schlag, insbesondere vor oder während des Einsetzens der sowjetischen Zivilverteidigungsmaßnahmen, so wäre die Zahl der sowjetischen Opfer und die Zerstörung viel höher, als anderwärts vorhergesagt[49], möglicherweise bis zu 100 Millionen sofortiger Todesfälle.[50] Folglich kommt die Rüstungskontroll- und Abrüstungsagentur zu dem Schluß, daß die Sowjetunion und die Vereinigten Staaten gleich verwundbar seien.

Die fortdauernde Glaubwürdigkeit der amerikanischen Abschreckung

Die oben erwähnten Studien der ACDA und der CIA ebenso wie die neueste Untersuchung des Carnegie Endowment[51] kommen zu dem Schluß, daß die Vereinigten Staaten einen Nuklearschlag der Sowjetunion aushalten könnten und danach immer noch in der Lage wären, mit unannehmbarer Zerstörung zurückzuschlagen. Die ACDA sagt voraus, daß die amerikanische Vergeltung 65 bis 70% der sowjetischen Industrie zerstören würde, wenn die Vereinigten Staaten zur Zeit des sowjetischen Erstschlages in üblichem Bereitschaftszustand wären. Reagierten andererseits die Vereinigten Staaten aus einem Zustand erhöhter Alarmbereitschaft, so würden die Sowjets 85 bis 90% der im direkten Zielbereich gelegenen Industrieeinrichtungen verlieren und einen Kollateralschaden von 80% bei Einrichtungen außerhalb des eigentlichen Zielbereiches hinnehmen müssen.[52] Die CIA benennt zahlreiche Maßnahmen (z. B. Ausdehnung des Angriffs über einen längeren Zeitraum unter Verwendung von U-Boot-Raketen, direkter Beschuß der sowjetischen Bevölkerung und Erhöhung des Fallout durch bodennahe Explosionen), die die Zerstörungskraft der amerikanischen Vergeltung erhöhen würden.[53] Darüber hinaus und vor allem kommt das Budgetbüro des Kongresses zu dem Schluß, daß die amerikanische Vergeltungskapazität bis in die neunziger Jahre wirksam bleiben wird.[54] Vor kurzem haben Kennedy, Guertner und Katz noch weitere Möglichkeiten, Unsicherheiten und Erwägungen ins Spiel gebracht, die einander verstärken und zur Glaubwürdigkeit der amerikanischen Abschreckung beitragen.[55] Tatsächlich ist die Glaubwürdigkeit der amerikanischen Abschreckung so stark, daß das sowjetische Zutrauen zur eigenen Zivilverteidigung in Frage gestellt werden muß.

Vergeltungsfähigkeiten der begrenzten Abschreckungsstreitkräfte: Zerstörung der sowjetischen Ziele in Prozenten

	Gegenwärtig	Mitte der 80er Jahre	in den 90er Jahren
Streitkräfte insgesamt[a]			
Industrieziele	80	80	80
militärische Ziele	90	90	90
Fähigkeit, sich gegen sowjetische Entwicklungen zu schützen[b]			
A. keine Sprengköpfe auf ballistischen Raketen nur Angriff mit Bombern			
Industrieziele ausschließlich	75	80–85	75–85
Industrieziele und militärische Ziele	35	55–60	50–60
B. keine Überlebenden, ICBMs, nur Angriff mit Bombern und U-Booten			
Industrieziele ausschließlich	85	90	90
Industrieziele und militärische Ziele	65	80–85	75–85
C. keine Überlebenden, U-Boote, Angriff nur mit Bombern und ICBMs			
Industrieziele ausschließlich	90	85–95	80–85
Industrieziele und militärische Ziele	70	70–75	55–65
D. Keine Bomber, Angriff nur von U-Booten und ICBMs			
Industrieziele ausschließlich	90	90	85–90
Industrieziele und militärische Ziele	75	75–80	60–70

a. Es wird davon ausgegangen, daß Waffen, die einen ersten Schlag überleben, 80% der Industrieziele zerstören, wobei davon ausgegangen wird, daß die Hälfte von ihnen für 30 psi (die Härtung wird gemessen in ›pounds per square inch, psi‹, Anm. des Übersetzers). 1000 U-Bootgestützte Sprengköpfe werden in Reserve gehalten. Der Rest der Sprengköpfe befindet sich nicht in den Silos, sondern den anderen militärischen Zielen (mindestens ein Sprengkopf auf einer ballistischen Rakete wird für jeden militärischen Flugplatz angenommen und 100 SRAMs werden für Luftabwehrzentren angenommen). Die militärischen Ziele umfassen keine sowjetischen ICBM-Silos.
b. Tabelle enthält alle überlebenden Sprengköpfe der erwähnten Streitkräfte; keine Sprengköpfe werden in Reserve gehalten. Für die Spalte, die die Mitte der 80er Jahre anbelangt, wird für den minimalen Wert ein 20%iges Wachstum bei den Industriezielen angenommen, während dem Maximalziel kein Wachstum zugrunde liegt. Für die Spalte, die die 90er Jahre anbelangt, wird für den Minimalwert eine 40%ige Steigerung der Industrieziele angenommen, während für den Maximalwert keine Steigerung zugrunde gelegt wird.

Quelle: Congressional Budget Office, Relatiatory Issues für U. S. Strategic Nuclear Forces, Congress of the United States (Washington D. C.: Government Printing Office, June 1978), S. XVI.

Dennoch hält Richard Pipes daran fest, daß die Annahme der Vereinigten Staaten, was sie abschreckt, würde auch die Sowjetunion abschrecken, irrig ist. Er argumentiert, daß das schreckliche Blutbad und die physische Zerstörungen von Revolution, Bürgerkrieg, zwei Weltkriegen und zahlreichen Säuberungen in den vergangenen 65 Jahren unauslöschlich ins Gedächtnis der sowjetischen Führung geprägt sind und sie so verhärtet hat, daß Verluste von »einigen 10 Millionen« in einem Nuklearkrieg ihnen annehmbar erscheinen könnten.[56] Robert Kennedy merkt an, es sei nicht vernünftig, von den sowjetischen Führern anzunehmen, daß sie einen Konflikt in Gang setzen würden, der mindestens 10 Millionen Sowjetbürger töten würde, selbst dann, wenn den Sowjets im Zweiten Weltkrieg durch die Deutschen noch höhere Menschenverluste beigebracht worden seien. In diesem Fall wurde der Krieg ins Land getragen und die Todesopfer im Verlauf von fünf Jahren erbracht; es ist jedoch etwas ganz anderes, einen derart zerstörerischen Krieg selbst in Gang zu setzen und die gleiche Anzahl von Todesopfern im Verlauf nur weniger Stunden zu erleiden.[57] Darüber hinaus wären die wirtschaftlichen, politischen und psychologischen Zerstörungen eines Nuklearkrieges größer als die im Zweiten Weltkrieg, und diese Tatsache ist regelmäßig von sowjetischen politischen und militärischen Führern anerkannt worden.[58]

Eine zusätzliche Variable von erheblicher Bedeutung in Sachen Abschreckung ist die multinationale Struktur der sowjetischen Gesellschaft. Viele Analytiker haben die vielsprachige Zusammensetzung der Sowjetunion beschrieben, den sinkenden Prozentsatz von Großrussen und Slawen in der Bevölkerung und die bedeutungsvollen wirtschaftlichen und politischen Auswirkungen dieser Entwicklung auf die sowjetische Politik.[59] Dennoch stellen nur wenige die multinationale Natur des Sowjetstaates in Rechnung, wenn sich die Diskussion der Frage strategischer Abschreckung zuwendet. Ball[60] und Guertner[61] kommen zum Schluß, daß diese Erwägung in den strategischen Berechnungen der Sowjets Vorrang hat. Im Hinblick auf das geographische Zusammentreffen der Mehrzahl der ICBM-Anlagen, der Schlüsselindustrien und der Konzentration von Großrussen stellt Guertner fest, daß ein waffenzerstörender amerikanischer Schlag gegen die Sowjetunion die Großrussen am härtesten treffe würde. Großrussen würden dabei in einem unverhältnismäßig größeren Umfang umkommen, als dies durch ihren Anteil (52%) an der Gesamtbevölkerung gegeben wäre. Ob sie in der Lage wären, dann die Kontrolle über die ausgedehnten Hierarchien von Regierung, kommunistischer Partei, Erziehung und Militär zu bewahren, ist äußerst fraglich. Angesichts der Zerstörung der Infrastruktur auf den Gebieten der politischen und ethnischen Kontrolle der Kommunikation und des Verkehrs könnte der Nuklearkrieg möglicherweise den Niedergang des Sowjetimperiums einleiten. Adam Ulam hat diese Möglichkeit selbst für den Fall eines »kleinen« Nuklearkrieges erkannt, wenn er fragt:

»Was die Möglichkeit eines ›kleinen‹ Nuklearkrieges angeht, muß die UdSSR politisch denken: gegen eine kleine Nuklearmacht würde sie ohne Zweifel siegreich bleiben; aber würde ein kommunistisches Regime einen solchen Krieg überleben? Was wären die Folgen, wenn auch nur eine Nuklearrakete auf Moskau fiele und die Führungsspitze von Partei und Staat zerstörte?«[62]

Selbst wenn man annimmt, daß die sowjetische Infrastruktur der politischen Kontrolle in der Zeit nach einem Nuklearschlag intakt wäre, so müßte die Sowjetunion sich doch dem Problem des wirtschaftlichen Wiederaufbaus stellen. Im vorigen Abschnitt haben wir eine wirtschaftliche Erholungsperiode von zwei bis vier Jahren, wie sie von Jones angenommen wird, als zu optimistisch kritisiert. Vier Jahre sind eine kaum ausreichende Zeit zur wirtschaftlichen Erholung angesichts der physischen Zerstörung, die die Vereinigten Staaten der Sowjetunion zufügen könnten. Jedoch können zwei bis vier Jahre, was die Politik angeht, eine Ewigkeit sein. Könnten die Sowjets während dieser kurzen Zeit der Lähmung sicher sein, daß sie die Integrität der Sowjetunion erhalten können? Könnten die Chinesen große Teile des Imperiums im Osten in Besitz nehmen? Ist es wahrscheinlich, daß die sowjetische Moslembevölkerung ihre religiösen und territorialen Bindungen an eine pan-moslemische Bewegung verstärken würde? Würden die Ukrainer oder die baltischen Republiken Sezessionsversuche unternehmen? Wären schließlich die Osteuropäer geneigt, ihre politischen und wirtschaftlichen Bindungen zur Sowjetunion aufrechtzuerhalten? Wenn sich die sowjetischen Führer mit Unsicherheiten dieser Art beschäftigen, muß ihnen ein Nuklearkrieg notwendigerweise als schädlich in bezug auf ihre grundlegendsten nationalen Interessen erscheinen: das Überleben des Sowjetstaates und die Beibehaltung des Supermachtstatus. Geht man hiervon aus, so können die Sowjets wirksam abgeschreckt werden.

Die sowjetische Zivilverteidigung und Abschreckung aus sowjetischer Sicht

Wenn schließlich die sowjetischen Anstrengungen zur Zivilverteidigung vergeblich oder doch kaum wirksam sind, warum schenken dann die Sowjets diesem kostspieligen Programm so viel Beachtung? Gleichbleibend hohe sowjetische Ausgaben auf diesem Gebiet zu einer Zeit, da ihre Wirtschaft sich in ernsten Schwierigkeiten befindet, mögen zu gefährlichen Spekulationen über die Intentionen der Sowjets Anlaß geben. Kann es sein, daß die Sowjets sich für einen Erstschlag gegen die Vereinigten Staaten vorbereiten oder daß sie vorhaben, ihre wachsende Offensivstärke mit ihrem Zivilverteidigungspotential zu kombinieren, um die Vereinigten Staaten zu demütigenden und schädlichen Konzessionen am Rand eines Nuklearkrieges zu zwingen?[63] Solche Argumente unterstellen, daß die Sowjets Vorstellungen von Abschreckung und Krisenstabilität zurückweisen.[64] Für Richard Pipes beruht die sowjetische strategische Doktrin auf a) der Ablehnung der Abschreckung, b) einer leninistischen Vorstellung von der Unvermeidlichkeit des Krieges zwischen Kapitalismus und Kommunismus, c) überlegener anstatt ausreichender Bewaffnung, d) einer offensiven Aktion anstelle eines Vergeltungsschlages, e) dem Glauben an und dem Streben nach einem Sieg in einem strategischen Krieg.[65] Ob man nun derlei den böswilligen Intentionen der Sowjets zuschreibt, ihrem ideologischen Fanatismus oder ihrer Wahrnehmung amerikanischer Schwäche – in jedem Fall sind die politischen Auswirkungen für die Vereinigten Staaten klar: Rüstungskontrolle wird mit Mißtrauen betrachtet, und Schutz und Hilfe gegen den Feind kann nur aus nuklearer Überlegenheit erwachsen und aus der Bereitschaft, den Sowjets Auge in Auge gegenüberzutreten und unsere Entschlossenheit zu demonstrieren.

Die Existenz der Kernwaffen hat zu einer beträchtlichen Abwendung von der traditionellen leninistischen Vorstellung geführt, wonach bewaffneter Konflikt zwischen Kapitalismus und Kommunismus unvermeidlich sei, Krieg ein mögliches Instrument der Politik sei und der Sieg der sozialistischen Staaten vorherbestimmt sei. Seit Mitte der fünfziger Jahre sprachen Malenkow und Chruschtschow von friedlicher Koexistenz und von der Notwendigkeit, den Krieg zu vermeiden, da er mit der völligen Zerstörung der sowjetischen und amerikanischen Gesellschaft enden würde.[66] Seit dieser Zeit ist das Thema der Vermeidung des nuklearen Krieges von zahlreichen sowjetischen Führern in Politik und Militär wiederholt worden.[67]

Die Sowjets lehnen die Notwendigkeit nicht ab, eine stabile Abschreckung zur Verhütung eines Krieges zwischen der Sowjetunion und den Vereinigten Staaten herbeizuführen. Und sie sehen auch durchaus das Vorhandensein einer gegenseitigen Abschreckung.[68] Was sie ablehnen, ist die amerikanische Vorstellung von der Möglichkeit, einen Nuklearkrieg zu führen und unter Kontrolle zu halten. Ausgeklügelte Pläne für einen begrenzten Krieg destabilisieren nach Ansicht der Sowjets die strategische Balance und erhöhen die Wahrscheinlichkeit eines nuklearen Flächenbrandes.[69]

Ein weiterer wesentlicher Unterschied zwischen den amerikanischen und sowjetischen Vorstellungen von Abschreckung resultiert aus den Mitteln, die beide Seiten hierfür einsetzen. Ross und

Collins stellen fest, daß die amerikanische Nuklearabschreckung auf einem schweren Schlag gegen den Aggressor basiert, wenn Abschreckung versagt. Die Sowjets nehmen eine derart fatalistische und passive Haltung nicht ein. Ihre Vorstellung von Abschreckung beruht darauf, den Gegner an jeder Möglichkeit eines militärischen Erfolgs zu hindern, und nicht auf der Beschränkung auf eine militärische Erwiderung mit strafendem Charakter.[70] Ross sagt:

»Die Tatsache, daß es einen allgemeinen Unterschied zwischen der sowjetischen Nukleardoktrin und den amerikanischen Abschreckungsperspektiven gibt ... sollte nicht so verstanden werden, als ob Abschreckung nicht die primäre Aufgabe des sowjetischen Militärs wäre.«[71]

Kennedy bezieht sich ebenfalls auf diesen Punkt und bemerkt, daß die gegenwärtige sowjetische strategische Doktrin der amerikanischen aus den fünfziger und frühen sechziger Jahren nicht unähnlich ist.

»Mit anderen Worten, die sowjetischen Eliten haben spezifisch amerikanische Vorstellungen von Abschreckung zurückgewiesen. Statt dessen sind sie zu dem Schluß gekommen, daß der nuklearen Abschreckung am besten durch strategische Doktrinen und sorgfältig vorbereitete strategische Streitkräfte gedient ist, die einem potentiellen Aggressor jede Hoffnung auf Erfolg zunichte zu machen versprechen ... Eine solche Abschreckung verlangt nicht nur eine aktive Fähigkeit, das gegnerische Kriegführungspotential anzugreifen, sondern auch *die Beschränkung des Schadens, der der eigenen Seite zugefügt wird, durch Zivilverteidigungsmaßnahmen* (Hervorhebung: JMW).«[72]

Der Unterschied – Strafmaßnahmen bzw. Siegverweigerung – zwischen den strategischen Doktrinen der USA und der Sowjetunion erklärt zu einem gewissen Teil die Unterschiede in der Rüstungsstruktur der Supermächte. Die Straforientierung der amerikanischen Abschreckung ist begrenzt in dem Sinne, daß die USA nur spezifische sowjetische Ziele identifizieren müssen, deren Verlust einen unannehmbaren Schaden darstellen würde, und dann eine berechenbare Anzahl von Waffen aufstellen müssen, die eine annehmbare Erfolgswahrscheinlichkeit bieten. Wenn man auch über die Zahl der Ziele diskutieren kann, die zerstört werden müssen, um einen unannehmbaren Zerstörungsgrad zu erreichen, oder über die Zahl der Sprengköpfe, die auf ein jedes solches Ziel gerichtet werden müssen, so zeigen doch die Schätzungen des amerikanischen Rüstungsbedarfs (und die fortdauernde Glaubwürdigkeit der amerikanischen Abschreckung) eine bemerkenswerte zeitliche Konstanz.[73]

Die sowjetische Strategie der Siegverweigerung andererseits ist sehr viel weniger explizit. Folglich gibt es keinen Konsens darüber, »wieviel genug ist«. Auch erklärt die sowjetische Geschichte mit zahlreichen Invasionen und schrecklichen Zerstörungen durch ihre Gegner viel von der Wichtigkeit, die das Land seiner Verteidigung beimißt, und von seiner Neigung, zur Lösung des Problems Systeme beizubehalten, die wir als überflüssig und als nuklearen Overkill betrachten würden. Marschall Malinowski hat diese Haltung im Jahre 1961 bestätigt, als er sagte: »Wir wollen uns nicht wieder in der Lage befinden, in der wir 1941 waren. Diesmal werden wir nicht zulassen, daß die Imperialisten uns unvorbereitet treffen.«[74]

Eine weitere Bestätigung der sowjetischen Invasionsfurcht und für die Rolle der Zivilverteidigung bei der Siegverweigerungsstrategie wird von den folgenden Zitaten geliefert:

»Marxisten-Leninisten haben keine Illusion über das volksfeindliche Wesen des Imperialismus und seine aggressiven Intentionen (L. Breschnew).«[75]

»Da sie aus den Lehren der Geschichte nicht lernen will, sucht die imperialistische Reaktion ihre Zuflucht in verschiedensten Formen des Abenteurertums und der Provokationen und direkter Anwendung militärischer Stärke (Marschall Gretschko).«[76]

Die folgende Stellungnahme von General A. Altunin, dem Leiter des sowjetischen Zivilverteidigungsprogramms, im *Roten Stern* (Februar 1978) streicht diese Punkte ebenfalls heraus.

»... es wäre seltsam zu leugnen, daß gewisse Maßnahmen, die (sowjetische Zivilverteidigung) zu verbessern, durchgeführt werden.

Das Hauptziel unserer Zivilverteidigung besteht darin, zusammen mit den Streitkräften die Verteidigung der Bevölkerung gegen Massenzerstörungswaffen und andere Formen des Angriffs durch einen möglichen Gegner zu sichern. Durch die Einführung von Verteidigungsmaßnahmen und durch ein gründliches Training der Bevölkerung sucht die Zivilverteidigung die Zerstörungswirkung der modernen Waffen soweit als möglich zu schwächen ...

Wir stellen unmißverständlich fest ... die Zivilverteidigung der UdSSR hat noch nie jemanden bedroht und bedroht niemanden, stellt keine Gefahr für die Staaten des Westens dar und kann darüber hinaus auch nicht das sowjetisch-amerikanische Gleichgewicht der Kräfte stören.«[77]

Neben den sowjetischen Ansichten, daß die Schadensbegrenzung ein wesentlicher Teil der Abschreckung ist und daß der Kapitalismus versuchen könnte, das Rad der Geschichte durch einen bewaffneten Konflikt zurückzudrehen, gibt es noch weitere Erklärungen für die Aufmerksamkeit, die die Sowjets der Zivilverteidigung schenken, Erklärungen, die nicht den Plan eines sowjetischen Erstschlages voraussetzen. Die Rote Armee ist in der Sowjetgeschichte glorifiziert worden und ist für die Innenpolitik von großer Wichtigkeit: »... eine Abschreckungshaltung, die das Potential zum Sieg und zur Schadensbegrenzung einschließt, ist in Übereinstimmung mit den traditionellen Anschauungen über die Aufgabe des Militärs, den Erfolg bei der Kriegführung zu sichern und die Bevölkerung und Regierungsstruktur zu schützen.«[78] In diesem Licht kann man die Zivilverteidigung als eine Konzession an einen populären und mächtigen innenpolitischen Faktor sehen und als eine Erweiterung der traditionellen militärischen Rolle im Leben der Gesellschaft.

Ideologische und andere innenpolitische Erwägungen sind auch von erheblichem Einfluß auf die besondere Aufmerksamkeit, die die Sowjets der Zivilverteidigung widmen. Ein aktives Zivilverteidigungsprogramm trägt dazu bei, die innere Ordnung zu erhalten. Es verstärkt das Vertrauen darin, daß KPdSU und Regierung die Bürgerschaft behüten und beschützen; es ist in Übereinstimmung mit dem leninistischen Prinzip, wonach die Führerschaft des Proletariats die Menschen leitet und das Schicksal gestaltet, statt passiv eine wechselhafte Zukunft zu akzeptieren; und es verstärkt die Garnisons-Mentalität, die für die dauernden Aufrufe des Kremls zu öffentlichen Opfern und für die Verzögerung eines erhöhten materiellen Konsums eine Rechtfertigung liefert. Diese letztere Funktion geht von der Tatsache aus, daß die Menschen eher zu Opfern für den Staat bereit sind, wenn sie sich von außen bedroht fühlen. Wie wichtig es ist, Vertrauen in Regierung, Partei und Armee und die Opferbereitschaft der Bevölkerung für den Staat zu wecken, wurde von Marschall V. D. Sokolowski herausgestrichen.

»Die Bevölkerung muß zutiefst von der unzerstörbaren Einheit der Länder im sozialistischen Lager überzeugt werden, von der weisen Führerschaft der kommunistischen und Arbeiterparteien, von der ökonomischen Macht der Sowjetunion. Es ist notwendig, der Bevölkerung den Glauben an die Macht unserer Streitkräfte und die Liebe zu ihnen einzuprägen.«[79]

Eine letzte, bereits angesprochene politische Erwägung betrifft die Großrussen und die Sorge der KPdSU um ihre fortdauernde Kontrollfunktion, die geschwächt sein könnte, wenn ein Nuklearschlag die zentrale Führungsstruktur der Regierung zerstörte.

Es ist weiter oben erwähnt worden, daß die Sowjetunion nicht viel Vertrauen in Szenarios eines begrenzten Krieges mit den Vereinigten Staaten setzt. Dennoch muß die Sowjetunion die Möglichkeit beschränkterer Schläge von seiten Chinas, Englands, Frankreichs oder Deutschlands ins Auge fassen.[80] Während Zivilverteidigungsvorbereitungen es der Sowjetunion nicht erlauben würden, massive Zerstörungen durch einen größeren strategischen Schlagabtausch mit den Vereinigten Staaten zu vermeiden, könnten sie doch einen brauchbaren Schutz gegen einen begrenzten chinesischen oder europäischen Schlag bieten.[81] In dem Maße, wie Zivilverteidigung nur als nützlich im Rahmen eines begrenzten Schlagabtausches betrachtet wird, könnten die amerikanischen Szenarios eines begrenzten Krieges in der Tat zur sowjetischen Vorstellung von der Wirksamkeit der Zivilverteidigung beitragen!

Was folgt hieraus für die Vereinigten Staaten?

Wir haben bisher vier Hauptthemen vorgetragen. Das erste ist, daß die Verteidigungsstruktur der Sowjetunion und ihre strategische Doktrin die Abschreckung nicht ausschließen. Zweitens: Die Sowjets werden sich wahrscheinlich auch in der Zukunft um eine stabile Abschreckung bemühen, selbst wenn sie dieses Ziel mit anderen Mitteln als die Vereinigten Staaten verfolgen.[82] Drittens: Die Zivilverteidigung der Sowjetunion kann zu den Kriegführungs- und Kriegsüberlebensmöglichkeiten des Landes keinen wesentlichen Beitrag liefern. Daher hat das Zivilverteidigungsprogramm nicht die destabilisierende Wirkung auf das strategische Gleichgewicht oder auf die sowjetische Einschätzung dieses Gleichgewichts, die Goure, Scott, Jones und andere unterstellen. Schließlich: Die amerikanische Abschreckung bleibt weiterhin stark genug und ausreichend, um die Sowjetunion abzuschrecken.

Drei politische Schlußfolgerungen und Empfehlungen können aus diesen Themen abgeleitet werden. Erstens: Wenngleich wir die Sowjetunion als ein mächtiges Land ansehen, dessen nationale Interessen und Verhaltensweisen von den unseren in gefährlicher Weise abweichen mögen, so sollten wir doch nicht durch ein fruchtloses, kostspieliges und potentiell gefährliches Streben nach nuklearer strategischer Überlegenheit überreagieren. Es ist daher im besten Interesse der Vereinigten Staaten, sich weiter um ein gleichgewichtiges strategisches Rüstungskontrollabkommen mit der Sowjetunion zu bemühen.

Die zweite Empfehlung ist, daß die Vereinigten Staaten fortfahren sollten, ihre strategischen Kern- und konventionellen Streitkräfte zu modernisieren, um die Glaubwürdigkeit unserer Abschreckung angesichts dynamischer technologischer und politischer Entwicklungen zu erhalten. Solange die Vereinigten Staaten den fortdauernden Supermachtstatus und den politischen Zusammenhalt der UdSSR bedrohen können, wird sich dieser Staat abschrecken lassen. Eine deutlichere Koppelung des US-Nukleararsenals mit der industriellen Basis der Sowjetunion (mit den politischen Nebeneffekten, die wir oben diskutiert haben) würde es den Vereinigten Staaten erlauben, die Glaubwürdigkeit ihrer Abschreckung mit relativ geringen Kosten zu erhalten.

Die letzte Empfehlung lautet, daß die Vereinigten Staaten nicht versuchen sollten, das sowjetische Zivilverteidigungsprogramm nachzuahmen. Zahlreiche Erwägungen stützen eine solche Empfehlung. Insbesondere wird die Sowjetunion ihre Fähigkeit, die Vereinigten Staaten zu zerstören und unseren Supermachtstatus nach einem Nuklearschlag zu vernichten, trotz unserer Zivilverteidigungs- und Krisenumsiedlungspläne bewahren. Wie schon früher festgestellt wurde, beinhalten die Nuklearpläne der Vereinigten Staaten und der UdSSR die Vernichtung der Zivilbevölkerung nicht als Primärziel. Die Vernichtungsstrategien beruhen auf der Zerstörung der technisch-wirtschaftlichen Infrastruktur des Gegners und auf der Entwaffnung seines Militärpotentials. Krisenumsiedlungen haben auf keines dieser Ziele einen Einfluß. Darüber hinaus garantieren die Redundanz in den strategischen Arsenalen beider Supermächte und die gesicherte Zweitschlagsfähigkeit beider Seiten, daß keiner wirksam entwaffnet werden könnte, beide jedoch der anderen Seite unannehmbaren Schaden zufügen könnten.[83] Diese letztere Vorhersage wird durch die Kosten und die technischen Probleme substantiiert, die jedes wesentliche Programm zur industriellen Härtung und Verstreuung mit sich brächte. Selbst wenn die Vereinigten Staaten ein so ehrgeiziges

Programm unternähmen, wie es der Versuch wäre, ihre industrielle Infrastruktur zu schützen, so könnten die Sowjets diese marginalen Verbesserungen leicht ausgleichen, indem sie zusätzliche Raketen aufstellen, die MIRV-Quote der schon aufgestellten Raketen erhöhten und andere strategische Programme durchführten wie z. B. die Erhöhung von Schub- und Sprengkraft ihrer Raketen, Programme, die wir als destabilisierend und bedrohlich empfinden müßten. Mit anderen Worten: Zuwächse im Bereich der Angriffsstärke lassen sich schneller und billiger realisieren als Zuwäche bei der defensiven Sicherheit. Kurz, die amerikanische Krisenumsiedlung wird die Effektivität des sowjetischen Potentials zur Zerstörung der Vereinigten Staaten nicht beeinflussen, ebensowenig wie ihre Pläne die Wirksamkeit unseres Erwiderungspotentials schwächen konnten.

Ein weiteres Argument, das die Wünschbarkeit eines großen amerikanischen Zivilverteidigungsprogramms in Frage stellt, ist die Unwahrscheinlichkeit, daß es viel Erfolg haben wird. Viele der Probleme, die die Sowjetunion plagen, würden auch bei den Bemühungen der Vereinigten Staaten oder irgendeiner anderen Industrienation auftreten.[84] Die Kritiker der Evakuierungspläne für Gebiete mit hohem Risiko argumentieren, daß die Annahmen, auf denen solche Pläne beruhen, fehlerhaft sind.[85] Darüber hinaus konstatieren sie beim Studium von Evakuierungsplänen wie z. B. dem für Alexandria (Virginia) »gridlock« (das Problem, 80 000 Bürger von Alexandria als Teil einer Lawine von fünf Millionen in einem kurzen Zeitraum auf hierfür ungeeigneten Straßen zu versetzen), Panik unter den zu Evakuierenden und den Verkehrsbeamten und die mangelnde Berücksichtigung der Umwelt in den Plänen nach einem Angriff – um nur einige von den Myriaden an Problemen zu nennen, die die Notstandsplanung für den Nuklearkrieg als Wunschdenken und als Verschwendung von Steuergeldern kennzeichnen.[86] Marilyn J. Braun, eine Leiterin der Notstandsplanung in North Carolina, stellte unlängst fest:

»Alles, was wir in Wirklichkeit für die Verteidigung der Bürger von Greensboro und Guilford County gegen eine Nuklearrakete vorzuweisen hätten, wäre Papier ... Unsere Analyse hat gezeigt, daß der Krisenevakuationsplan überhaupt kein Plan ist.«[87]

Ihre Ansichten werden in den Vereinigten Staaten weithin geteilt. Bis zu diesem Zeitpunkt haben Beamte in mehr als 14 Staaten, darunter in Cambridge, Massachusetts, und Boulder, Colorado, diese Pläne für ihre Gemeinden abgelehnt.[88]

Die meistgehörte Erwiderung von seiten der Beamten der »Federal Emergency Management Agency« (FEMA), deren undankbare Aufgabe es ist, die Vorbereitung für die Evakuierungen von 400 Gebieten »hohen Risikos« im Fall einer Nuklearkrise zu treffen sowie die Wiedererholung nach dem Angriff, falls der Krieg ausbrechen sollte[89], lautet, daß ihre Pläne humanitär und wesentlich defensiv seien; daß ihr Ziel höchst moralisch und nicht provozierend sei: die Rettung amerikanischer Leben im Kriegsfall. Ohne Zweifel sind diese Motive moralisch und sehr bewundernswert. Jedoch laden sie zu verschiedenen kritischen Erwägungen ein. Wenn unsere Vorbereitungen zum Schutz amerikanischen Lebens defensiv und nicht bedrohlich sind, warum werden dann nicht die sowjetischen Vorbereitungen im gleichen Licht gesehen? Ist es nicht wahrscheinlich, daß die Sowjets die amerikanischen Zivilverteidigungspläne ebenso betrachten wie wir ihre: als ein bedrohliches Potential, das üble Absichten im Hinblick auf ein Kriegsführungsszenario verrät? Mit anderen Worten: der Unterschied zwischen Angriffs- und Verteidigungshaltung ist weder eindeutig noch wechselseitig erkennbar.[90] Ernsthafte Bemühungen der Sowjets oder der Amerikaner, ehrgeizige Zivilverteidigungsprogramme zu verfolgen, können zur Furcht und Unsicherheit über die Absichten des Gegners mehr beitragen als zu einem wirklichen Gewinn im Hinblick auf die Erholung nach dem Angriff; sie wirken daher destabilisierend auf die Arsenale beider Seiten und tragen vielleicht eher zu den Umständen bei, die sie zu verhindern suchen.

Trotz der so hoch eingeschätzten sowjetischen Pläne und Fähigkeiten zur Evakuierung und Wiedererholung gibt es Grund zu der Annahme, daß die Vereinigten Staaten sich in einer etwas besseren Lage als die Sowjetunion befänden, wenn es um den Wiederaufbau ihrer Gesellschaft nach dem Angriff ginge. Das überlegene amerikanische Verkehrssystem und seine ländliche Infrastruktur[91], die Redundanz in der amerikanischen Wirtschaft und der Konsens in den Vereinigten Staaten, daß dieses Land – so wie es ist – bestehen bleiben sollte – all dies sind Charakteristika, die in der Sowjetunion weitgehend fehlen, jedoch wichtig für die Aussichten dieses Staates auf Wiederaufbau sind.

Jedenfalls steht die obige Analyse unter dem Zeichen, daß Zivilverteidigung keinen wesentlichen Einfluß auf das strategische Gleichgewicht hat und ebensowenig auf die Einsicht der Führung einer Supermacht, daß ein solches Potential mehr als einen Pyrrhussieg in einem Nuklearkrieg mit sich bringen könnte. Auch kann die Zivilverteidigung den Opfern nie dagewesenen Schrecken und Leid nicht ersparen, ebensowenig wie sie die Fortdauer des Supermachtstatus für die Betroffenen gestatten wird. Angesichts dieser Erwägungen ist es die Aufgabe der Vereinigten Staaten, nach anderen Mitteln als dem der Zivilverteidigung zu suchen, um für das Land die Fortdauer seines Wohlergehens zu garantieren.

Anmerkungen

1 Zur Effektivität des sowjetischen Zivilverteidigungsprogramms siehe Leon Goure, *Another Interpretation,* in *Bulletin of the Atomic Scientists,* 34 (April 1978), S. 48–51; ders., *Shelter and Soviet War Survival Strategy* (Coral Gables: University of Miami, 1978); und die weiteren hier zitierten Untersuchungen. Leon Goures Analysen gehören zu den anregendsten Arbeiten über das sowjetische Zivilverteidigungsprogramm. Siehe auch T. K. Jones, *Effect of Evacuation and Sheltering on Potential Fatalities from a Nuclear Exchange* (Seattle: The Boeing Aerospace Co., 1977); und *Defense Industrial Base: Industrial Preparedness on Nuclear War Survival,* Aussage vor dem »Joint Committee on Defense Production«, Teil I, 17. November 1976; G. R. Denny, *The Implications of Soviet Civil Defense,* technischer Bericht, Defense Technical Information Center, Alexandria, VA, Mai 1979; William O. Staudenmaier, *Implications on Civil Defense for the US-USSR Strategic Nuclear Balance,* Strategic Issues Research Memorandum (Carlisle Barracks. PA: US Army War College, Strategic Studies Institute, 30. April 1978); und Harriet Fast Scott, *Civil Defense in the Soviet Union,* in: *Air Force Magazine,* 59 (August 1976), S. 73. Skeptisch über die Effektivität des sowjetischen Zivilverteidigungsprogramms sind folgende Untersuchungen: US Arms Control on Disarmament Agency, *An Analysis of Civil Defense on Nuclear War* (Washington: ACDA, Dezember 1978) [im folgenden zitiert als ACDA Studie]; Central Intelligence Agency, *Soviet Civil Defense* (NI-78-1000 3), Juli 1978 [im folgenden zitiert als CIA Studie]; Oak Ridge National Laboratory (Übers. v. *Grazhdanskaya Oborona* (Zivilverteidigung), 1974; Fred Kaplan, *The Soviet Civil Defense Myth,* in *Bulletin of the Atomic Scientists,* 34 (März 1978), S. 14–20 und (April 1978) S. 41–48; Robert

Kennedy, *The Strategic Balance in Transition*, in: David Jones (ed.), *Soviet Armed Forces Review Annual* (Gulf Breeze, Fla.: Academic International Press, 1980); Les Aspin, *Review of Soviet Civil Defense* (CIA Studie), in *Bulletin of the Atomic Scientists*, 35 (Februar 1979), S. 44–45; Ed Zuckerman, *Hiding from the Bomb Again*, in *Harper's*, 259 (August 1979), S. 33–40, 90; William Kincade, *Repeating History: The Civil Defense Debate Renewed*, in *International Security*, Winter 1978, S. 99–120; und National Academy of Sciences, *Long Term Worldwide Effects of Multiple Nuclear Weapons Detonations*, Washington, D. C.: 1975.

2 Siehe Richard Pipes, *The Soviet Strategy for Nuclear Victory*, in *Commentary*, 64 (Juli 1977), S. 21–34; Leon Goure, *War Survival in Soviet Strategy* (Coral Gables: Center for Advanced International Studies, University of Miami, 1976); T. K. Jones, *Industrial Survival and Recovery After a Nuclear Attack: A Report to the Joint Committee on Defense Production, US Congress* (Seattle: The Boeing Aerospace Co., November 1976), S. 84; Leon Goure, F. D. Kohler und M. L. Harvey (eds.), *The Role of Nuclear Forces in Current Soviet Strategy* (Coral Gables: University of Miami, 1974), S. 60.

3 CIA Studie, S. 4.

4 Siehe US Congress, Office of Technology Assessment, *The Effects of Nuclear War* (Washington: GPO, 1979), S. 140 (deutsche Übersetzung: *Atomkriegsfolgen*, Frankfurt/M. 1984).

5 John Collins, *US-Soviet Military Balance* (New York: McGraw-Hill, 1980) S. 174–175.

6 Die Glaubwürdigkeit der Verpflichtung Amerikas, bei der Verteidigung Europas die eigene Vernichtung in Kauf zu nehmen, stand lange Zeit im Mittelpunkt von Auseinandersetzungen. De Gaulle stellte sie vor zwanzig Jahren in Frage. Die Vorsicht der Europäer wurde auch nicht verringert durch die ständige Verschiebung des »Europa-Jahres« während der Nixon-Administration und die Feststellung des ehemaligen Außenministers Henry Kissinger, daß es aufgrund unterschiedlicher Szenarien Differenzen zwischen europäischen und amerikanischen Sicherheitsinteressen gibt. In *The Future of NATO*, in: *The Washington Quarterly*, 2 (Herbst 1979), S. 6f., schockierte Kissinger die Mitgliedsstaaten der NATO, als er schrieb: »Es ist absurd, die Strategie des Westens auf die Glaubwürdigkeit der Drohung mit dem gegenseitigen Selbstmord zu gründen. [Die NATO sollte nicht zu sehr] auf strategische Garantien [vertrauen], die [Amerika] nicht ernsthaft meinen kann, bzw. wenn wir sie meinen, sollten wir sie nicht einhalten wollen, denn wenn wir sie einhalten, riskieren wir die Vernichtung unserer Zivilisation.« In jüngster Zeit erkennen die Europäer eine gefährliche Bereitschaft von seiten der USA, einen Krieg in Europa zu führen. Siehe z. B. *Europe's Fear of Frying*, in: *The New York Times*, 25. Oktober 1981,

S. 18E und Walter Lacquer, *America's Fissuring Alliance*, in: *The New York Times*, 25. Oktober 1981, S. 19E.
7 Ebd., S. 175.
8 James Schlesinger, *Annual Defense Department Report, Fiscal Year 1975*, S. 54.
9 PD 41 wurde am 29. September 1978 verkündet mit dem Ziel, die Abschreckung zu verbessern – und zwar mittels der Erhöhung der Anzahl der Amerikaner, die einen Nuklearschlag überleben würden (durch Pläne für eine Umsiedlung in Krisenzeiten); und dem Ziel, eine größere Kontinuität der Regierungsarbeit zu gewährleisten für den Fall, daß die Abschreckung versagt. PD 58, im August 1980 verkündet, zielt auf die Kontinuität der Regierungsarbeit: sie skizziert Evakuierungspläne und Verfahrensweisen für die sechzehn führenden Regierungsbehörden in Zeiten verschärfter Spannungen.
10 Präsident Reagan hat die Bundesmittel für die Zivilverteidigung im Haushalt des Fiskaljahres 1983 verdoppelt. Siehe auch United States *Military Posture for FY 1983*, vorbereitet durch die »Organization for the Joint Chiefs of Staff«, Washington, D. C.: US GPO, S. 25, 77–78. Eine vollständige Darstellung der Regierungspläne und -ziele für die Zivilverteidigung findet sich in: *Civil Defense Program Overview*, 2. März 1982, Federal Emergency Management Agency, Washington, D. C.
11 Die Sowjets haben wiederholt dargelegt, daß der Schutz aller Sowjetbürger das primäre Ziel ihres Zivilverteidigungsprogramms ist, siehe *The Main Direction, Voyennye Znaniia* [Moskau], Oktober 1976.
12 CIA Studie.
13 Ebd.
14 Ebd.
15 Ebd., und ACDA Studie, Kaplan, *The Soviet Civil Defense Myth* (s. Anm. 1) und Oak Ridge (s. Anm. 1).
16 Oak Ridge Laboratory (s. Anm. 1), S. VII.
17 Jones, *Industrial Survival* (s. Anm. 2), S. 7, 10.
18 Goure, *War Survival in Soviet Strategy* (s. Anm. 2), S. 3, 125, 177.
19 Ebd., S. 3, 11, 77–119.
20 Kincade, *Repeating History* (s. Anm. 1), Kennedy, *The Strategic Balance* (s. Anm. 1), CIA und ACDA Studien.
21 Kaplan, *The Soviet Civil Defense Myth* (s. Anm. 1), Goure, *War Survival in Soviet Strategy* (s. Anm. 2), S. 114, 118.
22 Keith A. Dunn, *Soviet Military Weaknesses and Vulnerabilities: A Critique of the Short War Advocates* (Strategic Issues Research Memorandum), Carlisle Barracks: Strategic Studies Institute, 31. Juli 1978, S. 12.
23 Jones, *Industrial Survival* (s. Anm. 2); T. K. Jones ist gegenwärtig Verteidigungsstaatssekretär und verantwortlich für strategische und taktische Kernwaffen.

24 Siehe *Can Billions Buy Survival in an Atomic War?*, in: *US News and World Report*, 8. Oktober 1979, S. 51–52.
25 General A. Altunin, *The Main Direction*, in: *Voyennye Znaniia*, Moskau, Oktober 1976; Goure, *War Survival in Soviet Strategy* (s. Anm. 2), S. 129–160.
26 CIA Studie, S. 3, 19 und ACDA Studie.
27 CIA Studie, S. 10.
28 Ebd.
29 ACDA Studie, S. 11.
30 Ebd.
31 Oak Ridge (s. Anm. 1), S. 50–54.
32 US Joint Committee on Defense Production, *Civil Preparedness Review, Part II: IndustrialDefense and Nuclear Attack,* April 1977, S. 20, 68.
33 Kincade, *Repeating History* (s. Anm. 1).
34 Jones, *Industrial Survival* (s. Anm. 2), S. 7.
35 ACDA Studie, S. 5.
36 Siehe Kincade, *Repeating History* (s. Anm. 1), Kaplan, *The Soviet Civil Defense Myth* (s. Anm. 1) und Gary Guertner, *Strategic Vulnerabilities of a Multinational State: Deterring the Soviet Union*, in: *Political Science Quarterly*, 96, Sommer 1981, S. 209–223.
37 Siehe Geoffrey Kemp, *Nuclear Forces for Medium Powers,* Teil II, Adelphi Paper Nr. 107, London: International Institute for Strategic Studies, 1974, S. 5, 9.
38 Richard Garwin, *Testimony Before Joint Committee on Defense Production*, in: *Civil Preparedness and Limited Nuclear War*, 28. April 1976, S. 55.
39 ACDA Studie, S. 5.
40 Jones, *Industrial Survival* (s. Anm. 2).
41 Robert J. Lifton und Kai Erikson, *Nuclear War's Effect on the Mind*, in: *The New York Times,* 15. März 1982, S. A17. Liftons andere Publikationen, die die psychischen Auswirkungen eines Nuklearkrieges untersuchen, sind: *Death in Life: Survivors of Hiroshima* und *The Broken Connection: On Death and the Continuity of Life.*
42 Ebd.
43 Ebd.
44 Ebd.
45 Siehe ACDA Studie und National Academy of Sciences Studies (s. Anm. 1).
46 Earl Rubenking, *The Soviet Tractor Industry: Progress and Problems,* in: *Soviet Economy in a New Perspective* , US Congress Joint Economic Committee, 14. Oktober 1976, S. 55.
47 CIA Studie, S. 13.
48 ACDA Studie, S. 1 f.

49 CIA Studie, S. 12.
50 ACDA Studie. Zusätzlich würden Millionen von Menschen aufgrund von Hunger, Krankheit, Strahlungen und kriegsbedingten Verletzungen in den folgenden Jahren sterben.
51 *Challenges for U.S. National Security: Defense Spending and the Economy/The Strategic Balance and Strategic Arms Limitation*, The Carnegie Panel on US Security and the Future of Arms Control. Washington: The Carnegie Endowment for International Peace, 1981. Siehe S. 7–10 und Kapitel 1. Ein anderer Bericht des gleichen Kolloquiums mit dem Titel *Nuclear Strategy Issues of the 1980's* (1982) unterstützt diese Ansicht. Siehe S. 3–13 und Kapitel 1.
52 ACDA Studie, S. 1f. Siehe auch Verteidigungsminister Caspar Weinberger, *Annual Report to Congress, FY 1983*, S. 1–17.
53 CIA Studie, S. 4.
54 Congressional Budget Office, *Retaliatory Issues for the US Strategic Nuclear Forces*, Congress of the United States (Washington, D. C.: US Government Printing Office, Juni 1978).
55 Siehe Kennedy, *The Strategic Balance* (s. Anm. 1), Guertner, *Strategc Vulnerabilities* (s. Anm. 36) und Arthur M. Katz, *Life after Nuclear War: The Economic and Social Impacts of Nuclear Attacks on the United States*, Ballinger: Cambridge, MA, Kapitel 10, 1982.
56 Pipes, *The Soviet Strategy* (s. Anm. 2).
57 Kennedy, *The Strategic Balance* (s. Anm. 1), S. 367–368.
58 Siehe Kennedy, *The Strategic Balance* (s. Anm. 1), S. 356–357. Siehe auch Fritz Ermarth, *Contrasts in American and Soviet Strategic Thought*, in: International Security, Herbst 1978; Robert Levgold, *Strategic ›Doctrine‹ and SALT: Soviet and American Views*, in: Survival, Januar-Februar 1979, S. 8–13; und Raymond Garthoff, *Mutual Deterrence and Strategic Arms Limitations in Soviet Policy*, in: International Security, Sommer 1978, S. 113–125.
59 Siehe Paul Cook, *The Soviet Conglomerate*, Special Report Nr. 67, Washington: State Department Bureau of Public Affairs, 11. September 1979; Murray Feshbach, *Population and Manpower Trends in the USSR*, in: *The USSR and the Sources of Soviet Policy*, Washington: The Council on Foreign Relations and the Kennan Institute, 1978; und Hugh Seton-Watson, *The Last of the Empires*, in: *The Washington Quarterly*, Vol. 3, Nr. 2, Frühjahr 1980, S. 41–46.
60 Desmond Ball, *Soviet ICBM Deployment*, in: Survival, 22, Juli-August 1980, S. 167–170.
61 Guertner, *Strategic Vulnerabilities* (s. Anm. 36). Im Jahr 2000 wird der Anteil der Russen an der Gesamtbevölkerung der Sowjetunion unter 50% absinken, siehe Murray Feshbach, *Between the Lines of the 1979 Census*, in: Problems of Communism (Januar-Februar 1982), S. 27–37.

62 Adam Ulam, *Expansion and Coexistence: Soviet Foreign Policy 1917–1973* (ed. 2), New York: Praeger, 1974, S. 663–664.
63 Siehe Keegan, Bender, Rummel, Pipes, *The Soviet Strategy* (s. Anm. 2), Jones, und Denny, *The Implications* (s. Anm. 1).
64 Siehe Colin Gray, *Force Postures, Arms Races, and the Future of SALT*, Address Before the University of Southern California/US Army Russian Institute Symposium, Garmisch-Partenkirchen, Dezember 1978.
65 Pipes, *The Soviet Strategy* (s. Anm. 2), S. 30–31.
66 Siehe *Prawda*, 13. März 1954.
67 Siehe Henry Trofimenko, *The ›Theology‹ of Strategy*, in: *Orbis*, Herbst 1977, S. 498–500, 510; siehe auch Kennedy, *The Strategic Balance* (s. Anm. 1), S. 356; Levgold, *Strategic ›Doctrine‹* (s. Anm. 58), S. 8–13; Collins, *US-Soviet Military Balance* (s. Anm. 5), S. 116; William Lee, *Soviet Military Policy, Objectives and Capabilities*, in: *Air Force Magazine*, März 1979, S. 56, 59; und Ermarth, *Contrasts* (s. Anm. 58).
68 Collins, *US-Soviet Military Balance* (s. Anm. 5), S. 116; und Ben Lambeth, *How to Think About Soviet Military Doctrine*, Santa Monica: The RAND Corporation, Februar 1978, S. 4, 6–8.
69 Siehe Kennedy, *The Strategic Balance* (s. Anm. 1), S. 356–357; Lambeth, *How to Think* (s. Anm. 68); Lee, *Soviet Military Policy* (s. Anm. 67); Collins, *US-Soviet Military Balance* (s. Anm. 5), S. 118; Trofimenko, *The ›Theology‹ of Strategy* (s. Anm. 67).
70 Dennis Ross, *Rethinking Soviet Strategic Policy: Imputs and Implications*, in: *The Journal of Strategic Studies*, Mai 1978, S. 9; siehe auch Collins, *US-Soviet Military Balance* (s. Anm. 5), S. 115–120. Daniel Papp, *Soviet Perceptions of the Strategic Balance*, in: *Air University Review*, Vol. 32, Nr. 2, Januar–Februar 1981, S. 2–17 für eine Bewertung der sowjetischen Haltung zur Abschreckung, der andere Schlußfolgerungen als Ross, Kennedy und Garthoff zieht.
71 Ross, *Rethinking* (s. Anm. 70), S. 6.
72 Kennedy, *The Strategic Balance* (s. Anm. 1), S. 357.
73 Siehe Guertner, *Strategic Vulnerabilities* (s. Anm. 36); Kincade, *Repeating History* (s. Anm. 1); ACDA Studie, S. 5; Garwin, *Testimony* (s. Anm. 38), S. 55; und Kemp, *Nuclear Forces* (s. Anm. 37), Teil II, S. 5–9.
74 Zitiert nach Horelich und Rush, S. 92.
75 Zitiert nach Goure, *War Survival* (s. Anm. 2), S. 33.
76 Zitiert nach Goure, *War Survival* (s. Anm. 2), S. 32.
77 Zitiert in William Chipman, *Civil Defense for the 1980's Current Issues*, Washington: Defense Civil Preparedness Agency, 13. Juli 1979, S. 61–62.
78 Kennedy, *The Strategic Balance* (s. Anm. 1), S. 357.
79 V. D. Sokolovskiy, *Soviet Military Strategy* (3. Aufl., Harriet Fast Scott, ed.), New York: Crane, Russak, 1975, S. 329.
80 Zu der Diskussion der unterschiedlichen Ebenen der Drohungen, mit

denen die USA und die UdSSR konfrontiert sind, siehe Robert Kennedy, *SALT: The Problems of Arms Control,* unveröffentlichtes Manuskript, Carlisle Barracks: Strategic Studies Institute, 1981, S. 4–6; siehe *Prawda,* 19. Januar und 23. Februar 1977 und 26. April 1978 für eine Diskussion des sowjetischen Wunsches nach »gleicher Sicherheit«.

81 Es ist fragwürdig, Nuklearangriffe Englands, Frankreichs und Chinas auf die Sowjetunion als »begrenzt« zu bezeichnen, da deren Potentiale, zusammengenommen, ausreichen, um jede sowjetische Stadt mit mehr als 100 000 Einwohnern zu zerstören. Siehe Kennedy, *The Strategic Balance* (s. Anm. 1), S. 6.

82 Lee, *Soviet Military Policy* (s. Anm. 67).

83 Katz, Kapitel 5.

84 Siehe Yoshpe, 1981; Zuckerman, *Hiding* (s. Anm. 1); CIA Studie; NAS (s. Anm. 1); und Ken Englade, *Surviving the Bomb,* in: *Atlanta Weekly Magazine,* 16. August 1981.

85 Eric Chivian, *A Brief Analysis of CD Plans for Nuclear War.* Vortrag auf dem Symposium über die medizinischen Konsequenzen nuklearer Waffen und des Nuklearkrieges, in: University of Toronto, 5. Dezember 1981. Siehe auch Mary Battiata, *In Case of Nuclear War,* in: *Washington Post,* 24. April 1982, S. B1.

86 Battiata, *In Case of Nuclear War* (s. Anm. 85).

87 *A Civil Defense Official and Doctors' Assail Survival Plans as Unworkable,* in: *Washington Post,* 23. April 1982, S. A26.

88 Battiata, *In Case of Nuclear War* (s. Anm. 85). Neben Fragen der strategischen Effizienz und der technologischen Machbarkeit muß das Problem aufgeworfen werden, daß eine schutzraumzentrierte Gesellschaft etwas völlig Neues innerhalb der Geschichte der USA und für die Psyche des amerikanischen Volkes darstellt. Arthur Washow (*The Shelter Centered Society,* in: *Scientific American,* Vol. 206, Nr. 6, Mai 1962, S. 46–51) benennt in einem weitsichtigen Artikel, der auch zwei Jahrzehnte nach seiner Publikation noch wertvolle Einsichten vermittelt, zahlreiche Hindernisse, die ein extensives Zivilverteidigungsprogramm für eine demokratische Gesellschaft unattraktiv machen würden. Die Argumentation von Washow ist etwa folgende:
1. Ein erfolgreiches Zivilverteidigungsprogramm würde eine gigantische Bürokratie und eine große Anzahl ausgebildeter Angestellter verlangen. Diese Angestellten würden einen unbedingten Gehorsam verlangen. Solche Orwellschen Implikationen sind bisher ohne Vorgänger und für die amerikanische Gesellschaft wahrscheinlich unakzeptabel.
2. Ein großer Teil der Zivilbevölkerung müßte in einem hohen Zustand der Kriegsbereitschaft gehalten werden. Dies könnte nur erreicht werden durch eine fortgesetzte Betonung der sowjetischen Bedrohung. Eine solche Bedrohung könnte Spannungen zwischen den Supermächten weiter verschärfen und gleichzeitig die Handlungsmöglichkeiten

des Präsidenten in den Verhandlungen zwischen den Supermächten unflexibel machen.

3. Ein Zivilverteidigungsprogramm könnte gesellschaftliche Spaltungen hervorbringen insofern, als dieses Programm die Bevölkerung, angesichts einer Katastrophe bisher ungekannten Ausmaßes, in unterschiedlicher Weise schützt. Ethnische Gruppen würden miteinander um die städtischen Schutzräume konkurrieren, und die aus den Städten Evakuierten würden als Nutznießer der Vorräte der Farmer gelten usw.

4. Ein Zivilverteidigungsprogramm innerhalb der USA könnte unseren Beziehungen zu unseren Alliierten Schaden zufügen. Diese könnten ein solches Programm als eine Wendung nach innen interpretieren, die die Nicht-Amerikaner dazu verurteilt, im nuklearen Holocaust zu sterben. Es könnte unseren Alliierten auch zusätzliche Evidenz dafür liefern, daß wir einen Krieg für überlebbar und damit für wahrscheinlich halten. Eine solche Entwicklung könnte einen sich selbst verstärkenden Aktions-Reaktionsprozeß in Gang setzen, der zu einer weltweiten Isolierung der USA führen könnte.

5. Die Annahme eines amerikanischen Zivilverteidigungsprogrammes könnte zur Folge haben, daß Verhandlungen mit den Sowjets kaum Erfolg zeitigen können und deshalb keine Anstrengungen in dieser Hinsicht erforderlich sind.

6. Selbst ein bescheidenes amerikanisches Zivilverteidigungsprogramm könnte nicht bescheiden bleiben. Es würde sich notwendigerweise zu einem umfangreichen Programm ausweiten und somit die oben erwähnten sozialen und politischen Probleme vergrößern und zugleich große Geldmengen erfordern. Es ist zweifelhaft, ob die Amerikaner wirklich bereit sind, ein solches expansives Programm über einen langen Zeitraum hinweg zu unterstützen.

89 Zusätzlich zu den Änderungen bei der Planung für die Evakuierung in Krisenzeiten und Maßnahmen nach einem Nuklearkrieg ist FEMA auch verantwortlich für die Planung und Koordinierung von Hilfsleistungen bei Naturkatastrophen. Diese Funktion kompliziert die Debatte über die *raison d'être* der FEMA. Sicherlich müssen die Planungen bei Naturkatastrophen auf nationaler Ebene koordiniert werden. Darüber hinaus sind die Planung, das Informationsnetz, Expertise und Hilfeleistungen, die für ein Erdbeben oder einen Hurrikan zur Verfügung stehen, auch nach einem nuklearen Krieg notwendig. Dennoch sind, gemessen an dem enormen Ausmaß der nuklearen Katastrophe, die Hilfe und Unterstützung, die die FEMA liefern könnte, minimal.

90 Die Amerikaner haben – zumindest teilweise aufgrund der überwältigenden Bedeutung der Technologie in der Entwicklung Amerikas und der geographischen Insellage, die es erlaubte, die Entwicklung als ein ökonomisches Problem unabhängig von den Unwägbarkeiten der in-

ternationalen Politik voranzutreiben – die Tendenz, Probleme innerhalb eines systemanalytischen Rahmens zu sehen. Probleme gelten als zerlegbar, und die Problemlösung geschieht dadurch, daß ein Problem in seine Einzelprobleme zerlegt wird, jedes einzelne Problem für sich gelöst und dann das gesamte Problem rekonstruiert wird. Solch eine Auffassung geht davon aus, daß komplexe Probleme zerlegt werden können und die Summe der Teile identisch ist mit dem Ganzen. Innerhalb eines solchen Kontextes ist bei einigen die Tendenz erkennbar, Angriff und Verteidigung als verschiedene und unterscheidbare Teile des komplexen Problems von Verteidigung und nationaler Sicherheit zu sehen. Für eine umfassendere Darstellung dieser Kritik der amerikanischen Haltung gegenüber der Problemlösung siehe Robert Bugoslaw, *The New Utopians,* New York: Prentice-Hall, 1965; Hans Morgenthau, *Scientific Man vs. Power Politics,* Chicago: University of Chicago Press, 1946; und John Spanier, *Games Nations Play,* New York: Praeger Publishers, 1976, Kapitel 12.

91 ACDA Studie, S. 13.

Fritz Sager
Aspekte des Schutzes der Zivilbevölkerung

Beim Aufbau meines Themas sind mir zwei Schwierigkeiten begegnet, die ich einleitend erwähnen möchte.

Die eine Schwierigkeit besteht darin, daß bis heute nur wenige tatsächlich ausgeführte Systeme für den Schutz der Zivilbevölkerung existieren. Ich verstehe darunter Systeme, welche konsequent zum Schutz gegen kriegerische Einwirkungen und insbesondere gegen die Wirkungen nuklearer Waffen ausgelegt sind. Es sind mir nur das schwedische Modell und in einem gewissen Sinn norwegische und finnische Lösungen sowie natürlich unser eigenes, das schweizerische System bekannt. Alle Modelle gleichen sich in einzelnen Aspekten, sie sind jedoch in der Hauptsache sehr verschieden. Ich meine damit den Schutzraumbau, welcher bei allen diesen Lösungen oder Lösungsansätzen sehr unterschiedlich eingestuft ist. Ich werde deshalb meine Ausführungen weitgehend auf das schweizerische Modell stützen. Dieses Modell ist, soweit ich dies beurteilen kann, das einzige, welches seit langer Zeit bewußt und konsequent auf den Schutz der gesamten Bevölkerung, auch gegen nukleare Waffenwirkungen, ausgerichtet ist.

Die zweite Schwierigkeit besteht darin, daß es nicht möglich ist, die Aspekte der nuklearen Gefechtsfeldwaffen und insbesondere der Neutronenwaffen isoliert zu betrachten. Jedes Modell zum Schutz der Zivilbevölkerung sollte, zumindest in Europa, ein ganzes Spektrum von möglichen Waffenwirkungen, eingeschlossen diejenigen moderner konventioneller und chemischer Waffen, ausgewogen berücksichtigen. Es ist sonst rasch veraltet und wenig glaubwürdig. Aus diesen Gründen habe ich meine Ausführungen wie folgt gegliedert:

– Zunächst werde ich ein aus unserer schweizerischen Lösung abstrahiertes Modell zum Schutze der Zivilbevölkerung mit seiner Hardware und Software vorstellen. Die Abstraktion hat den Vorteil, daß ich Sie nicht mit der über 30jährigen, teilweise sehr komplexen historischen und politischen Entwicklung belasten muß. Dabei entsteht zwar der Eindruck, es handle sich bei unserem Modell um ein geradliniges logisches Wachstum, was in Tat und Wahrheit nicht der Fall ist. Für unsere heutigen Betrachtungen ist jedoch nur das Resultat von Interesse, und ich beschränke mich deshalb auf diese Art der Darstellung.

– Im Anschluß an die Vorstellung des Modells möchte ich dessen Leistungsfähigkeit im Lichte meßbarer Kriterien kurz diskutieren. Dabei soll auch der »Response« dieses Systems im Hinblick auf den Einsatz nuklearer Gefechtsfeldwaffen, insbesondere von Neutronenwaffen, in die Betrachtungen einbezogen werden.

– Zum Abschluß gebe ich Ihnen einige generelle Angaben über die Kosten eines solchen Systems sowie einige Gedanken über dessen Einordnung in die gegenwärtige psychologische und politische Landschaft.

Lassen Sie mich zunächst die Hardware und die Software unseres Schutzsystems vorstellen. Ich gehe dabei von der Voraussetzung aus, daß in unserem dicht bevölkerten Teil Europas eine großräumige Evakuation der Zivilbevölkerung nicht in Betracht gezogen wird. Statt dessen soll der gesamten Bevölkerung, an deren Wohnort oder in der unmittelbaren Nähe desselben, ein glaubwürdiger baulicher Schutz geboten werden. Dieser Schutz soll – auch das wird vorausgesetzt – unter der zentralen Leitung und finanziellen Beteiligung des Staates (in unserem Lande des Bundes, der Kantone und der Gemeinden) nach einheitlichen technischen und organisatorischen Kriterien aufgebaut werden. Insbesonders sollen diese Kriterien einen möglichst ausgewogenen Schutz gegen die maßgebenden Wirkungen von Nuklearwaffen sowie auch gegen moderne konventionelle und chemische Waffen gewährleisten.

Unter diesen Voraussetzungen gestaltet sich die Hardware unseres Systems wie folgt:

Das Hauptelement bildet der Hausschutzraum, welcher ca. 80% des Schutzraumbedarfs der gesamten Bevölkerung abzudecken hat. Im Verlaufe unserer jahrzehntelangen Erfahrung hat sich diese Art des Schutzraumbaues als der einzig gangbare Weg zur Lösung des Schutzproblems der Bevölkerung auf breiter Basis erwiesen. Jede andere Lösung entpuppt sich u. E. früher oder später als Utopie, wie beispielsweise der Gedanke, separate öffentliche Schutzräume für alle zu schaffen. Öffentliche Schutzräume sind zwar auch in diesem Modell wichtig, aber nur als Ergänzung der Hausschutzräume, und mit einem Anteil von etwa 20% der Schutzplätze.

Unser Hausschutzraum ist ein Schutzraum, welcher im Untergeschoß, d. h. vorwiegend unter der Erdgleiche eines modernen

Gebäudes, angeordnet ist. Er wird von Anfang an zusammen mit dem Neubau ingenieurmäßig konzipiert. In der Regel wird für jedes Zimmer des Gebäudes ein Schutzplatz mit 1,0 m² Grundrißfläche und 2,5 m³ Raumvolumen in Rechnung gestellt. Es sind Schutzraumeinheiten mit einigen wenigen Schutzplätzen bis zu max. 200 Schutzplätzen möglich. Der Schutzraum besteht aus einer allseits geschlossenen Stahlbetonhülle aus Ortsbeton, mit einer einfachen prismatischen Grundrißform, vorzugsweise in einer Ecklage des Gebäudegrundrisses. Der Eingang zum Schutzraum wird mit einer normierten Beton-Panzertüre drucksicher abgeschlossen. Schutzräume mit mehr als 50 Schutzplätzen erhalten zudem eine Druckschleuse, welche mit zwei der erwähnten Panzertüren abgeschlossen wird.

Jeder Schutzraum verfügt über mindestens einen Notausgang in Form eines Notausstieges an der Hausfassade oder, was bedeutend besser ist, in Form einer unterirdisch angeordneten Fluchtröhre, die bis außerhalb der theoretischen Trümmerzone führt. Der Notausgang erfüllt neben der Selbstbefreiungsmöglichkeit die wichtige Aufgabe der Luftfassung.

Im Schutzraum befindet sich ein normiertes Ventilationsaggregat mit elektrischem und Handbetrieb zum Ansaugen von Außenluft und zum Ausstoßen der verbrauchten Luft. Im Ansaugweg der Luft ist ein Kunststoff-Faserfilter als Staubfilter ständig eingeschaltet. Ein separater Gasfilter kann jederzeit kurzfristig ins System integriert werden. Sowohl die Luftfassung als auch der Luftauslaß sind gegen die Wirkungen der Druckwelle mit speziellen Ventilen gesichert. Pro 30 Schutzplätze muß im Schutzraum eine Abortkabine mit einem vollständig ausgerüsteten Trockenkloset installiert werden.

Dieser knappen Beschreibung des Hauptelementes des Schutzsystems möchte ich noch eine wichtige Bemerkung hinzufügen:

Für alle finanziellen Aspekte darf angenommen werden, daß das Untergeschoß des Neubaus, d. h. der Keller, ohnehin erstellt worden wäre. In der Schweiz ist dies praktisch überall der Fall und wird im Gesetz auch so vorausgesetzt. Ein Hausbesitzer hätte bei uns das Gegenteil, d. h. daß er keinen Keller erstellen würde, glaubwürdig zu beweisen, was nicht einfach ist. Als Schutzraumkosten gelten deshalb die Kosten, welche aus der Differenz der Kosten eines Kellers mit Schutzraum und jenen eines normalen Kellers entstehen.

Das zweite Hauptelement des Schutzsystems bildet der sogenannte öffentliche Schutzraum. Dieser dient zur Deckung des Schutzplatzmankos in Gebieten, in welchen keine Hausschutzräume erstellt werden können. Dies ist beispielsweise in Altstadtgebieten der Fall, in welchen wegen der hohen Trümmer- und Brandgefahr keine Hausschutzräume erstellt werden dürfen.

Solche öffentlichen Schutzräume werden in unserem Schutzsystem meistens zusammen mit unterirdischen Parkings, als sogenannte Sammelschutzräume, realisiert. Auch hier erfolgt die ingenieurmäßige Planung des Schutzraumes von Anfang an zusammen mit jener des Parkings. Die Größe des Schutzraumes ist im allgemeinen durch die Größe des Parkings gegeben, wobei, wie bei den Hausschutzräumen, der Schutzplatz mit 1,0 m² und 2,5 m³ Volumen zugrunde gelegt wird. Es sind Schutzräume mit einem Fassungsvermögen von wenigen hundert bis maximal etwa 2000 Schutzplätzen denkbar. Dies entspricht einer Parkinggröße von ca. 10–100 Wagen.

Die relativ große Wageneinfahrt eines solchen Schutzraumes wird mit einer normierten Panzerschiebewand im Bezugsfalle definitiv abgeschlossen. Der Eingang erfolgt dann über separate Zugänge mit Vorraum und Schleuse und normierten Panzertüren, ähnlich wie bei den Hausschutzräumen. Die Notausgänge sind analog gestaltet.

Die Belüftung wird bei den meisten Anlagen mit denselben normierten Ventilationsgeräten und Filtern, wie sie bei den Hausschutzräumen verwendet werden, sichergestellt.

Im Schutzraum werden Abort- und Waschzonen sowie ein Raum für die Schutzraumleitung in Leichtkonstruktion vorbereitet. Diese Zonen werden nur im Bezugsfalle beansprucht. Normalerweise dienen sie als Parkplätze. Große Schutzräume enthalten zudem eine einfache Küche, zur Zubereitung warmer flüssiger und halbflüssiger Nahrung. Die gesamte Einrichtung solcher Schutzräume steht unter dem Motto: »Möglichst wenig Parkraum beanspruchen«. Denn auch hier gilt der Hinweis: Es wird für die finanziellen Belange zugrunde gelegt, daß der Parking auch ohne Schutzraum erstellt würde. Der Bevölkerungsschutz kann keine Verkehrsprobleme lösen, aber einzelne Verkehrsanlagen sind durchaus in der Lage, aufgrund einer sinnvollen ingenieurmäßigen Planung Schutzprobleme zu lösen. Darum gilt auch hier die Formel: Schutzraumkosten = Differenz zwischen den Kosten des Parkings mit Schutzraum und denjenigen ohne Schutzraum.

Das dritte Hauptelement unseres Schutzsystems bildet der örtliche Kommandoposten. Dieses Element basiert auf der wichtigen Voraussetzung, daß die Führung und die Leitung der Bevölkerung im Kriege in erster Linie der Gemeinde anvertraut ist. Die normalerweise übergeordneten Stufen wie Kantone (Länder) und Bund greifen – sofern sie dies dann überhaupt noch können – nur in Form von Information, Beratung und überörtlicher Hilfe ein.

Der örtliche Kommandoposten ist, im Gegensatz zu den bereits beschriebenen Elementen, eine ausschließlich für die Zwecke des Zivilschutzes erstellte Schutzanlage, d. h., sie hat keine Mehrzweckverwendung Frieden/Krieg. Eine solche Anlage ist bei uns nach einheitlichen, vorwiegend schutztechnischen Kriterien gestaltet. Jede Gemeinde erhält, je nach Einwohnerzahl, mindestens einen solchen KP. Diese Schutzbauwerke sind technisch so ausgelegt, daß sie einen autonomen Aufenthalt während mindestens 14 Tagen gewährleisten (Dieselöl, Luft, Wasser, Essen).

Die drei beschriebenen, vorwiegend baulichen Hauptelemente müssen durch ein geschütztes Informationsmittel miteinander verbunden sein. Zu diesem Zwecke eignet sich gemäß unseren Studien und Versuchen in erster Linie ein frequenzmoduliertes Rundfunksystem zur Sicherstellung der Information von den Kommandoposten in die einzelnen Schutzräume. Der Frequenzbereich liegt bei etwa 400 MHZ, und die mittlere Sendeleistung beträgt ca. 1,5 kW. Eine einseitige Verbindung, wie sie dieses System darstellt, genügt vollauf, denn die Informationen vom Kommandoposten sind in der Regel lebenswichtig für alle, während allfällige Mitteilungen aus den Schutzräumen Einzelschicksale betreffen und in zahlreichen Fällen ohnehin zu spät kommen.

Den dargestellten Hauptelementen des Schutzsystems können noch weitere beigefügt werden. Diese tragen jedoch nicht entscheidend zur Leistungsfähigkeit des Gesamtsystems bei, d. h., sie haben einen relativ schlechten Nutzen/Kostenfaktor. Mit ihrer Erstellung sollte deshalb gewartet werden, bis die Hauptelemente weitgehend realisiert sind. Ich möchte diese Nebenelemente hier nur kurz nennen, ohne auf ihre Details weiter einzugehen.

In der Reihenfolge abnehmender Prioritäten gehört dazu in erster Linie der geschützte Sanitätsposten. Dieser hat die Rolle der geschützten Arztpraxis des örtlichen Allgemeinpraktikers zu übernehmen. Er umfaßt in der Regel 30 Liegestellen und wird pro ungefähr 5000 Einwohner erstellt. Eine weitere sanitätsdienstliche Einheit bildet die geschützte Sanitätshilfestelle, enthaltend eine einfache Operationsmöglichkeit und 130 geschützte Liegestellen. Sie dient als regionaler sanitätsdienstlicher Stützpunkt für je ca. 15 000 Einwohner. Schließlich erwähne ich noch die geschützte Operationsstelle mit zwei Operationsräumen und ca. 250 Liegestellen. Solche Anlagen werden immer im Zusammenhang mit bestehenden Spitälern, für ca. 40 000 Einwohner, erstellt.

Alle diese Anlagen sind, wie bereits beim Aufbau der Kommandoposten erwähnt, in ihrer technischen Gestaltung und Struktur streng standardisiert.

Lassen Sie mich, nach diesem Streifzug durch die Hardware, kurz auf die nicht minder wichtige Software eingehen. Deren bedeutendstes Element bildet zweifellos die einheitliche Gesamtplanung zur Durchführung aller oben beschriebenen Maßnahmen. Dabei spielt die sogenannte Gefahrenplanung eine entscheidende Rolle. Es handelt sich um die Ausscheidung aller stark brand- und trümmergefährdeten Gebiete einer Gemeinde, also um jene Gebiete, in welchen keine Hausschutzräume erstellt werden dürfen. Dadurch erzielt man eine entscheidende Verminderung des Verlustrisikos infolge Brand und Vertrümmerung. Gleichzeitig werden im Rahmen dieser Planung die Zugangsachsen für allfällige Hilfsmaßnahmen festgelegt.

Parallel mit der Gefahrenplanung läuft die Planung des schutzmäßigen Ausbaus der Gemeinde. Zonen mit genügend Hausschutzräumen für die ständigen Einwohner werden ausgeschieden, ebenso jene, in welchen noch ein Schutzplatzmanko besteht. Dies ergibt die Grundlage für die Standortwahl und die Größe der öffentlichen Schutzräume sowie für die Wahl der optimalen Lage der Kommandoposten und der sanitätsdienstlichen Stützpunkte.

Ein weiteres wichtiges Element der Software bildet die Ausbildung der Kader für die Führungsstruktur der Gemeinde und für die Leitung und Betreuung der Menschen in den Schutzräumen. Jede Gemeinde muß bereits in Friedenszeiten über eine gut eingespielte und mit ihrer Hardware völlig vertraute Führungsequipe verfügen. Jeder Schutzraum muß von einem gut ausgebildeten und mit der Örtlichkeit vertrauten Schutzraumchef geführt werden. Ein äußerst wichtiges Element der Führung bildet das sogenannte Schutzraumhandbuch. Dieses Handbuch soll in jedem Schutzraum vorhanden sein und in leicht verständlicher und systematischer Form über alle voraussichtlich auftretenden Probleme Auskunft erteilen.

Es wären noch zahlreiche weitere Elemente der Software zu nennen, beispielsweise die Ausbildung des Rettungs- und Sanitätspersonals. Ich möchte aber darauf verzichten und anschließend einige Gedanken zur Leistungsfähigkeit, d. h. zum Nutzen und schließlich zu den Kosten eines solchen Systems, darlegen.

Damit ein solches System bezüglich seiner Leistungsfähigkeit objektiv beurteilt werden kann, muß das Zusammenwirken seiner einzelnen Komponenten analysiert werden. Dabei leistet der Begriff des »Wirkungsgrades einer Maßnahme« sehr gute Dienste. Man versteht darunter das Verhältnis der Anzahl der infolge einer Maßnahme geretteten Personen zur Anzahl jener Menschen, welche ohne diese Maßnahme gefallen wären. Dieser Wirkungsgrad kann nun auf z. T. in Serie und z. T. parallel geschaltete Maßnahmen angewendet werden. Man erhält so schließlich den Wirkungsgrad des gesamten Systems.

Wenn man diese Betrachtungsweise für verschiedene Bedrohungsarten und Waffenwirkungen auf unser Schutzsystem anwendet, so ergeben sich eindeutige Aussagen, die ich kurz kommentieren möchte.

Für Szenarios, welche durch den Einsatz moderner konventioneller Waffen wie Artilleriebeschuß, Raketenwerfer, Panzer- und Panzerabwehrwaffen und Jagdbomber in relativ stark überbautem Gebiet gekennzeichnet sind, ergibt sich auch bei extrem hohen Schußdichten ein sehr hoher Wirkungsgrad des Systems. Ein beinahe ebenso hoher Wirkungsgrad kann bei solchen Einsätzen aber auch mit einem einfacheren System, beispielsweise durch den behelfsmäßigen Ausbau von Kellern in modernen Gebäuden, erreicht werden. Dabei könnte sogar auf die künstliche Belüftung verzichtet werden. Diese letztere Vereinfachung ist jedoch dann nicht möglich, wenn auch der taktische Einsatz von modernen chemischen Kampfstoffen im sogenannten Abwindgebiet betrachtet wird. Bei solchen Einsätzen behält das von uns gewählte Schutzsystem, unter der Voraussetzung, daß die Warnung rechtzeitig erfolgt, seinen außerordentlich hohen Wirkungsgrad bei. Derjenige des skizzierten Behelfssystems fällt dagegen drastisch ab.

Einen wirklich maßgebenden Einfluß auf unsere Entscheide bei der Auswahl und Gestaltung des Schutzsystems hatten jedoch die Szenarien mit Einsatz von nuklearen Waffen im mittleren bis großen Kaliberbereich, d. h. von ungefähr 50 kt bis 1 Mt. Dabei handelt es sich um Waffen mit normaler Energieverteilung, d. h. ohne spezielle Verstärkung des Anteils der Initialstrahlung, aber unter Beachtung der Tatsache, daß diese Strahlung bei kleineren Kalibern stärker berücksichtigt werden muß als bei großen. Die für uns maßgebenden Einsatzarten dieser Waffen waren die folgenden:

– Einsatzhöhe und Kaliber so gewählt, daß die mechanischen Waffenwirkungen, d. h. die Druckwelle und deren Folgeerscheinungen, auf die Überbauung eines möglichst großen Gebietes zerstörend wirken.

– Beabsichtigter oder unbeabsichtigter nuklearer Einsatz mit Bodenkontakt, wobei früher Fallout entsteht.

In beiden Fällen liegt das entscheidende Charakteristikum in der enormen Größe der betroffenen Fläche.

Im Falle des Einsatzes zur Erzielung maximaler mechanischer Zerstörung zeigt es sich, daß der Wirkungsgrad des Systems mit druckresistenten Schutzräumen erheblich verbessert werden kann. Unsere Studien haben ergeben, daß das optimale Maß dieses Druckschutzes etwa bei 1 bar liegt und daß damit Wirkungsgrade von 70% und mehr erzielt werden können.

Dabei muß selbstverständlich sorgfältig darauf geachtet werden, daß die innerhalb des druckgeschützten Flächenbereiches auftretende nukleare Initialstrahlung ebenfalls auf ein vertretbares Maß reduziert wird. Bei unterirdisch angeordneten Schutzräumen ist dies relativ einfach, da hier primär die Schutzraumdecke maßgebend wird. Die Betonstärke dieser Decke erreicht bereits infolge des Druckschutzes ein beträchtliches Ausmaß. Sie bedarf zum Zwecke der Strahlungsabschirmung der Primärstrahlung nur noch einer geringfügigen Verstärkung. Wir haben der Bemessung gegen Primärstrahlung bereits vor geraumer Zeit eine relativ kleinkalibrige Waffe zugrunde gelegt. Unsere Dimensionierungsannahmen für 1-bar-Schutzräume basieren heute auf einer angenommenen maximalen Freifelddosis von 10 000 rem (sogenannte Midline-Tissue-Dosis). Bei einem 1-bar-Hausschutzraum muß diese Dosis auf einen Wert von 100 rem abgemindert werden, d. h., es muß ein Schutzfaktor gegen Primärstrahlung von mindestens 100 erreicht werden.

Betrachten wir jetzt den Fall eines Einsatzes mit frühem Fallout. Hier spielt die Strahlenabschirmung eine eher untergeordnete Rolle, da 1-bar-Schutzräume, welche gegen die Primärstrahlung bemessen sind, automatisch einen hohen Schutz gegen die bedeutend schwächere Strahlung des Fallout aufweisen. Dieses Szenario ergibt hingegen einen weiteren maßgebenden Faktor für die Gestaltung der Schutzräume, nämlich die Notwendigkeit eines relativ langen Aufenthaltes. Daraus folgen in erster Linie Anforderungen an die Qualität der Atemluft und des Klimas, d. h. an die Temperatur und die Feuchtigkeit der Luft in den Schutzräumen. Für teilweise oder ganz unterirdisch angeordnete Hausschutzräume bedingen diese Anforderungen in unseren mitteleuropäischen Breiten eine künstliche Belüftung, damit ein Aufenthalt von bis zu zwei Wochen möglich wird. Es sind mittlere Frischluftraten von ca. 6 m^3/h pro Schutzplatz erforderlich, die jedoch nicht kontinuierlich aufrechterhalten werden müssen.

Zusammenfassend ist festzustellen, daß bei einem vorwiegend aufgrund dieser Bedrohungsarten dimensionierten Schutzraumsystem ein relativ hoher Gesamtwirkungsgrad von ca. 70–90% erreicht werden kann. Dabei wird angenommen, daß der rechtzeitige vorsorgliche Bezug der Schutzräume sowie deren Versorgung mit Wasser und Nahrung gewährleistet sind. Ein solcher Wirkungsgrad bedeutet im Klartext, daß mit dieser Maßnahme gegen 80% derjenigen Personen gerettet werden können, welche ohne ein solches Schutzsystem ausgefallen wären.

Als wichtiges Nebenresultat kann noch gezeigt werden, daß speziell bei diesen beiden maßgebenden Bedrohungsarten die parallel geschalteten Maßnahmen des »Rettens und Heilens« praktisch wenig zum Tragen kommen. Ihre Rentabilität, d. h. das Verhältnis von geretteten Personen pro Million investierte Franken, ist im Vergleich zu derjenigen der Schutzräume schlecht.

Ich möchte nun noch einmal kurz auf die modernen konventionellen Waffen und die chemischen Kampfstoffe zurückkommen. Es leuchtet ohne weiteres ein, daß das beschriebene Schutzsystem beim Einsatz konventioneller Waffen einen sehr hohen Wirkungsgrad hat. Dies gilt vor allem deshalb, weil bei diesen Szenarien der Teilwirkungsgrad der Organisation, d. h. der Alarmierung und des Bezuges der Schutzräume, meistens nicht kritisch ist. Solche Kriegsbilder kündigen sich in allen Fällen praktisch von selbst an, sei es durch den Lärm der Waffen oder durch die Information, daß terrestrische Kampfhandlungen in näherer oder weiterer Umgebung im Gange sind.

Ein wesentlicher Schwachpunkt zeigt sich bei Szenarien mit taktischem Einsatz von modernen chemischen Kampfstoffen in den dadurch bedrohten großen Flächen im sogenannten Abwindgebiet. Für solche Fälle sind die Warnzeiten zum rechtzeitigen Abschalten der Belüftung und zum Einschalten der Gasfilter nach unseren Untersuchungen zu kurz. Die diesbezüglichen Resultate sind jedoch noch nicht aussagekräftig genug, um eindeutige Schlüsse zuzulassen.

Die Frage der Alarmierung und des rechtzeitigen Bezuges der Schutzräume bildet auch beim Szenario des überraschenden Einsatzes von Nuklearwaffen mit vorwiegend mechanischer Zerstörung einen Schwachpunkt. Ort und Zeitpunkt solcher Einsätze müssen als »a priori« unbekannt vorausgesetzt werden. Die von uns gewählte Lösung besteht in einem stufenweisen, vorsorglichen Bezug der Schutzräume aufgrund einer politisch/militärischen Vorwarnung. Trotz zahlreicher Nachteile ist diese Lösung unvergleichlich besser als beispielsweise die immer wieder zitierte Evakuation. Hier zeigt sich u. a. auch der enorme Vorteil der Hausschutzräume sowie die Delegation der Verantwortung und Führung auf die Gemeindeebene.

Ich habe damit die Wirksamkeit und die Schwachstellen unseres Schutzsystems gegenüber den »klassischen« konventionellen und nuklearen Bedrohungsarten aufgezeigt. Es bleibt mir noch die Diskussion des voraussichtlichen »Response« eines solchen Systems im Hinblick auf den Einsatz von nuklearen Gefechtsfeldwaffen, insbesondere von Neutronenwaffen.

Soweit uns bekannt ist, sind alle bei den NATO-Streitkräften bisher eingeführten nuklearen Gefechtsfeldwaffen vom herkömmlichen Typ, d. h., sie haben die mehr oder weniger bekannte Energieverteilung auf die verschiedenen Waffenwirkungen. Die Kaliber liegen vermutlich in der Größenordnung von 0,1 kt bis einige kt, und die Sprengköpfe werden entweder mit Artillerie oder mit Raketen ins Ziel gebracht. Was die NATO anbetrifft, so sind allfällige Einsätze selektiv und gezielt gegen gegnerische Panzerverbände vorgesehen, d. h. in der Regel nicht in dichtüberbautem Gebiet. Selbst wenn kollaterale Schäden entstehen, können solche Einsätze als erheblich niedrigere Bedrohung für ein 1-bar-geschütztes System betrachtet werden, da hier die Wirkungsflächen für Druck, Initialstrahlung und Hitzestrahlung gegenüber mittleren und großen Kalibern stark reduziert sind. Bei solchen Szenarien darf im weiteren angenommen werden, daß die Alarmierung und der

Schutzraumbezug nicht kritisch sind, da die Einsätze in der Regel in Verbindung mit terrestrischen Kampfhandlungen erfolgen. In zahlreichen Fällen sind auch die möglichen Kampfräume und Haupteinfallachsen weitgehend bekannt oder können vorausgesehen werden, so daß auch unter diesem Gesichtspunkt eine rechtzeitige Warnung der Zivilbevölkerung möglich sein sollte.

Bei der Neutronenwaffe liegt, soweit uns bekannt ist, ebenfalls ein relativ kleines Kaliber von ungefähr 1 kt vor. Das Hauptcharakteristikum der Wirkung liegt in der beinahe völligen Entkopplung des Hitze-/Druckwelleneffektes vom Primärstrahlungseffekt. Es soll damit angeblich erreicht werden, daß beispielsweise beim Einsatz von 1 kt mit Sprengpunkt auf ungefähr 300 m der Druck im gesamten Wirkungsbereich wesentlich unter 1 bar liegt. Dadurch würden ein Großteil der Gebäude und definitionsgemäß alle Schutzräume unseres Systems intakt bleiben.

Im Gegensatz zur reduzierten Druck- und Hitzewirkung soll jedoch die Initialstrahlung, speziell ihr Neutronenanteil, sehr hoch sein. Gemäß den uns bekannten spärlichen Unterlagen beträgt diese Strahlung in einer Distanz von 1,6 km vom Nullpunkt noch etwa 100 rad. In einer Distanz von 0,7 km soll sie 10 000 rad betragen und innerhalb dieses Radius 60 000 rad und mehr erreichen. Wenn man die betroffenen Flächen miteinander vergleicht, so sieht man, daß durch das 1-bar-Schutzsystem die theoretische Ausfallfläche von ursprünglich 32 km^2 auf 6 km^2 reduziert werden kann. Dies bedeutet, daß theoretisch ungefähr 80% der Personen innerhalb der betroffenen Fläche vor übermäßigen Strahlendosen bewahrt werden können. Diese Betrachtungsweise ist zudem eher konservativ, da die Abschirmwirkung der weitgehend erhaltenen Überbauung nicht berücksichtigt worden ist. Bezüglich der Warnung und der Verbindung der Einsätze mit terrestrischen Kampfhandlungen dürfen in diesem Falle zweifellos die gleichen Überlegungen angestellt werden wie bei den andern nuklearen Gefechtsfeldwaffen. Dies bedeutet, daß auch beim Einsatz von Neutronenwaffen ein relativ hoher Gesamtwirkungsgrad des 1-bar-Schutzsystems erwartet werden kann, vorausgesetzt, daß die Führung und das Verhalten der Bevölkerung richtig funktionieren.

Es kann also unter dem Vorbehalt, daß die bisher genannten Angaben über die Wirkungsweise und den geplanten Einsatz der Neutronenwaffe einigermaßen stimmen, gesagt werden, daß diese Waffenart für ein einwandfrei ausgelegtes 1-bar-Schutzsystem keine speziell erhöhte Bedrohung darstellt. Sie ist u. E. eindeutig niedriger als beim Einsatz mittlerer bis großer Kaliber, sowohl bei mechanischer Zerstörung als auch bei Fallout.

Zusammenfassend darf festgestellt werden, daß ein konsequent durchgeführtes 1-bar-Schutzsystem für die Bevölkerung (Schutzräume, Führungsanlagen, Rundfunkverbindung, Führungskader) für alle bekannten Waffenarten einen außerordentlich hohen Wirkungsgrad ergibt. Dies gilt auch für nukleare Gefechtsfeldwaffen inklusive der Neutronenwaffe. Der wichtigste Anteil dieses Schutzes liegt zweifellos bei den Schutzräumen, aber auch die Organisation, die Ausbildung und die rasche Information spielen eine entscheidende Rolle. Man muß sich bei diesen Betrachtungen immer vor Augen halten, daß die meisten dieser Maßnahmen in Serie geschaltet sind und daß das Versagen einer einzigen alle übrigen Anstrengungen in Frage stellen kann.

Gestatten Sie mir nun noch einige Worte zum Problem der Kosten. Ich kann Ihnen hier nur ganz grobe Angaben, die sich auf das in der Schweiz praktizierte 1-bar-Schutzsystem beziehen, vermitteln.

Der sukzessive Aufbau eines solchen Schutzsystems mit Schutzräumen für die gesamte Bevölkerung, mit Führungsschutzanlagen auf Gemeindeebene, mit einem speziellen kommunalen Rundfunksystem, mit einer geschützten sanitätsdienstlichen Infrastruktur und der entsprechenden Ausbildung und Ausrüstung kostet bei uns ungefähr SFr. 1500,– pro Kopf der Bevölkerung oder jährlich ca. SFr. 50,– während eines Zeitraums von 30 Jahren. Dies sind weniger als 2% unseres Bruttosozialproduktes und ungefähr 5% unserer Ausgaben für die militärische Landesverteidigung.

Ich habe versucht, anhand eines konkreten Beispiels darzulegen, wie ein modernes System für den Bevölkerungsschutz aufgebaut werden kann. Ich habe die Kriterien genannt, nach welchen die Effizienz eines solchen Schutzsystems nach objektiven Gesichtspunkten analysiert und beurteilt werden kann. Anhand dieser Kriterien habe ich gezeigt, daß mit einem 1-bar-System wie dem unsrigen theoretisch sehr hohe Wirkungsgrade, nämlich solche zwischen 70 und 90%, bei den meisten heute bekannten Bedrohungsarten erzielt werden können. Schließlich habe ich gestützt auf die in unserer langjährigen Praxis erarbeiteten Zahlen dargelegt, daß ein solches System mit durchaus tragbaren finanziellen

Aufwendungen von jedem westeuropäischen Staate realisiert werden kann. Gestatten Sie mir zum Abschluß noch zwei Bemerkungen.

Erstens möchte ich Sie bitten, im Verlaufe der weiteren Diskussionen dieser Tagung den Schutz der Zivilbevölkerung nicht einfach deshalb beiseite zu schieben, weil Sie sich sagen: »Das ist alles schön und gut, aber bei uns ist es sowieso nicht möglich, ein solches System aufzubauen.« In der Tat wird es kaum möglich sein, das in unserem Lande seit Jahren aufgebaute Schutzsystem einfach zu kopieren. Dies sicherlich nicht aus finanziellen Gründen, wie wir soeben gesehen haben. Aber zur Verwirklichung fehlt heute ganz einfach die erforderliche Wohnbautätigkeit. Dieser »Zug« ist leider in den meisten westeuropäischen Ländern schon vor mehr als zehn Jahren abgefahren. Es gibt jedoch durchaus vernünftige und sinnvolle Methoden zum Aufbau eines sehr wirksamen Schutzsystems, allerdings nicht mit dem gleichen hohen Wirkungsgrad wie das soeben beschriebene. Es würde jedoch zu weit führen, diese sehr interessante Frage hier zu behandeln.

Eine zweite abschließende Bemerkung gilt einer Argumentation, die in letzter Zeit oft zu hören ist. Ich meine damit die Behauptung, die Anstrengungen zum Schutz der Zivilbevölkerung würden den Nuklearkrieg überhaupt erst möglich machen. Diese Argumentation basiert in meinen Augen – sofern sie ehrlich gemeint ist – auf einer Fehlüberlegung. Ich gehe davon aus, daß, solange keine bessere Methode zur Friedenssicherung gefunden werden kann, jeder freiheitlich-demokratische Staat nicht nur das Recht, sondern sogar die Pflicht hat, zum Schutz seiner Staatsform, der Freiheit und des Lebens seiner Bürger eine Verteidigung aufzubauen. Dabei gehört es in einem solchen Staatswesen zur Selbstverständlichkeit, daß diese Verteidigung in erster Linie dazu bestimmt ist, rein durch ihr Vorhandensein und ihre Glaubwürdigkeit, einen Angriff »a priori« zu verhindern. Wenn dies gelingt, so hat sie ihre höchste Wirksamkeit erreicht.

Spätestens seit dem Zweiten Weltkrieg, aber auch aufgrund der seither eingetretenen Entwicklung auf dem Gebiet der Massenvernichtungswaffen muß jedem, der sich mit diesen Problemen befaßt, klar sein, daß ein Verteidigungssystem sich nicht mehr allein auf die aktiven Streitkräfte abstützen läßt. Zum aktiven Teil der Verteidigung muß heute ein wirksamer Bevölkerungsschutz treten. Nur wenn diese beiden Teile ausgewogen vorhanden sind, wird die als höchstes Ziel angestrebte Friedenssicherung erreicht. Jede Verteidigungsanstrengung, die sich nicht zumindest auf diese beiden Pfeiler stützt, ist u. E. nicht glaubwürdig und verliert mit diesem Mangel an Glaubwürdigkeit auch ihre friedenssichernde Wirkung. Dies ist eine Einsicht, die in der Schweiz schon relativ früh sowohl von den Politikern als auch vom Großteil der Bevölkerung erkannt worden ist.

Wolf Graf von Baudissin
Probleme neuer Technologien für die kooperative Rüstungssteuerung, aufgezeigt am Beispiel der Neutronenbombe

Sehr dankbar bin ich für die Einladung, an diesem Symposium teilzunehmen, einige alte Freunde zu treffen und Probleme, die uns gemeinsam interessieren, zu erörtern. Ganz besonders schätze ich den multidimensionalen Ansatz zu dem Problem Neutronenwaffe, den Einladung und Programm verfolgen. Die übliche Aufsplitterung der Themen wie die gezielte Auswahl der Argumente tragen notgedrungen dazu bei, vorgefaßte Meinungen zu bekräftigen, sind jedoch nicht besonders hilfreich für eine ernsthafte Analyse. Die Schlußfolgerungen werden unübersehbar, nachdem man die ersten zwei Seiten – oder sogar nur die ersten Absätze der Papiere – gelesen hat.

Es gibt eine breite Skala von Implikationen, welche die Einführung, Stationierung oder der Einsatz eines bestimmten Waffensystems mit sich bringen kann oder wird. Sie reichen von der physio-chemischen und taktischen Ebene über die Strategie, die Solidarität der Allianz, die Sicherheitspolitik und den Rüstungssteuerungs- wie Entspannungsprozeß bis zur Organisation und Zusammensetzung der Truppen, zum Verteidigungshaushalt und zu der innenpolitischen Situation des Landes. Welchem dieser Punkte wir Vorrang geben, hängt letztlich von unserem allgemeinen Standpunkt ab – davon, ob wir in Kriegsverhinderungs- oder Kriegführungs-Kategorien denken. Im ersten Fall betonen wir die politischen Implikationen, im zweiten die militärischen und technischen. Dieses ist logisch; ich glaube jedoch, wir sollten es vermeiden, von einer pessimistischen Einschätzung der Rationalität und Konfliktfähigkeit der Führungseliten in Ost und West einfach zu dem entsprechenden Optimismus umzuschwenken, sobald dieses unsere Konzepte besser rechtfertigt.

Obwohl ich eindeutig zur ersten Denkschule gehöre, setzen meine hauptsächlichen Einwände gegen die Neutronenwaffe an ihrer eskalationsfördernden Wirkung an. Ihre erste Freigabe für einen taktischen Einsatz hat mit hoher Wahrscheinlichkeit erhebliche strategische Konsequenzen. Es beginnt eine politisch ungenügend kontrollierte Eskalation, die zu einer, wie ich es nenne, Konventionalisierung und Depolitisierung nuklearer Waffen führt. Die Regierungen stehen dem Dilemma gegenüber, entweder die offensichtlich unterlegene taktische konventionelle Verteidigung durch die Herabstufung dieser und damit auch anderer Atomwaffen zu unterstützen oder aber die bedrohten Einheiten in der Krise im Stich zu lassen. Als Kommandeur eines Frontverbandes würde ich zur Panzerabwehr jedenfalls konventionelle PGM-Systeme der Neutronenwaffe vorziehen. Erstere unterstehen mir direkt; die anderen muß ich anfordern, ohne zu wissen, ob und wann sie wirklich freigegeben werden.

Dieses Konzept ist besonders gefährlich, da wir in Westeuropa seit langem unter dem Eindruck einer überwältigenden konventionellen Überlegenheit der Sowjetunion stehen. Dementsprechend richtete sich unser sicherheitspolitisches, strategisches und taktisches Denken mehr und mehr darauf, dieser Bedrohung massiv entgegenzutreten; die Neutronenwaffe und andere taktische Nuklearwaffen wurden – wohl oder übel – in den strukturellen Rahmen einer »counter-force«-Kriegführung auf dem europäischen Schlachtfeld eingefügt. Daher versuchte man, den kollateralen Schaden der taktischen Atomwaffen zu begrenzen, »chirurgische Treffer« auf dem Schlachtfeld zu ermöglichen und die abschreckende Wirkung zu erhöhen, indem man konventionellen Verbänden des Aggressors Atomwaffen entgegensetzte. Der Brennpunkt des Interesses verlagerte sich auf diese Weise von Überlegungen einer umfassenden friedenserhaltenden Sicherheitspolitik auf das Niveau des Kräftebedarfs für den Kriegsfall.

Vom Gesichtspunkt der Kriegsverhütung aus gilt meine Hauptsorge bei der Neutronenwaffe dem Rüstungswettlauf. Neue Technologien, die von einer Macht zuerst eingeführt werden, erregen Mißtrauen und Angst; sie beschleunigen das qualitative Wettrüsten. Der Besitz dieser Technologien wird zu einer Frage von Prestige und vermeintlicher Sicherheit. Die bürokratischen Regierungssysteme mit ihrer eingefleischten Neigung zum Perfektionismus drängen darauf, ähnliche Technologien in ihren Arsenalen zu haben, und zwar, falls möglich, von noch besserer Qualität und mit noch größerer Leistungsfähigkeit. Dieses trifft ganz besonders auf die UdSSR zu, die aufgrund ideologischer Zwangsvorstellungen stärker sein muß als die kapitalistischen Staaten – schon um diese an ihrer »abenteuerlichen kriegstreibenden« Politik zu hindern. Moskau möchte zudem wenigstens auf dem militärischen Gebiet gleichwertig sein und klammert sich auch aus diesem Grunde an überholte Konzepte mechanischer Überlegenheit.

Sind Neutronenwaffen erst einmal eingeführt, wird jegliche glaubhafte Verifikation und tolerierbare Inspektion überaus schwierig. Nach Produktionsbeginn wird es fast unmöglich, die Anzahl bereits hergestellter Waffen zu schätzen bzw. die Depots und Aufstellungsorte herauszufinden – ganz abgesehen davon, daß diese Waffen schnell auf dem Luftwege über lange Entfernungen ihren Trägersystemen zugeführt werden können. Der »worst-case«-Analyse und einer entsprechenden Überreaktion steht dann nichts mehr im Wege.

Dieses ist selbstverständlich eines der generellen, durch die qualitative Dynamik der Rüstungstechnologie vorgegebenen Probleme. Sie läßt auch die Ergebnisse langer und mühsamer Verhandlungen veralten, bevor ein Vertrag unterzeichnet ist. Der Grund für die ungeheuren Schwierigkeiten, mit denen jeder Ansatz einer qualitativen Rüstungssteuerung rechnen muß, liegt in der Natur der überaus vielfältigen Technologie moderner Waffen sowie den oben erwähnten Problemen der Verifikation. Da hochentwickelte Waffen sich nicht nur aus Hunderten oder Tausenden von wichtigen Grundbestandteilen zusammensetzen, sondern auch grundlegend in ihren Einsatzmöglichkeiten geändert werden können durch das bloße Einfügen oder Herausnehmen von Bausteinen in der Größenordnung einer Streichholzschachtel, würde es jahrelange genaue Forschungsarbeit technischer Experten erfordern, um geeignete Kriterien und Maßstäbe für das Vergleichen und Verhandeln über derartige Waffen zu finden. Es gibt für Politiker, die unter dem Druck ihrer Öffentlichkeit bzw. der Ost-West-Konkurrenz solche Verhandlungen führen müssen, bisher keinen Weg, um zufriedenstellende und rechtzeitige Ergebnisse zu erzielen.

Meiner Ansicht nach müssen wir den Ansatz der Rüstungssteuerung grundlegend ändern. Unsere Verhandlungsobjekte waren bisher Funktionsteile der bestehenden Potentiale, die sowohl vom quantitativen wie vom funktionalen Standpunkt aus schwer vergleichbar sind. Sie sind Ergebnis verschiedener historischer Prozesse und Produkte unterschiedlicher strategischer Konzepte und geostrategischer Bedingungen. Und eben die bedrohlichsten und am wenigsten das Gleichgewicht stützenden Systeme sind jene, die beide Seiten als am allerwenigsten ersetzbar betrachten.

Ein weitaus erfolgversprechenderer Ansatz wäre es, über Systeme zu verhandeln, bevor deren Produktion begonnen hat. Dann können wir mit weniger konkreten Interessen an ihrer Erhaltung rechnen und größere Bereitschaft erwarten zu beiderseitigem Verzicht auf bestimmte Technologien bzw. zum Aufschub, zur Verlangsamung und Verringerung der späteren Produktion. Die Regierungen könnten ihre Rüstungsprogramme bis zu einer bestimmten Stufe synchron schalten und dadurch partielle und zeitweise Überlegenheiten wie Unterlegenheiten verhindern, die für gewöhnlich das Gefühl, heftig bedroht zu sein, hervorrufen. Diese Verunsicherung tritt auch dann ein, wenn derartige Ungleichgewichte dem Überlegenen keine Einsatzmöglichkeit bieten.

Ich nenne dieses Konzept Präventive Kooperative Rüstungssteuerung (PKRSt) und kenne selbstverständlich die Argumente gegen ein solches Maß von Transparenz, das das Aufgeben eines erheblichen Maßes an Souveränität implizieren würde. Aber ich denke, es ist besser, weitere Teile unserer bereits recht eingeschränkten Souveränität aufzugeben, als mit diesem außerordentlich gefährlichen und kostspieligen Rüstungswettlauf weiterzuleben.

Solche PKRSt erfordert permanent funktionierende internationale Strukturen, bei denen die nationalen Programme auf einer Routinegrundlage vereinbarter Verfahrensweisen einander angepaßt und damit auch revidiert werden können. Wie das Schicksal von SALT II zeigt, lenkt eine zu frühe und zu detaillierte Diskussion innerhalb des Landes von den wirklichen Fragen ab und fördert falsche Argumente. Eine Organisation dieser Art – ein erster Schritt auf einer bilateralen Basis ist die »Standing Consultative Commission« – könnte ebenfalls die Funktion des Krisenmanagements und einer Verifikationsinstanz übernehmen.

Kommen wir aber auf die Neutronenwaffe zurück. Diese Systeme sind Teil unserer Kurzstrecken-Nuklearstreitkräfte; sie gehören in die Verhandlungs-›Grauzone‹, die sich zwischen den Gesprächen über global- wie eurostrategische Systeme in Genf und den Verhandlungen über konventionelle Streitkräfte in Wien erstreckt. Wenn die NATO zu der Schlußfolgerung käme, zwar nicht ihre Strategie der »flexible response« zu ändern, aber die Streitkräfte der heutigen Situation anzupassen, so ließe sich leichter auf die Neutronenwaffe verzichten, ohne im geringsten an

Abschreckungskraft einzubüßen. Es könnten die konventionellen Verbände durch die Modernisierung der nicht-nuklearen Panzerabwehrwaffen so verstärkt werden, daß sich Funktion und Anzahl der Nuklearsysteme erheblich verringern ließen. Falls die Sowjetunion bereit wäre, entsprechende Angebote zu machen, wäre es sogar möglich, diese Systeme in der Gesamt-›Reduction Zone‹ drastisch zu verringern, und letztlich logisch, auf beiden Seiten auf die Stationierung von Neutronen-Systemen jeglicher Art und Reichweite zu verzichten. Bestehenbleiben sollte lediglich eine Mischung verschiedener Arten von Kurzstrecken- und ›Interdiction‹-Systemen, die direkt SACEUR unterstellt werden. Mit ihnen läßt sich in Krisen die tiefe Besorgnis, Solidarität und Entschlossenheit der alliierten Regierungen demonstrieren bzw. glaubwürdig gegen den Einsatz entsprechender Systeme des Warschauer Paktes abschrecken.

Ich habe den Gedanken, nukleare Systeme zur Verstärkung der taktischen konventionellen Verteidigung einzusetzen, schon immer abgelehnt. Dieses würde in den betroffenen Gebieten sehr schnell zu atomkriegsähnlichen Bedingungen führen und die Eskalation in globale Dimensionen eröffnen.

Die Verifikation selbst reduzierter nicht-strategischer Nuklearkräfte bleibt immer noch ein Problem. Aber Eingangs- und Ausgangskontrollen, welche eine Vorbedingung für die Schaffung jeglicher Zonen dieser Art wären, könnten sich ebenfalls mit diesen Systemen befassen. Das gleiche gilt für die zu vereinbarenden Kontrollen und Überprüfungen in Depots und anderen militärischen Anlagen.

Die Existenz der Neutronenwaffe lediglich auf einer Seite würde selbstverständlich sowohl die Verhandlungen als auch die zukünftige Verifikation der Abkommen erschweren. Aber es ist schwierig, sich den richtigen Weg zur Verhinderung der Stationierung dieser Waffen vorzustellen, bevor ein entsprechender Vertrag geschlossen wurde. Nachdem einseitige Vorleistungen – ich erinnere nur an die amerikanischen Stornierungen der B1-Bomber und der Produktion der Neutronenwaffen oder den Rückzug von sowjetischen Panzern aus der DDR – sich nicht auszahlten, sondern nur Mißtrauen über die Absichten der handelnden Seite provozierten und hier zu Enttäuschungen führten, ist dieses kein vielversprechender Ausweg. Es wäre daher klüger, wenn die beiden Großmächte eine Art Moratorium für die Herstellung dieser Waffen vereinbarten. Andernfalls würden die Neutronenwaffen zum Verhandlungsgegenstand mit all den Schwierigkeiten, sie dann später abzuschaffen.

Abschließend möchte ich zu den Neutronenwaffen sagen:
– sie sind kein einzigartiges, besonders kompliziertes und bedrohliches Rüstungsproblem;
– sie unterstreichen aber die Notwendigkeit, Strukturen und Verfahrensweisen für die Steuerung neuer Waffengenerationen zu überdenken – ob sie nun konventionell oder nicht-konventionell sind;
– sie machen deutlich, daß die Verifizierbarkeit ein wichtiges Kriterium für die Analyse möglicher Auswirkungen der Einführung neuer Waffensysteme sein sollte;
– die Einführung dieser neuen und verhältnismäßig kostengünstigen Waffen wird mit hoher Wahrscheinlichkeit zu ihrer baldigen Verbreitung im Süden führen – mit allen Konsequenzen für den Süden wie für den Norden.

Meine tiefe Sorge gilt jeder Art von Krieg in Europa. In einem so dichtbesiedelten und hochentwickelten, d. h. überaus verletzbaren Gebiet wird auch ein nicht-nuklearer Krieg von einiger Dauer sehr ähnliche Verwüstungen und Verluste verursachen, wie es bei nuklearen Systemen in Stunden oder Tagen der Fall wäre. Ich glaube aber an die Fähigkeit der Menschen zu lernen und sich neuen Bedingungen anzupassen – vor allem wenn diese so eindeutig zutage treten wie die politische Sinnlosigkeit jeden Versuchs, Konflikte zwischen Industriestaaten mit kriegerischen Mitteln auszutragen. Wer dieses nicht glauben kann, sollte jedenfalls alle Hoffnungen auf ein Überleben der Menschheit aufgeben.

Peter D. Zimmerman
Einige physikalische und technische Gesichtspunkte zum Gebrauch taktischer Atomwaffen

Dieser Beitrag wird einige physikalische und militärische Fragen zur Konstruktion und Funktionsweise kleiner atomarer Gefechtsfeldwaffen ansprechen. Ich möchte mich auf solche Punkte konzentrieren, die über die Brauchbarkeit einer nuklearen Verteidigung auf bundesdeutschem Boden entscheiden. Die von mir angesprochenen Waffen besitzen eine relativ geringe Explosionskraft, d. h. weniger als die 13 kt der Hiroshima-Bombe. Da sich diese Tagung speziell mit der Neutronenbombe (»Enhanced Radiation Weapon«) beschäftigt, will ich mit dieser beginnen und anschließend andere Gefechtsfeldwaffen im Nuklearbereich untersuchen.

Wie Sam Cohen, der selbsternannte »Vater der Neutronenbombe«, in seinem ausführlichen, vom »Institute for Foreign Policy Analysis« veröffentlichten Artikel[1] ausgeführt hat, geht die Konzeption der Neutronenbombe wenigstens bis in die Mitte der fünfziger Jahre zurück. Obwohl Cohen berichtet, daß erste erfolgreiche Tests einer Neutronenbombe in den frühen Sechzigern durchgeführt wurden, hat diese Waffengattung bisher noch nicht den Weg in das Arsenal der NATO gefunden.

Ohne Zugang zu geheimen Daten der Konstruktion einer Neutronenbombe habe ich auf Grundlage frei verfügbarer Information eine Vorstellung von ihrer Funktionsweise entwickelt. Da sehr viele dieser Angaben durchgesickert sind oder bewußt zur Veröffentlichung freigegeben wurden, sind die Chancen, daß mein Bemühen einigermaßen erfolgreich ist, recht gut. Ich werde versuchen, anhand physikalischer Grundlagen nuklearer Waffentechnik einige numerische Ergebnisse zu erlangen, wobei ich davor warnen sollte, diese Resultate für absolut exakt zu halten. Wir haben es sicher nicht mit einem Fehler vom Faktor 10 zu tun und sehr wahrscheinlich auch mit keinem der Größenordnung 2. Zehn oder zwanzig Prozent Fehler sind andererseits sicherlich vorhanden.

Um die Funktionsweise einer Neutronenbombe zu erörtern,

muß ich zunächst einiges zur Physik dieser Waffe sagen. Es ist wohlbekannt, daß eine Neutronenwaffe aus einer Fusionsbombe (H-Bombe, thermonukleare Bombe) besteht, die durch eine relativ kleine Kernspaltungsbombe gezündet wird. Da die Kernspaltungsbombe die radioaktiven Spaltprodukte erzeugt, die den radioaktiven Niederschlag ausmachen, ist es wünschenswert, deren Wirkung zu verringern. Wenn man beabsichtigt, die Wirkung der Bombe zugunsten des Tötens durch Neutronenstrahlung zu verändern, ist es notwendig, die Wirkung der Kernspaltung zu reduzieren, weil der größte Anteil der durch die Kernspaltung freigesetzten Energie für die Schockwelle und thermische Effekte verantwortlich ist.

Eine thermonukleare Bombe besteht aus einer Kernspaltungsvorrichtung, die durch die Implosion konventionellen Sprengstoffes detoniert, und einem Fusionskern, der durch die Kernspaltungsreaktion zusammengepreßt und gezündet wird. Zuerst explodiert der hochexplosive Mantel des mit Spaltmaterial versehenen Kerns und preßt ihn zusammen. Der Kernspaltungszünder unterliegt einer Kettenreaktion, die hochenergetische elektromagnetische Strahlung – vornehmlich Röntgenstrahlen – und Neutronen erzeugt. Die Röntgenstrahlen drücken gegen das Fusionsmaterial – einer Mischung aus ^{6}Li, Deuterium und Tritium –, komprimieren und erhitzen es, während die Neutronen einen Teil des Lithium-6 in Helium und zusätzliches Tritium umwandeln. Wenn Temperatur und Dichte groß genug sind, zündet das Deuterium-Tritium-Gemisch unter Freisetzung von Energie, hauptsächlich als kinetische Energie der Neutronen. Das heiße Gas der geladenen Teilchen entsendet Röntgenstrahlen, so wie ein rotglühender Draht Wärme abstrahlt. Die Röntgenstrahlen treten mit dem Bombengehäuse und der Atmosphäre in Wechselwirkung und verursachen den Feuerball und die Druckwelle.[2]

In einer »klassischen« Wasserstoffbombe werden die durch den Fusionsprozeß erzeugten Neutronen durch einen den Fusionskern umgebenden Mantel aus Uran abgefangen, das durch Spaltung weitere Energie freisetzt. Ein großer Teil der produzierten Neutronen wird so eingefangen, und man hat noch mehr radioaktiven Niederschlag hervorgerufen.

Das Gehäuse einer Neutronenbombe besteht aus Materialien, die ein ungehindertes Passieren der Neutronen ermöglichen. Die Neutronen entfliehen mit hoher Energie und können somit grö-

Tabelle 1

	Reaktion	Energie
1.	n + ^{239}Pu → f, f, + 2 n	180 MeV
2.	^{6}Li + n → H + ^{4}He	
3.	^{2}H + ^{2}H → ^{3}He + n	3,2 MeV
	→ ^{3}H + p	4 MeV
4.	^{2}H + ^{3}H → ^{4}He + n	17,6 MeV
5.	^{2}H + ^{3}H → ^{4}He + n + n	11 MeV

Bemerkungen: ^{3}H ist Tritium (T)
^{2}H ist Deuterium (D)
Eine Kilotonne = 10^{12} Kalorien = $2,6 \times 10^{25}$ MeV
f, f, sind Spaltprodukte
n ist ein Neutron, p ist ein Proton

ßere Entfernungen als die Druck- und Hitzewelle erreichen. Daher dürften in einiger Entfernung vom Explosionszentrum die Gebäude durch die Druckwelle einer Neutronenbombe nicht zerstört werden, während die Neutronen das Gebäude-Innere erreichen und alles Leben vernichten.

Einige der Kernreaktionen, die für das Verständnis einer Neutronenbombe nützlich sind, werden in Tabelle 1 aufgeführt. Nur elektrisch geladene Teilchen können die für den Feuerball verantwortliche elektromagnetische Strahlung erzeugen. In Kernreaktionen, die genau zwei Teilchen – ein schweres und ein viel leichteres – produzieren, hat das leichtere Teilchen die meiste Energie. (Wenn mehrere Teilchen erzeugt werden, ist die Situation erheblich komplizierter.) So erhalten bei der Spaltung von Plutonium die geladenen Spaltprodukte den größten Teil der Energie und geben sie sehr wirkungsvoll an die Umgebung ab.

Im Gegensatz dazu erhält das Neutron 80% der Energie, wenn Deuterium und Tritium fusionieren und ein Heliumkern und ein Neutron entstehen. Nur wenn das Neutron durch einen Atomkern nahe des Explosionszentrums absorbiert wird, wird die Neutronenenergie viel zur zerstörerischen Kraft der Waffe beitragen; dies ist das Prinzip, durch das ein Teil der Energie einer thermonuklearen Bombe den Neutronen zugeführt werden kann und der Druckwelle entzogen wird.

Da es technisch schwierig ist, sowohl flüssiges als auch festes Tritium oder Deuterium zu transportieren, benutzt man einen Trick: Das stabile Isotop Lithium-6 ist (chemisch) an Deuterium oder Tritium gebunden. Wenn ein Neutron aus der Kernspaltungsbombe das ^{6}Li trifft, zerfällt das Lithium. Ein Tritiumkern ist dazu geliefert »in situ« –, mit einem Deuterium oder anderen Tritium sehr nahe, mit dem es fusionieren kann. Dies ist Reaktion 2.

Reaktion 3 zeigt den D-D-Fusionsvorgang. Er ist für eine Neutronenbombe nicht nützlich, da nur ein Drittel der Reaktionsenergie den Neutronen zufällt. Der Rest geht in geladene Teilchen (Proton, Helium-3 und Tritium). Wenn man die thermonukleare Brenntemperatur unterhalb des Zündungspunktes der D-D-Reaktion hält, kann die Deuterium-Reaktion unterdrückt werden.

Die Reaktionen 4 und 5 sind die gewünschten. In der D-T-Reaktion trägt das Neutron 80% der Energie. Im Fall der T-T-Reaktion hat das Neutron ungefähr zwei Drittel der Energie, so daß mehr Energie für andere Wirkungen der Bombe übrigbleibt als in Reaktion 4; aber es werden *zwei* Neutronen produziert. Somit mag die D-T-Reaktion die bessere Wahl sein, da die höher energetischen 14-MeV-Neutronen weiter fliegen können. Man benötigt wahrscheinlich einige T-T-Reaktionen, um einen Überschuß von Neutronen zur Umwandlung des ^{6}Li zu liefern.

Eine Spaltungsreaktion setzt ungefähr 180 MeV frei, die D-T-Fusionsreaktion erzeugt nur 17 MeV. Somit werden 10 Fusionsreaktionen gebraucht, um die Energie einer Spaltung zu liefern. Dies erlaubt uns, das zahlenmäßige Verhältnis der Neutronen einer reinen Kernspaltungsbombe zu denen einer Neutronenbombe zu bestimmen.

Was ist »die« Neutronenbombe? Wegen der sicherlich notwendigen Geheimhaltung, die die Details der nuklearen Waffentechnik umgibt, ist es unmöglich, diese Frage genau zu beantworten. Da wir keine Beschreibung »der« Neutronenbombe besitzen, möchte ich den, wie ich ihn nenne, »Kandidaten für die Neutronenbombe« (»candidate radiation enhanced weapon« = CREW) vorstellen. Dies ist kein Konstruktionsplan, sondern nur eine Systemspezifikation, die die Tödlichkeit dieser Waffe abzuschätzen erlaubt.

Man stelle sich eine 1-kt-Neutronenbombe vor, die sämtliche Energie freisetzt, wobei 25% von der Auslösung der Kernspaltung und 75% von der D-T-Fusionsreaktion herrühren. Da 20% der freigesetzten Fusionsenergie für »normale« Waffeneffekte verfügbar sind und 70% der Energie einer Kernspaltungsbombe in dieselben Effekte gehen, ergibt der Fusionsteil der Bombe effektiv 0,21 kt und der Kernspaltungsteil 0,25 kt, verglichen mit einer reinen Kernspaltungsvorrichtung. Die effektive Energieausbeute einer CREW muß somit für den Zweck des Berechnens »normaler« militärischer Effekte bei wenigstens 0,46 kt angenommen werden. Die Zerstörung durch die von der CREW herrührenden Druckwelle wird 75% einer 1-kt-Kernspaltungsbombe betragen, der Radius der thermischen Zerstörung wird ungefähr bei 65% derselben 1-kt-Bombe liegen. Solche Abstände sind kaum zu vernachlässigen. Eine 1-kt-Kernspaltungsbombe ist in der Lage, im Umkreis von 690 m (5-psi-Bereich) beinahe alle Gebäude vollständig und bis zu einer Entfernung von 1280 m (2-psi-Bereich) zumindest teilweise zu zerstören. Die CREW verursacht vergleichbaren Schaden innerhalb Entfernungen von 520 m und 960 m.[3]

Es wird behauptet, daß die Neutronenbombe nur geringen Kollateralschaden verursacht; für die CREW trifft dies allerdings nicht zu. Die Berechnung ist z. T. abhängig vom Verhältnis der Energie der Kernspaltung zur Energie der Fusion, aber der Zerstörungsradius der Druckwelle einer Nuklearwaffe verhält sich wie die 3. Wurzel der zugehörigen freigesetzten Energie. Wird die aus der Spaltung gewonnene Energie um 0,1 kt gesenkt, beträgt die zugehörige Energieausbeute noch 0,36 kt und der 5-psi-Bereich schrumpft auf 71% seines Wertes für eine 1-kt-Kernspaltungsbombe, d. h. auf 490 m.

Die Neutronendosis einer 1-kt-Kernspaltungsbombe in Abhängigkeit vom Abstand ist in der frei zugänglichen Literatur gut dokumentiert.[4] Abbildung 1 beschreibt die Neutronendosis für verschiedene Absorber. Um die Nützlichkeit der Neutronenstrahlung der CREW zu bewerten, müssen wir das Verhältnis der Neutronenproduktion pro Kilotonne der CREW zu der einer 1-kt-Kernspaltungsbombe berechnen, was direkt aus den vorherigen Annahmen folgt. Bei gleicher Freisetzung von Energie produziert eine reine D-T-Fusionsbombe ungefähr 5mal soviel Neutronen wie eine Kernspaltungsbombe.

Die 1-kt-CREW produziert jedoch nur 4,1 mal soviel Neutronen wie eine 1-kt-Kernspaltungsbombe, weil wir einen Kernspaltungsanteil von 0,25 kt angenommen haben. Selbst wenn kein Kernspaltungszünder vorhanden ist, kann das Verhältnis der D-T-Neutronen zu Kernspaltungsneutronen fünf zu eins (bei D-T-Reaktionen) nicht überschreiten.

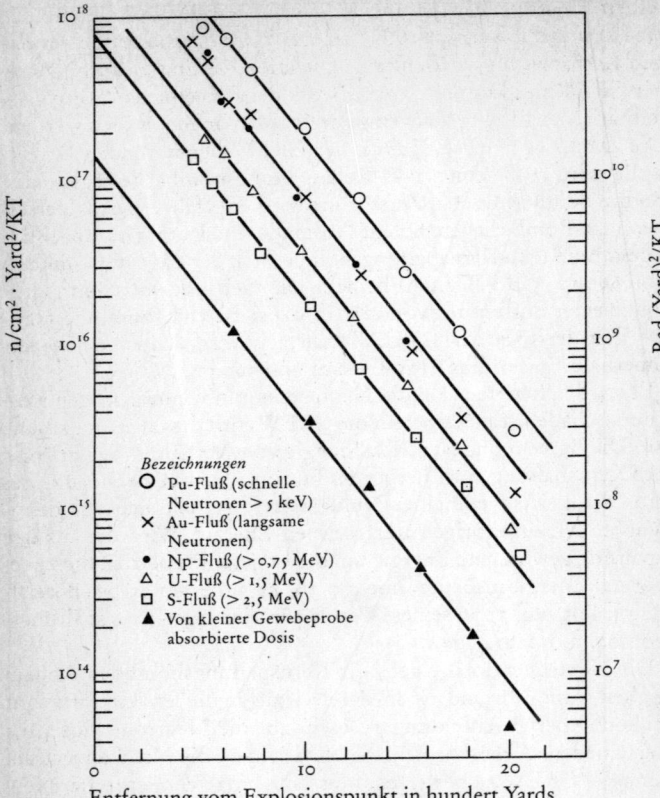

Abb. 1: Neutronendosis in der Atmosphäre und Neutronenfluß in Abhängigkeit von der Entfernung zum Explosionspunkt bei einer typischen Kernexplosion. Von Ritchie und Hurst (1959)

Die Neutronendosis der CREW als Funktion des Abstandes vom Explosionszentrum und ebenso als Funktion des Abstandes vom »ground zero« wird in Abb. 2 gezeigt. Um den Abstand vom »ground zero« zu berechnen, muß man die Explosionshöhe angeben; wir haben 213 m (= 700 Fuß) benutzt. Dieser Wert maximiert den 10-psi-Überdruckbereich, innerhalb dessen militärische Ziele

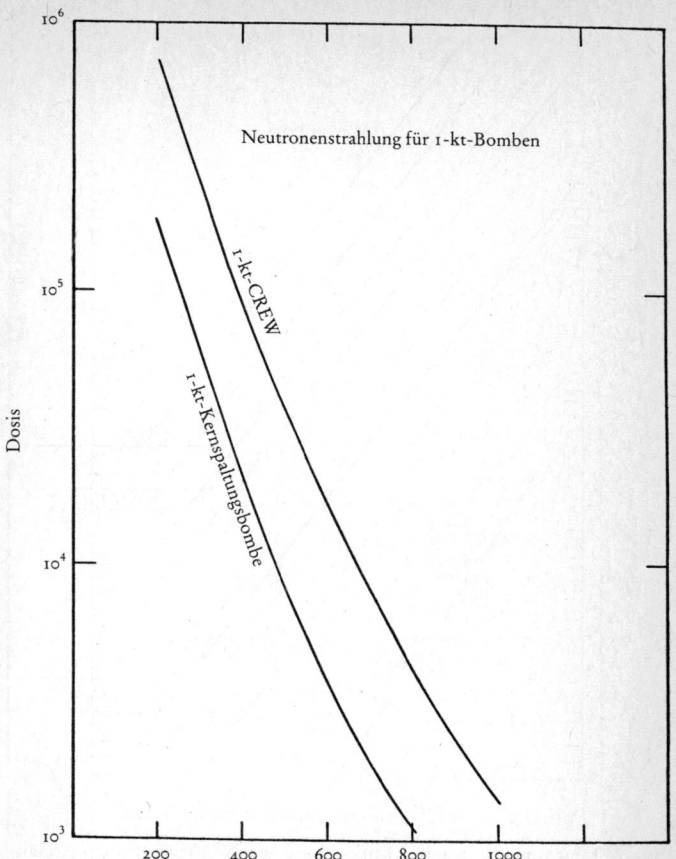

Abb. 2: Entfernung vom Explosionspunkt (Yards)

durch die Druckwelle zerstört werden können. Das Gebiet mit 5-psi-Überdruck, in dem normalerweise zivile Einrichtungen zerstört werden, ist bei dieser Wahl verkleinert, verglichen mit dem, wenn die Explosionshöhe so gewählt wird, um die Zerstörung ziviler Einrichtungen (5-psi-Bereich) zu maximieren. Cohen nimmt 152 m (= 500 Fuß) Höhe an, was die Größe des der Druckwelle ausgesetzten Gebietes ein wenig verringert. Sie vergrößert

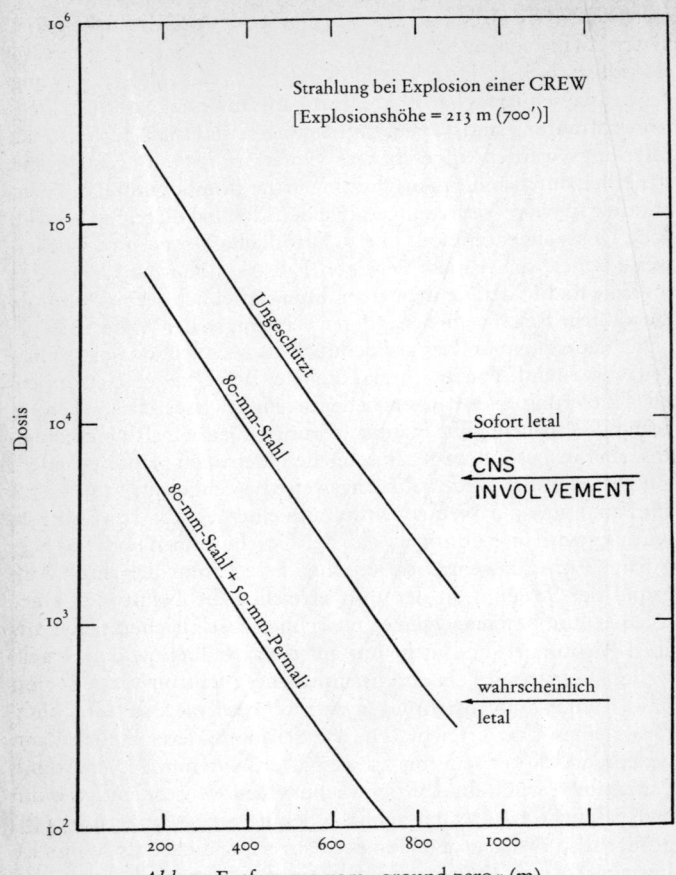

Abb. 3: Entfernung vom »ground zero« (m)

auch ein wenig die Entfernung, bis zu der die Neutronen wirksam sind. Die Dosis als Funktion des Abstandes vom »ground zero« ist in Abbildung 3 dargestellt.

Es ist offensichtlich, daß ungeschützte Opfer oberhalb der Erde in der 5-psi-Entfernung eine tödliche Dosis der Neutronenstrahlung erhalten. Sie wird ungefähr bei 3200 rad liegen, was aber wahrscheinlich nicht genug ist, um einen sofortigen Tod zu verursachen.⁵ Nur in erdbedeckten, kellergeschossigen Zufluchtsorten hätten Zivilisten eine Chance, zu überleben. Nimmt man 8000 rad als »sofort tödliche Dosis«, ist die CREW bis zu 620 m Entfernung gegen ungeschütztes Personal sofort wirksam. Die Dosen der Neutronenstrahlung sind nur bei Entfernungen unterhalb 1075 m letal. Allerdings werden ungeschützte Opfer in 1075 m Entfernung sicherlich durch andere Auswirkungen der Bombe getötet oder zumindest schwere Verletzungen erleiden. Ich habe 400 rad als tödliche Dosis angenommen. Die 50% tödliche Dosis ist möglicherweise höher, sicher nicht geringer. Falls sie höher ist, dürfte der tödliche Radius der Neutronenstrahlung erheblich geringer sein als die tödliche Reichweite der anderen Wirkungen der Waffe.

Die Neutronenbombe wird dennoch als Möglichkeit vorgeschlagen, angreifende Panzer durch Töten der Besatzungen zu stoppen. Die Panzerung eines Panzers bedeutet ein gewisses Maß an Schutz gegen Neutronen. Eine Stahlpanzerung ist jedoch als Neutronenabsorber insbesondere gegen schnelle Neutronen nicht besonders gut geeignet. Es wurde näherungsweise berechnet, daß für je 17,8 cm Panzerung der Neutronenfluß um einen Faktor 10 verringert wird. Es wird angenommen, daß der Geschützturm und die rückwärtige Panzerung eines sowjetischen T-72 80 mm dick sind.⁶ Aufgrund der Streuung in der Luft erreichen die Neutronen einer solchen Bombe einen Panzer tatsächlich fast gleichermaßen aus allen Richtungen und nicht nur auf einer Radiallinie der Druckwelle. Deshalb wird ein durchschnittliches Neutron $\sqrt{2} \times 80$ mm bzw. 113 mm Stahl durchfliegen, wenn es das Innere des Geschützturms eines T-72 erreicht. Die Panzerung anderer Stellen kann bedeutend stärker sein, bis zu wenigstens 170 mm.⁷ Die 80-mm-Panzerung verursacht eine Schwächung des Neutronenflusses um den Faktor 4,13. Der tatsächliche Schutz einer Panzerung wird größer sein, da ein großer Teil der Panzerung dicker als 80 mm ist. Für eine 80-mm-Panzerung jedoch wird die 8000-rad-Grenze bei 415 m Entfernung vom »ground zero« und die 400-rad-Grenze bei 845 m erreicht. Da die durchschnittliche Panzerung stärker ist, ist diese Berechnung vom Standpunkt des defensiven Gebrauchs einer Neutronenbombe ERW übermäßig optimistisch.

Auf Basis der von Curren, Young und Davis im U. S. Armed Forces Radiobiology Research Institute durchgeführten Experimente mit Rhesusaffen der Spezies Macaca Mulatta können wir sicher annehmen, daß bei der 8000-rad-Marke Opfer, sobald sie der

Strahlung ausgesetzt sind, nicht mehr funktiontüchtig sein werden. Andererseits erreichte bei Dosen bis zu 4900 rad »die Leistungsfähigkeit der meisten Versuchstiere ein allgemeines Normalniveau nach der abklingenden anfänglichen Schwächeperiode«.[8]

Nach den Ergebnissen von Curren et al. scheint es, daß einige Opfer, die sogar 8900 rad ausgesetzt sind, für kurze Zeit noch kämpfen können. Da die Neutronenbombe defensiv verwendet werden soll, muß man pessimistische Annahmen über ihre Tödlichkeit machen. Mindestens 8000 rad müßten die Besatzungen in ihren Panzern erhalten; geringere Werte lassen die Möglichkeit offen, daß die Panzerbesatzungen weiter die Kontrolle über ihr Fahrzeug behalten und in einer Kamikaze-Aktion schwere Verluste verursachen.

Stahl bietet schlechten Schutz vor Neutronen. Jeder wasserhaltige Kunststoff mit Borzusatz wird Besseres pro Zentimeter Dicke leisten und wiegt obendrein weniger als Stahl. Ein solches Material ist Permali (Anteile pro Gewicht: H – 6 %, B – 3 %, O – 49 %, C – 38 %, Na – 2 %). 75 mm schwächen einen Neutronenstrahl um einen Faktor 10.[9] Nimmt man an, daß die 80 mm starke Stahlpanzerung eine zusätzliche 50-mm-Permalischicht (welche nur 17 % des Gewichtes einer Stahlpanzerung bei gleicher Dicke hat) erhält, wird ein zusätzlicher Schutzfaktor 9 erreicht. Derart ausgerüstete Panzer sind ebenfalls in Abb. 3 aufgeführt. Werden feindliche Panzer mit einer solchen Abschirmung versehen, wird die 8000-rad-Marke nur innerhalb 160 m Entfernung vom »ground zero« erreicht. Da der Zwischenraum sowjetischer Panzer üblicherweise bei 150 m liegt, vermag ein CREW sofort *einen* Panzer zu stoppen!

Military Review, eine Veröffentlichung der amerikanischen Streitkräfte, berichtete im Oktober 1980, daß bei der neueren T-72 S-Version der Geschützturm »mit kastenförmig zusammengeschweißten Platten umgeben und der Hohlraum mit einem Kunststoff gefüllt ist, der in der Lage ist, die Auswirkungen von Hafthohlladungen in Grenzen zu halten«.[10] Man muß annehmen, daß viele sowjetische Panzer so ausgerüstet sind und der Kunststoff eventuell mit einem Borzusatz versehen ist. Jedenfalls enthält jede moderne (Mehrkomponenten- oder Chobham-)Panzerung wahrscheinlich einige Kunststoffkomponenten und ist somit ein besserer Neutronenschirm, als dies für Stahlplatten berechnet war.

Abb. 4 zeigt verkleinert eine sowjetische Panzerstreitmacht. Die überlagerten Kreise bezeichnen wichtige Entfernungen vom

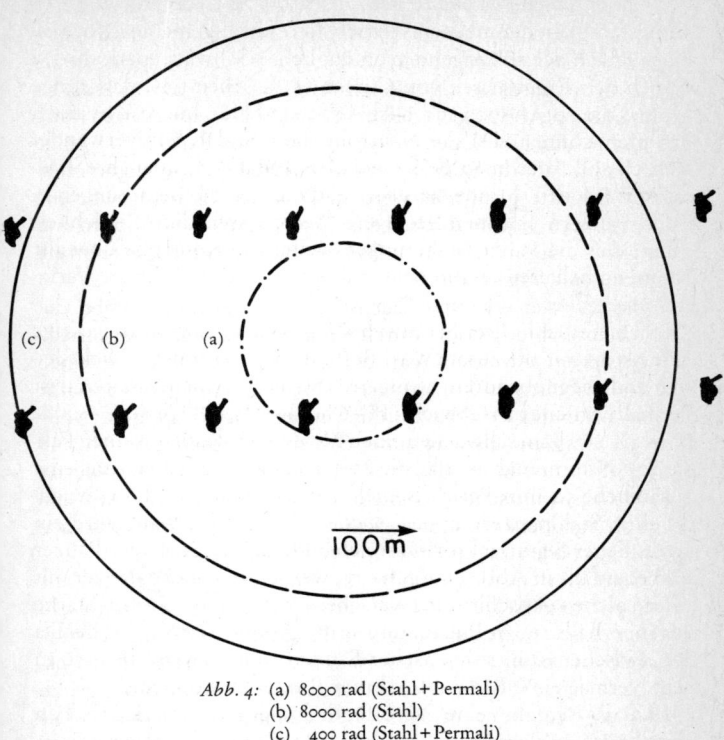

Abb. 4: (a) 8000 rad (Stahl + Permali)
(b) 8000 rad (Stahl)
(c) 400 rad (Stahl + Permali)

»ground zero«. Es ist offensichtlich, daß eine CREW eine erhebliche Anzahl von Panzern mit nicht mehr als 80-mm-Panzerung bewegungsunfähig machen könnte. Ein zusätzlicher Stahlschild, insbesondere der der Explosion zugewandten Seite, würde einen erhöhten Schutz bedeuten und somit die Zahl der gestoppten Panzer vermindern. Dünne, wasserstoffhaltige Abschirmungen an den Panzern werden den militärischen Wert der Waffen enorm reduzieren. Ein einfaches Vergrößern des Abstandes zwischen den Panzern um 25% wird ebenfalls die Zahl der Verluste erheblich verringern.

Falls die Neutronenbombe von einem Artilleriegeschütz abgefeuert wird, kann sie nicht mit perfekter Genauigkeit treffen. Schätzungen der Ungenauigkeit moderner Artillerie differieren; die 5-Zoll-Kaliberkanone der US-Navy hat eine Trefferungenauigkeit von 250 yards bei einer Reichweite von über 20 000 yards. Es ist anhand von Abb. 4 klar, daß bei einer CREW eine Abweichung von 200 m das Überleben vieler sowjetischer Panzer zur Folge haben kann. Falls die Salve ihr Ziel nicht erreicht, können befreundete Streitkräfte gefährdet werden. Aus der Luft abgeworfene nukleare Sprengkörper dürften eine Ungenauigkeit von 300 m und mehr haben; dies macht ihren Gebrauch gegen eine Panzerstreitmacht äußerst fragwürdig.[11]

Der am teuersten erkauften Eigenschaft der Neutronenbombe, der Neutronenstrahlung, kann durch einfache und billige Gegenmaßnahmen begegnet werden. Wäre es für die Sowjets schwierig, einen Neutronenschirm zu konstruieren, dürfte die Neutronenbombe der NATO einen wirklichen militärischen Vorteil bringen. Allerdings ist ein ziemlich wirksamer Schutz technisch möglich und dürfte auch schon in einigen Panzern angebracht sein. Die Neutronenbombe ist wahrscheinlich nicht sehr wirkungsvoll, außer wenn sie in solch großer Zahl verwendet wird, daß ihre »Fähigkeit«, den Kollateralschaden zu verringern, bedeutungslos wird.

Nukleare Waffen sind besonders geeignet, um großflächige Ziele auf einmal zu zerstören. Panzer bilden keine ausgedehnten Ziele, sondern eher eine Aufstellung von Punktzielen. Nun, da präzisionsgelenkte bzw. zielgenaue Waffen eine ausgereifte Entwicklungsstufe erreicht haben, scheint es sinnvoll, unsere Strategie zu ändern und auf konventionelle Bewaffnung zu vertrauen. Die enorme Effektivität von Präzisionswaffen ist 1973 während des Sinai-Krieges deutlich geworden. Sie wurden sowohl von den Israelis als auch von den Ägyptern mit großem Erfolg eingesetzt. Die Leistungsfähigkeit der amerikanischen ferngesteuerten Luft-Boden-Rakete Maverick war vielleicht am eindrucksvollsten. Von 58 abgeschossenen Mavericks zerstörten 55 einen ägyptischen Panzer.[12] Moderne ferngelenkte und zielsuchende Waffen vom Typ Milan und HOT bis hin zu SADARM und Hellfire dürften sogar noch wirksamer sein. Wenn präzisionsgelenkte Waffen durch starke ungelenkte Flugkörper wie die deutsche Panzerfaust III oder die französische APILAS ergänzt werden, scheint eine starke und vielversprechende konventionelle Verteidigung zweifelsfrei möglich.[13]

Die amerikanischen und sowjetischen Arsenale nuklearer Waffen umfassen viele weitere taktische Atomwaffen. Der Wirkungsbereich kleinster Sprengköpfe liegt im Bereich der Sprengkraft der größten im Zweiten Weltkrieg abgeworfenen konventionellen Bomben bis hin zu einer größeren Zerstörungskraft als jener der Hiroshima-Bombe. Die charakteristischen Gefechtsfeldwaffen sind vornehmlich diejenigen, die von Artilleriegeschützen abgefeuert werden. Die von Geschützen abgefeuerten Atomgranaten der NATO haben eine Wirkung von der Größenordnung einer Neutronenbombe. Dieselbe Untersuchung, die zur Bestimmung der Effektivität einer Neutronenbombe benutzt wurde, kann auf diese Granaten angewendet werden. Der tödliche Schockwellenradius einer 1-kt-Kernspaltungswaffe, die gegen Panzer verwendet wird, ist dem Wirkungsradius einer CREW vergleichbar, bis zu dem die Neutronenstrahlung sofort tödlich ist. Es ist deshalb klar, daß nukleare Artilleriegranaten ebensowenig besonders effektive Waffen in einem europäischen Konflikt wären und noch mehr zivile Todesopfer als eine Neutronenbombe forderten. Ein Erkennen dieser Tatsache könnte möglicherweise zur Entwicklung von Neutronengranaten führen, um eine brauchbare Atomwaffe zu erhalten.

Weiterhin ist die Verwendung atomarer Sprengkörper als Landminen beabsichtigt. Das amerikanische Arsenal umfaßt zwei Typen von atomarer Sprengmunition (*a*tomic *d*emolition *m*unition = ADM): Die MADM (*M*edium *A*tomic *D*emolition *M*unition) mit einer Wirkung von ein paar Kilotonnen und die SADM (*S*mall *A*tomic *D*emolition *M*unition). In der frei zugänglichen Literatur wird die Sprengkraft der SADM auf ungefähr 50 Tonnen geschätzt. Da nur ungefähr 50 bis 60% der Ausbeute zur Kraterbildung bzw. Bewegung von Erde beitragen, entsprechen diese 50 Tonnen freigesetzter nuklearer Energie zirka 22 Tonnen TNT. Da moderne militärische Sprengstoffe 2- bis 4mal so stark wie TNT sein können, dürften vielleicht schon 6 Tonnen chemischen Sprengstoffes ein Äquivalent zur SADM liefern. Die durch eine nukleare Waffe hervorgerufene Erdbewegung könnte also durch eine Wagenladung hochexplosiven Sprengstoffes ersetzt werden. Da eine nukleare Explosion unterhalb der Erdoberfläche immer sehr »schmutzig« ist, ist konventioneller Sprengstoff in jeder Beziehung vorzuziehen.[14]

Die Streitkräfte der NATO sind sich des mangelnden militärischen Effekts bei Anwendung einzelner nuklearer Explosionen bewußt. Es ist auch aus diesem Grund geplant, diese Waffen massiert zu verwenden. Ein Beispiel eines atomaren Szenarios aus der letzten Version der Dienstvorschrift FM-100-5 (FM = Field Manual) ist in Abb. 5 dargestellt. Die Zahl der Waffen, die in einem kleinen Gebiet und innerhalb einer kurzen Zeitspanne verwendet werden sollen, ist tatsächlich verblüffend.

Die Notwendigkeit politischer Kontrolle über alle Arten nuklearer Waffen ist wohl erkannt worden. Die vollständige Kette der Befehlsgewalt beginnt mit einem bedrohten Frontbefehlshaber auf der linken Seite der Abb. 6, die ebenfalls der Dienstvorschrift FM-100-5 entnommen ist, und durchläuft alle militärischen Ebenen: die nukleare Planungsgruppe der NATO, den US-Führungsstab, das Verteidigungsministerium bis zum amerikanischen Präsidenten. Es wird geschätzt, daß dieser Prozeß 24 bis 36 Stunden dauert. Die Notwendigkeit, das nukleare Schwert zu kontrollieren, verhindert seinen Gebrauch im richtigen Augenblick. Atomare Waffen scheinen in taktischen Situationen weder physikalisch brauchbar noch vorteilhaft.

Vielleicht ist eine der wenigen tatsächlich wichtigen Eigenschaften taktischer Atomwaffen, daß die Möglichkeit ihres Einsatzes den Angreifer zwingt, seine Panzer auseinanderzuziehen, was ihm den Vorteil der Truppenkonzentration nimmt. Eine zerstreute Streitmacht ist für eine konventionelle Verteidigung viel anfälliger. Es ist klar, daß im Rahmen einer nichtatomaren Strategie mehrfache, getrennt steuerbare Sprengköpfe verwandt werden sollten, die gleichzeitig mehrere Panzer auch in großer Entfernung bekämpfen können. Eine Rakete vom Typ Assault Breaker ermöglicht es, zehn oder mehr Panzer in einem Umkreis von wenigstens 1 km anzugreifen. Eine Ausrüstung mit dieser Waffe erzwingt das Auseinanderziehen der Panzer genauso wie eine taktische Atomwaffe. Der Assault Breaker ist noch nicht einsatzfähig, und wie immer bei hochgezüchteten technologischen Systemen wird der erste aufgestellte Typ wahrscheinlich nicht so effektiv sein, wie seine Befürworter behaupten. Trotzdem wird er vom Augenblick seiner Stationierung an eine konventionelle Abschreckung darstellen, die sowjetische Panzer zwingt, in versprengten Formationen zu operieren.

Die Veranstalter dieser Tagung haben eine lange Liste von Fragen erstellt, deren Beantwortung einige physikalische Erwägungen

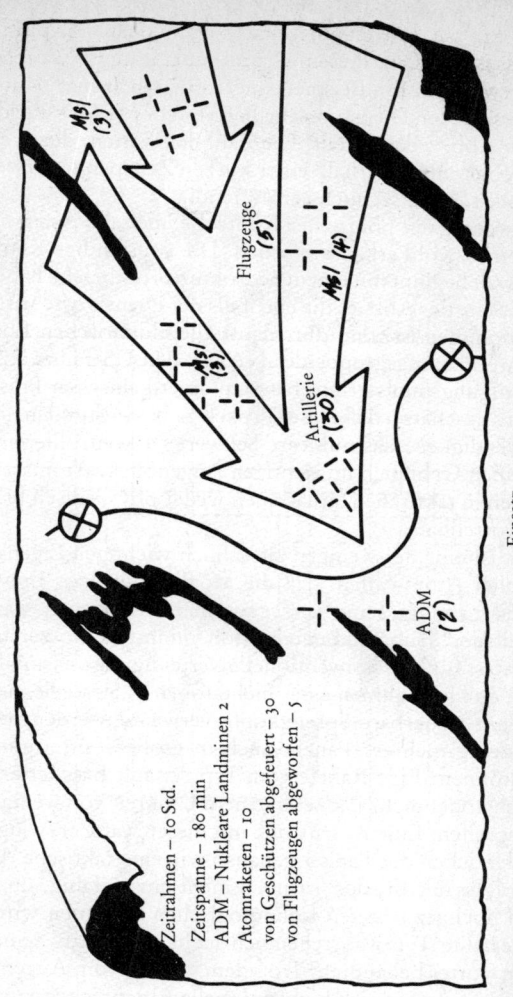

Abb. 5

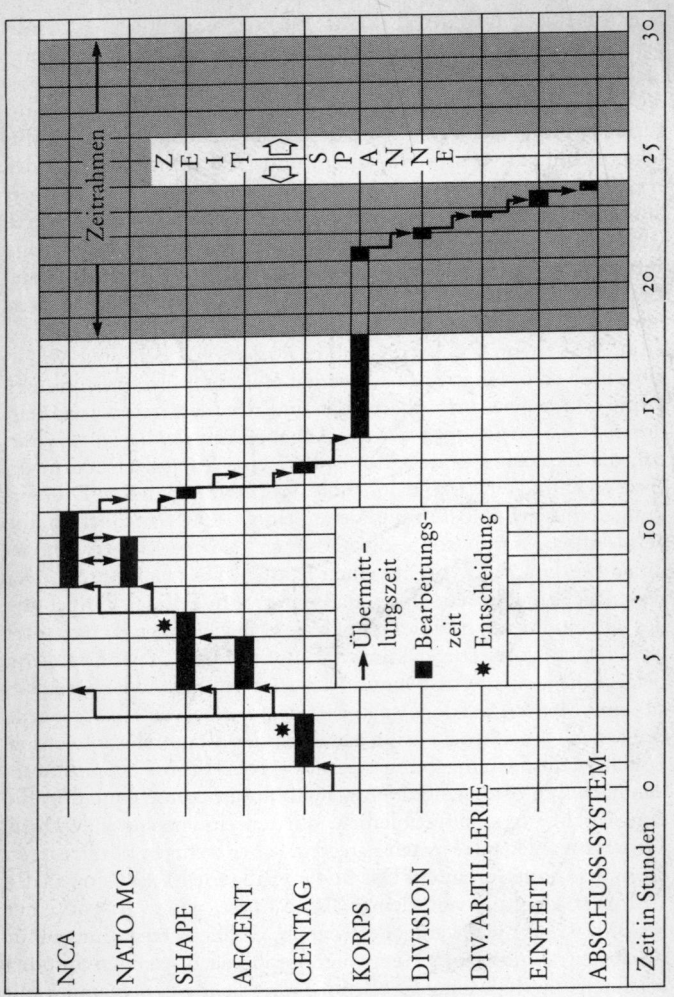

Abb. 6: Erfolgreiche konventionell-nukleare Operationen erfordern, daß die Befehlshaber die Auswirkungen dieser Waffen verstehen und daß sie sorgfältig planen, um personelle und materielle Verluste so gering wie möglich zu halten.

oder objektive Daten erfordern. Ein Teil von ihnen ist schon behandelt worden; ich möchte noch ein paar weitere aufgreifen.

Ich bezweifle, daß irgend jemand zuverlässig die Auswirkungen des elektromagnetischen Pulses im Bereich einer 1-kt-Detonation geringer Höhe kennt. Ich würde sie für erheblich, aber wahrscheinlich nicht verheerend halten, und zwar deswegen, weil der erzielte Ladungstrenneffekt in der Größenordnung von wenigen hundert Metern oder weniger liegen wird, und nicht die Hunderte von Kilometern, die bei einer Explosion in sehr großer Höhenlage auftauchen. Die Entwicklung des Spannungsabfalls und die abgestrahlte Kraft dürften verglichen mit Explosionen in mehreren hundert Kilometern Höhe sehr klein sein.

Ein Artikel von C. Sharp Cook in *Radiation Dosimetry*, Vol. 3, gibt eine Vorstellung von der Aktivität in Bodenhöhe, die von einer Explosion in der Atmosphäre oder am Erdboden zu erwarten sein dürfte. C. Sharp Cook, der die Angaben erhielt, berichtete mir, daß die Explosion in der Atmosphäre eine Energieausbeute von etwa 10 kt und eine Explosionshöhe von etwa 150 m hat. Die Wirkungen dieser Explosion sind denen einer 1-kt-Neutronenbombe vergleichbar. Somit sollte die Dosis an den markierten Umrißlinien für die CREW bis auf einen Faktor 3 bis 5 richtig sein. Der wesentliche Punkt jedoch ist, daß der größte Teil der Umgebung des »ground zero« Strahlung in Höhe von wenigen rad ausgesetzt ist und nicht von wenigen kilorad. Eine Stunde nach der Explosion beträgt die kleinste Ausdehnung des 1000-mR/Stunden-Bereiches ca. eine Meile. Drei Tage später ist er nur noch eine halbe Meile breit, nach einer Woche ist er zu klein, um dargestellt zu werden. Soldaten, die die Umgebung nahe des »ground zero« ein paar Stunden nach Explosion einer Neutronenbombe besetzen und dort für eine Woche ungeschützt bleiben, dürften eine bedeutende Dosis Gammastrahlen mit ernsten Langzeit-, aber wenigen kurzfristigen Komplikationen erhalten. Das Bild im Falle einer Explosion an der Erdoberfläche, die viel kleiner als 10 kt ist, wie z. B. von einer SADM, ist sehr viel weniger erfreulich. Cohens Darstellungen für die Reststrahlung einer Neutronenbombe nach wenigen Stunden scheinen innerhalb einer Größenordnung richtig zu sein und somit vom Standpunkt militärischer Operationen präzis genug, selbst wenn sie nicht genauer als ein Faktor 2 sind.[15]

Entsprechend den graphischen Rechentafeln, die im Buch von Glasstone und Dolan, *The Effects of Nuclear Weapons* (1977), zu finden sind, beträgt der Radius des Feuerballs einer 1-kt-Kernspaltungsbombe ungefähr 80 m. Der Feuerball einer Explosion in einer Höhe von mindestens 100 Metern dürfte den Boden nicht berühren, und es sollte wenig sofortigen radioaktiven Niederschlag geben. Der größte Teil der Reststrahlung wird von der durch die Neutronen verursachten Radioaktivität in Natrium, Magnesium und Aluminium herrühren.

Die Rhesusaffenstudie läßt mich nicht glauben, daß ein für die Nahverteidigung zuständiger Befehlshaber eine verläßliche Methode hat, um schnell zu bestimmen, welche Panzerbesatzungen nach einem Neutronenbombenangriff weiter kampffähig sind und welche nicht. Der Unterschied der Widerstandsfähigkeit gegen Strahlung war als zu hoch ermittelt worden, und die absolute Menge selbst kann sogar innerhalb eines Panzers variieren. Ein konventioneller *coup de grace* für jeden Panzer, der sich noch bewegt, würde somit notwendig.

Allein vom Standpunkt des Physikers aus betrachtet, sind die Neutronenwaffen keine elegante Lösung, einen Blitzkrieg zu stoppen. Alle Atomwaffen zerstören mit Leichtigkeit großflächige Ziele, und diese Aufgabe ist in strategischer Kriegführung ihre richtige Verwendung. Panzertruppen bilden eine Ansammlung von Punktzielen, die mit zielgenauen konventionellen Waffen bekämpft werden können. Das ist ihre passende Verwendung. Selbst wenn der Gebrauch taktischer Atomwaffen keine politischen Fragen aufwerfen und nicht zu einer weiteren Eskalation führen würde – die Gegenmaßnahmen sind einfach, billig und verfügbar. Abschirmung und Truppenzerstreuung machen den rein nuklearen Effekt zunichte, insbesondere wenn die Bundesrepublik Deutschland nicht durch den Gebrauch von mehr und stärkeren Nuklearwaffen »zerstört werden soll, um geschützt zu werden«.

Nukleare Bewaffnung ist als Abschreckung erforderlich, aber ihr Gebrauch muß auf ihren Charakter zugeschnitten sein. Wenn die nukleare Abschreckung fehlschlägt, muß der Gegner, um Alton Frye zu zitieren, »den Eintrittspreis auf seinem eigenen Territorium bezahlen«.[16] Dies würde eine Haltung verlangen, die besonderen Nachdruck auf eine starke konventionelle Verteidigung legt, glaubwürdig gemacht durch einen Verzicht auf das Vertrauen der NATO auf taktische Atomwaffen. Zur selben Zeit erfordert dies die Konzipierung einer Strategie, in der die Grenze zwischen konventioneller und nuklearer Kriegführung klarer und schärfer gezogen wird. Der Sowjetunion muß bewußt gemacht werden, daß die NATO einem konventionellen Angriff mit konventionellen Waffen widerstehen kann und widerstehen wird. Und es muß verdeutlicht werden, daß die NATO auf jeden Gebrauch von Atomwaffen mit dem Einsatz von Atomwaffen gegen Ziele auf dem Boden der Sowjetunion und des Warschauer Paktes, und nicht auf westlichem Gebiet, antwortet.

Indem ich die Ergebnisse meiner physikalischen Erwägungen benutze, um politische und militärische Schlußfolgerungen zu erhalten, schließe ich diesen Aufsatz als Fürsprecher einer starken, zuverlässigen und glaubwürdigen konventionellen Verteidigung, die im Gegensatz zur gegenwärtigen anfälligen und unglaubwürdigen Nukleardoktrin steht. Wir müssen endlich mit der jahrzehntelangen Gewöhnung an nukleare Gefechtsfeldwaffen brechen.

Anmerkungen

1 S. T. Cohen, *The Neutron Bomb*, Institute for Foreign Policy Analyses, Special Report, November 1978.
2 S. Glasstone und P. Dolan, *The Effects of Nuclear Weapons*, Third Edition, 1977. U. S. Departments of Defense and Energy.
3 Angabe aus den graphischen Rechentafeln in Glasstone und Dolan (s. Anm. 2) und aus veröffentlichten Daten der U. S. Defense Intelligence Agency, *Physical Vulnerability Handbook – Nuclear Weapons* (u), AP-550-1-2-69-INT.
4 R. S. Ritchie und G. S. Hurst, *Health Physics I*, 390 (1959).
5 Glasstone und Dolan, *The Effects of Nuclear Weapons* (s. Anm. 2).
6 D. Gans, *Military Review LXII*, 19 (Januar 1982).
7 *Modern Tanks and Armored Fighting Vehicles* (London: Jones Publishing, 1983).
8 C. R. Curran, R. W. Young und W. F. Davis, *The Performance of Primates Following Exposure to Pulsed Whole-Body-Gamma-Neutron Radiation*, Armed Forces Radiobiology Research Institute, Defense Nuclear Agency, Bethesda, MD. Report AFRRI SR73-1, Januar 1973.
9 Gans (s. Anm. 6).
10 *First Deliveries of T72S with Cavity Armor*, in: *Military Review*, Oktober 1980, S. 8, zitiert bei Gans (s. Anm. 6).
11 Entnommen aus einem Musterbeispiel in DIA Handbook (s. Anm. 3), Section IV B.

12 J. Digby, private Mitteilung; J. K. Miettinen, *Can Conventional New Technologies and New Tactics Replace Nuclear Weapons in Europe?*, in: Carlton und Schaerf (eds.), Arms Control and Technological Innovation (London: Croom and Helm, 1977).

13 Col. Carl Bernard, U. S. Army, private Mitteilung.

14 Die Angaben zu den nuklearen Waffenarsenalen sind den Publikationen des IISS und des »Center for Defense Information« Washington, D. C., entnommen.

15 C. Sharp Cook, *Initial and Residual Ionizing Radiations from Nuclear Weapons*, in: F. H. Attix und E. Tochilin (eds.), *Radiation Dosimetry*, Second Edition (New York: Academic Press, 1969), Vol. III, Kapitel 24.

16 Alton Frye, *Nuclear Weapons in Europe: No Exit from Ambivalence*, in: *Survival*, 22 (Mai/Juni 1980), S. 98–106.

Takeshi Ohkita
Akute medizinische Auswirkungen der Atombomben in Hiroshima und Nagasaki

Der vorliegende Bericht basiert auf dokumentarischen Daten und gibt eine Zusammenfassung der kurz- und mittelfristigen Auswirkungen auf die Gesundheit sowie die medizinische Betreuung der Bevölkerung von Hiroshima und Nagasaki, die den Atombomben (A-Bomben) ausgesetzt war.

1. *Physikalische Aspekte der Zerstörung*

Die Eigenschaften der Atombomben von Hiroshima und Nagasaki sind in Tabelle 1 aufgeführt. Beide wurden in ca. 500 m Höhe gezündet. Obwohl es sich bei diesen Bomben, im Vergleich zur Kapazität der heute verfügbaren atomaren Waffen, um »nukleare Zwerge« handelte, übertraf ihre Zerstörungskraft alles bis dahin Bekannte. Tausende von Menschenleben wurden vernichtet, Gegenstände verdampften zu Asche.

Der in beiden Städten entstandene Schaden war durch eine Kombination von Hitze, Strahlung, Druckwelle und Feuer sowie die Summe dieser Einwirkungen verursacht worden. Brände entstanden durch Primärzündungen aufgrund thermischer Strahlung und aufgrund von Sekundärzündungen als Folge baulicher Zerstörungen. In Hiroshima und Nagasaki wurde durch die Auswirkungen der Druckwelle und durch das Feuer insgesamt ein Gebiet von 13 bzw. 6,7 qkm völlig zerstört. Die Energie der Nagasaki-A-Bombe übertraf die von Hiroshima, aber aufgrund unterschiedlicher topographischer Verhältnisse und bei anderer Gebäudeverteilung waren die verbrannten Gebiete in Hiroshima größer. In Hiroshima begann der Brand 30 Minuten nach der Explosion mit einem Feuersturm, der binnen zwei oder drei Stunden eine Geschwindigkeit von 18 m pro Sekunde erreichte. Ein heftiger Wirbelwind wanderte von 11 bis 15 Uhr vom Stadtzentrum zum nördlichen Teil Hiroshimas. Bis zum Abend hatte sich der Wind beruhigt. Die Stadt war in einem Radius von 2 km um das Hypozentrum durch

Tabelle 1: Eigenschaften der Atombombe

	Hiroshima	Nagasaki
Zeitpunkt der Detonation	8.15 Uhr, Montag, 6. August 1945	11.02 Uhr, Donnerstag, 9. August 1945
Typ	Uranium-Bombe (^{235}U)	Plutonium-Bombe (^{239}Pu)
Höhe	580 ± 15 m	503 ± 10 m
Ausstoß	12,5 Kilotonnen TNT-Äquivalent	22 Kilotonnen TNT-Äquivalent
Druck	4,5–6,7 Tonnen/m^2	6–8 Tonnen/m^2
Hitze	$4,5 \times 10^{12}$ cal	$7,7 \times 10^{12}$ cal

Quelle: Ohkita, T.

den Feuersturm völlig zerstört. Zwischen 9 und 16 Uhr fiel über einem großen Gebiet, das sich vom Norden des Hypozentrums bis zum Westen erstreckte, radioaktive Materialien enthaltender »schwarzer Regen«.

Der Feuersturm in Nagasaki war nicht so stark wie der in Hiroshima, aber etwa zwei Stunden nach der Detonation wurde der Brand heftiger, und ein starker Südwestwind tobte mit einer Geschwindigkeit bis zu 15 m pro Sekunde zwischen den Anhöhen. Zwanzig Minuten nach der Explosion fiel »schwarzer Regen« auf den ca. 3 km östlich des Hypozentrums gelegenen Nishiyama-Bezirk von Nagasaki.

A. Schäden in Hiroshima

Die Stadt Hiroshima ist relativ eben und liegt an dem breitgefächerten Delta des Ota-Flusses, der aus den Bergen nördlich von Hiroshima kommend südlich in das Seto-Binnenmeer fließt. Im Osten und Westen ist die Stadt von Hügeln umgeben. Obwohl das Ausmaß der Zerstörung mit zunehmender Entfernung vom Hypozentrum abnahm, wurden dennoch 92% aller Gebäude in irgendeinem Maße beschädigt (vgl. Tabelle 2). »Völlig zerstört« bedeutet, daß Holzbauten nicht mehr repariert und Gebäude aus Eisenbeton nicht mehr benutzt werden konnten. Auf solche Verhältnisse stieß man bis zu 2,8 km vom Hypozentrum. »Halbzerstört« bedeutet, daß die Schäden an Holzbauten repariert werden konnten. »Leicht

Tabelle 2: Beschädigungen an Gebäuden in Hiroshima und Nagasaki

	Zahl der Gebäude vor den Bombardements	Völlig zerstört/ verbrannt (%)	Völlig zerstört (%)	Halb zerstört Halb verbrannt Leicht beschädigt (%)	Summe (%)
Hiroshima	annähernd 76 000	62,9	5,0	24,0	91,9
Nagasaki	annähernd 51 000	22,7	2,6	10,8	36,1

Quelle: Hiroshima City Almanac, 1946 ed. Hiroshima, 1947, S. 55. Nagasaki City Almanac, 1949 ed. Nagasaki, 1949, S. 96.

zerstört« bezeichnet Schäden, deren Ausmaß leicht unter dem der als »halbzerstört« bezeichneten lag, wobei Holzbauten nach der Reparatur wieder benutzt werden konnten. Auf halbzerstörte Gebäude traf man innerhalb eines Radius von 4 km um das Hypozentrum. Folglich überstieg das Ausmaß der Schäden fast im gesamten Stadtgebiet von Hiroshima noch die teilweise Zerstörung. Leicht beschädigte Gebäude fand man in bis zu 5 km Entfernung, und Fensterscheiben zerbrachen sogar noch 27 km südwestlich von Hiroshima. Obwohl auch mehr als 2 km vom Hypozentrum entfernt Brände ausbrachen, waren diese in der Mehrzahl sekundär. Die Selbstzündung von Strohdächern, Bauholz und Bäumen trat bis zu einer Entfernung von 3 km auf.

B. Schäden in Nagasaki

Nagasaki liegt an einem natürlichen Hafen an einer bergigen Küste in Westkyushu. Die Stadt erstreckt sich mehrere Kilometer entlang schmaler Küstenstreifen und in den Tälern, die sich vom Hafen her ausdehnen. Zwei Flüsse, die durch eine etwa 200 m hohe Anhöhe voneinander getrennt werden, liegen in zwei Tälern, die das Bekken der Stadt bilden. Das Handelszentrum, die Präfektur sowie die Stadtverwaltung und andere Verwaltungsbehörden waren im Gebiet um den Nakashimafluß konzentriert.

Zu beiden Seiten des Urakamiflusses erstreckt sich zwischen Hügeln im Norden und Süden ein relativ weites Landgebiet. Am Westufer der Nagasakibucht lagen Fabriken, viele Wohngebiete und Schulen.

Die A-Bombe wurde über dem Zentrum des Urakami-Bezirkes gezündet. Beschädigungen aufgrund von Hitzestrahlung und der Druckwelle beschränkten sich fast ausschließlich auf dieses Gebiet. Das Gebiet um den Nakashimafluß wurde durch die Anhöhen relativ gut abgeschirmt. Dennoch wurden in beiden Bezirken 36% aller Gebäude beschädigt (vgl. Tabelle 2). Wegen der stärkeren Gebäudekonzentration waren die Beschädigungen im Süden viel größer als im Norden. Im Süden wurde ein Gebiet von bis zu 2,5 km Entfernung vom Hypozentrum völlig zerstört, was den 2-km-Radius in Hiroshima noch überstieg. Während das Gebiet innerhalb des 2-km-Radius in Hiroshima gleichmäßige Zerstörungen aufwies, waren die Verhältnisse in Nagasaki lagebedingt unterschiedlich, was hauptsächlich auf die verschiedene Gebäudeverteilung und die Geländeverhältnisse zurückzuführen ist.

Bis zu 4 km südlich des Hypozentrums waren partielle Zerstörungen festzustellen. Fensterscheiben zerbrachen noch in bis zu 19 km Entfernung, und etwa 90 Minuten nach der Detonation entstanden auch an mehreren vom Hypozentrum weit entfernten Stellen Feuer, die ausgedehnte Großbrände auslösten. Obwohl die genauen Zeitpunkte nicht festgestellt werden konnten, entstanden an den verschiedensten Stellen und in zahlreichen Objekten Brände, deren Umstände darauf schließen ließen, daß sie durch die Wirkung von Hitzestrahlung auf brennbares Material, das zunächst zu schwelen begann und sich dann entflammte, verursacht worden waren.

2. Verletzungen von Menschen

Der Ursache nach können durch die A-Bombe hervorgerufene menschliche Verletzungen als Folgen von thermischen Strahlen, ionisierender Strahlung und der Explosionsdruckwelle kategorisiert werden.

Viele Menschen erlitten Verwundungen, die auf mehr als eine Ursache zurückzuführen waren und von denen jede einzelne zum Tode hätte führen können. Zusätzlich zu diesen direkten Verletzungen erlitten viele noch indirekte Verwundungen durch Feuer und durch niederfallende Trümmerteile aus einstürzenden Gebäuden. Die Schwere der A-Bombenverletzungen war umgekehrt proportional zur Entfernung vom Hypozentrum.

Die Verletzungen waren geringer bei Abschirmungen, die die Energie der Explosion absorbierten oder reflektierten. Abb. 3 zeigt die Korrelationen zwischen Verwundungs- und Sterblichkeitsrate und Exponierungsdistanz. Die Verwundungs- und Sterblichkeitsrate nahm mit geringerer Entfernung zum Hypozentrum zu. Sowohl für Hiroshima als auch für Nagasaki wurde eine 50prozentige Todesrate für diejenigen angenommen, die in einer Entfernung von bis zu 1,2 km vom Hypozentrum exponiert waren.

Die Tabellen 3 a und 3 b zeigen einen Vergleich der Sterblichkeitsraten bei exponierten Personen, die sich bis 2 bzw. 5 km vom Hiroshima- und Nagasaki-Hypozentrum aufhielten. Die Sterblichkeitsrate unter den proximal exponierten Personen war beson-

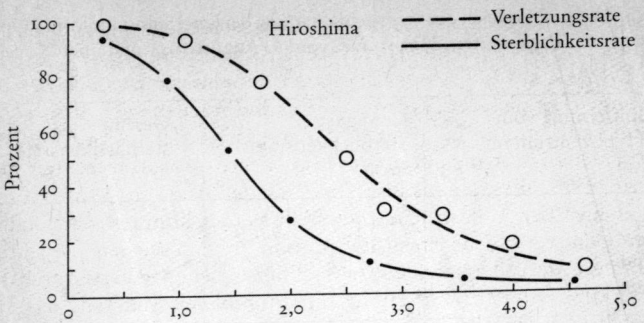

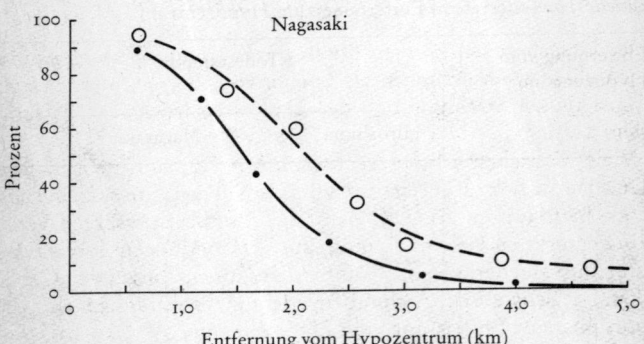

Abb. 3: Relation der Verletzungs- und Sterblichkeitsrate zur Entfernung (Oughterson, A. W., und Warren, S., 1956, S. 30).

ders am Tag der Explosion sehr hoch. Der klinische Verlauf kann in die folgenden vier Stadien unterteilt werden:

1. Früh- oder Initialstadium: Die größte Zahl von Schäden trat unmittelbar nach der Detonation bis zum Ende der zweiten Woche auf. In diesem Stadium führte eine Vielzahl von Verletzungen als Folge der A-Bomben-Explosion zum gleichzeitigen Auftreten verschiedener Symptome. Ca. 75% der Sterbefälle traten innerhalb dieses Stadiums auf.

Tabelle 3 a: Vergleich der Sterblichkeitsraten bei innerhalb 2 km vom Hypozentrum Exponierten, Hiroshima, vom 6. August 1945 und über November 1945

Entfernung vom Hypozentrum in km	6. August Sterblichkeitsrate in %	Gesamt-sterblichkeitsrate in %
0–0,5	90,4	98,4
0,6–1,0	59,4	90,0
1,1–1,5	19,6	45,5
1,6–2,0	11,1	22,6
Summe	39,8	56,5

Quelle: Kajitani, N., und Hatano, S., Bibliog. 4, S. 522.

Tabelle 3 b: Todesrate in Entfernung zum Hypozentrum

Entfernung vom Hypozentrum (km)	Todesraten in %	
	Hiroshima	Nagasaki
0–0,5	96,5	88,4
0,5–1,0	83,0	
1,0–1,5	51,6	51,5
1,5–2,0	21,9	28,4
2,0–2,5	4,9	6,4
2,5–3,0	2,7	2,1
3,0–4,0	2,5	1,2
4,0–5,0	1,1	0,7
Durchschnitt	25,3	17,0

Quelle: Ougtherson, A. W., und Warren, S., Bibliog. 5, S. 84.

2. Zwischenstadium: Viele durch Strahlung verursachte Symptome traten mit Beginn der dritten Woche bis zum Ende der achten Woche auf. Die übrigen 20% dieser Fälle starben in diesem Stadium. Verlaufsentsprechend gelten die Stadien 1 und 2 als die akuten Stadien von Atombombenverletzungen.

3. Spätstadium: Vom Beginn des dritten bis zum Ende des vierten

Monats verbesserten sich die Symptome, obwohl einige Personen aufgrund von Komplikationen starben. Am Ende des vierten Monats war in beiden Städten bis zu einem gewissen Maße eine Wiederherstellung zu verzeichnen und der Verlauf der akuten und subakuten Stadien von Atombombenverletzungen damit abgeschlossen.

4. *Verzögertes Auswirkungsstadium:* Nach fünfmonatiger oder längerer Latenzzeit zeigte sich eine Vielzahl verzögerter Auswirkungen. Die kurz- und mittelfristigen Auswirkungen der Atombombe auf die Gesundheit waren also schwer vom Zeitpunkt sofort nach der Detonation bis Ende Dezember 1945.

A. Zahl der Verletzungen

Die Zahl der Verletzungen war erdrückend und ist unterschiedlich eingeschätzt worden. Aufgrund der chaotischen Zustände waren genaue Zählungen unmöglich. Fast alle Verwaltungsbehörden waren außer Kraft gesetzt, und unzählige offizielle Dokumente wurden zerstört. Die mit dem Krieg verbundene Geheimhaltung zwang zur absichtlichen Vernichtung der noch verbliebenen militärischen Aufzeichnungen. So werden genaue Angaben über die Zahl der Verletzungen wohl nie möglich sein, es können nur Annäherungswerte gegeben werden.

1. *Zahl der direkt exponierten Personen in beiden Städten*[1]

Die Bevölkerungszahlen schwanken natürlicherweise. Es gab keine präzisen Aufzeichnungen der Hiroshima- und Nagasaki-Bevölkerungen unmittelbar vor den A-Bomben, was eine Schätzung der A-Bomben-Verletzten noch erschwert. Bei der Einschätzung der Zahl betroffener Personen ist es allerdings besonders wichtig, auch diejenigen zu erfassen, die sich zum Zeitpunkt der A-Bomben-Detonation in Hiroshima bzw. Nagasaki befanden, und nicht nur die ortsansässige Bevölkerung der Stadt zu berücksichtigen. Letzte Untersuchungen zeigen, daß ca. 350 000 Personen direkt durch die Hiroshima-Bombe betroffen wurden, davon gehörten 280 000 bis 290 000 zur ortsansässigen Bevölkerung, etwa 43 000 zum Militärpersonal und 20 000 waren dienstverpflichtete Arbeiter aus Bezirken der Umgebung, die mit dem Abbruch von

Gebäuden zur Errichtung von Brandmauern und Feuerschneisen beschäftigt waren.

Für Nagasaki wurde die Gesamtzahl auf etwa 270000 geschätzt.

2. Zahl der Todesfälle[2]

Bei der Einschätzung der durch die A-Bombe verursachten Todesfälle muß auch die bis heute weiterwirkende Natur der Strahlungseffekte berücksichtigt werden. Deshalb ist es wichtig, die Zahl der Todesfälle in Abhängigkeit von der Zeit, d. h. bezogen auf spezifische Daten, zu untersuchen.

Es wird geschätzt, daß ca. 140000 aller in Hiroshima exponierten Personen bis zum 31. Dezember 1945 starben, darunter 20000 Militärdienstleistende und dienstverpflichtete Arbeiter. Dies schließt auch einige Koreaner ein, deren Aufenthaltsorte bekannt waren.

Unbekannt ist hingegen die genaue Zahl koreanischer Zwangsarbeiter, von denen einige, wie angenommen wird, infolge direkter Bombenexponierung starben.

In Nagasaki starben wahrscheinlich bis zum 31. Dezember 1945 etwa 39000 Menschen. Die Zahl der Toten unter dem Militärpersonal wird auf ca. 150 geschätzt, unter den Koreanern auf 1500 bis 2000, weiterhin waren darunter wohl einige chinesische Studenten, Arbeiter und Kaufleute. Während der Bombardements der beiden Städte starben auch alliierte Kriegsgefangene.

Die Angaben über Todesfälle unter den A-Bomben-Überlebenden bis 1946 sind ungenau. Obwohl nicht exakt bestimmt, wird dennoch angenommen, daß ihre Todesrate über der der durchschnittlichen japanischen Bevölkerung gelegen hat. Erst die Volkszählung vom Oktober 1950 brachte in Ergänzung mit dem Gutachten der Kommission für Atombombenopfer erstmals eine Klärung der Zahl der A-Bomben-Überlebenden in ganz Japan. In Hiroshima hatten 158 597 und in Nagasaki 124 901 Menschen die A-Bomben überlebt. 10 Personen, die in diesen Zahlen nicht enthalten sind, waren beiden A-Bomben ausgesetzt. Von einer geringen Zahl von Menschen, die die Städte kurz nach den A-Bomben-Detonationen betraten, wird gesagt, sie seien nachfolgend an wahrscheinlich mit Reststrahlung zusammenhängenden Erkrankungen gestorben. Medizinische Dokumente, die diese Annahmen bestätigen könnten, sind aber nicht vorhanden.

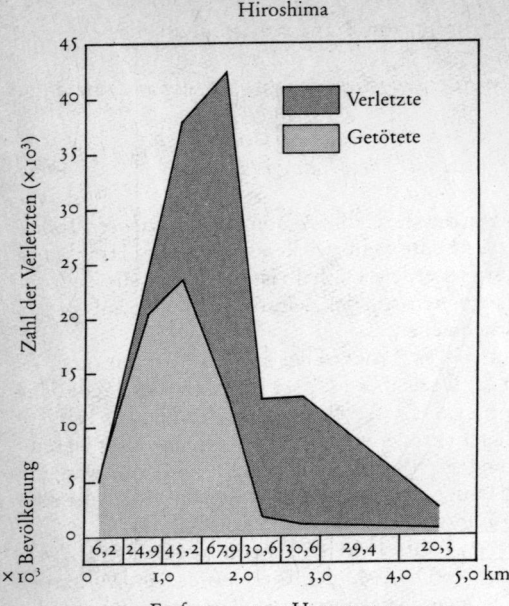
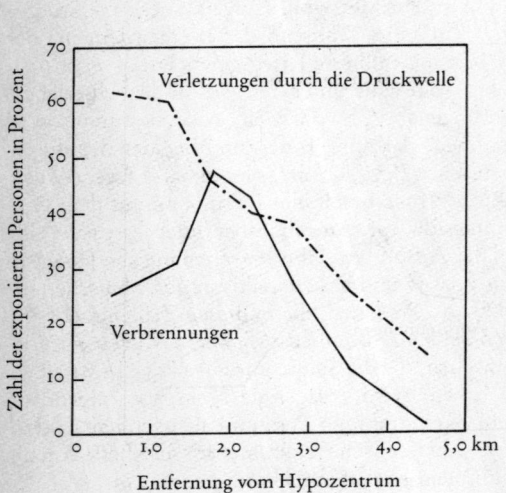

Abb. 4: Geschätzte Verletzungen von Zivilisten und Häufigkeit von Verletzungen durch die Druckwelle sowie von Verbrennungen in Entfernung zum Hypozentrum. (Nach Oughterson, A. W., und Warren, S. 1956)

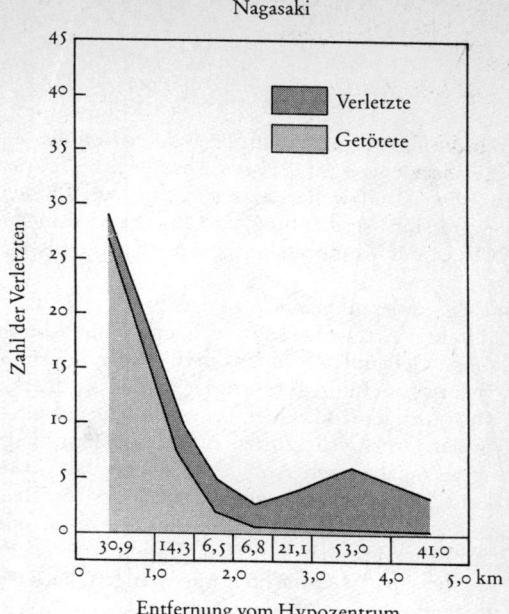

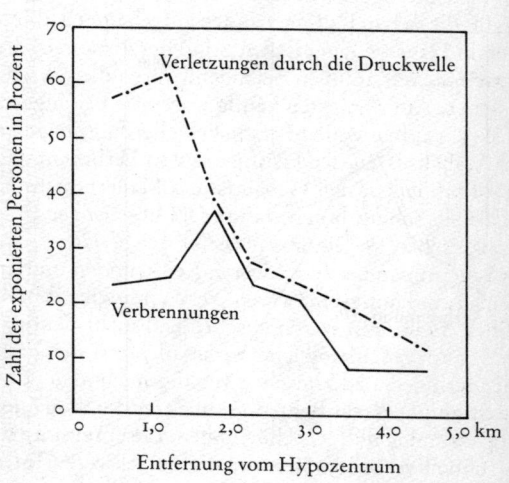

B. Medizinische Auswirkungen

1. (Mechanische) Verletzungen durch Druck

Der durch die Hiroshima- und Nagasaki-A-Bomben ausgelöste Detonationsdruck wird auf 4,5 bis 6,7 bzw. 6 bis 8 Tonnen pro m² geschätzt.³ Die Druckwelle setzte sich aus zwei Phasen zusammen: Kompression (Verdichtung) und Sog. Es wird angenommen, daß die Dauer der Kompressionsphase etwa 1/2 bis 1 Sekunde betrug.

Mechanische Verletzungen infolge der Druckwelle waren direkter und indirekter Art, wobei letztere, hauptsächlich durch zusammenstürzende Gebäude und/oder durch fliegende Trümmer verursacht, überwogen. Indirekt führte der Explosionsdruck in vielen Fällen zum sofortigen Tod. Über Todesfälle, die auf direkte Auswirkungen der Druckwelle zurückzuführen waren, liegen keine zuverlässigen Angaben vor. Abbildung 4 zeigt das Vorherrschen indirekter mechanischer Verletzungen bei Überlebenden. Dabei sind wegen der hohen Sterblichkeitsrate infolge verschiedener Ursachen diese Verletzungen bei proximal Exponierten relativ selten; folglich standen für das Gutachten nur wenige Überlebende zur Verfügung.

Verletzungen infolge des Drucks traten hauptsächlich bei Überlebenden auf, die sich in Betongebäuden aufgehalten hatten, seltener bei denen in Häusern japanischen Stils. Bei Personen, die sich an geschützten Stellen draußen befanden, waren diese Verletzungen noch seltener. Am wenigsten häufig waren sie bei ungeschützten, sich im Freien aufhaltenden Personen – allerdings in genau umgekehrtem Verhältnis zu der Häufigkeit von Verbrennungen. Dies läßt darauf schließen, daß Gebäude und Mauern mehr Gefahren bargen, als sie Schutz boten, besonders in geringer Entfernung. Die mechanischen Verletzungen der Überlebenden reichten von leichten Schrammen bis zu schweren Reißwunden und Trümmerfrakturen. Am häufigsten waren Verwundungen durch kleine Glassplitter. Frakturen waren anscheinend nicht häufig, obwohl viele der Verstorbenen möglicherweise solche erlitten hatten. Aufgrund der geringen medizinischen Versorgung und der durch ionisierende Strahlung verursachten sekundären Leukopenie führten kleine Reißwunden und Abschürfungen, die unter normalen Umständen schnell verheilt wären, häufig zu schweren Infektionen.

Rupturierte Trommelfelle bewiesen direkte Druckverletzungen bei einigen proximal exponierten Überlebenden; diese Verletzungen traten aber bei keiner der Personen auf, die sich mehr als 3 km entfernt aufgehalten hatten. Andere weniger deutliche Symptome könnten ebenfalls im Zusammenhang mit der Druckwelle gestanden haben, wie z. B. Schwindelgefühl, Ohrensausen und Kopfschmerz, ohne Traumanachweis. Ca. 15% der in beiden Städten überprüften Überlebenden klagten über diese Beschwerden; die meisten von ihnen hatten sich in einer Entfernung von bis zu 2,5 km aufgehalten. Bewußtlosigkeit wurde ebenfalls berichtet. Allerdings dürfte in den meisten Fällen die vorübergehende Bewußtlosigkeit auf heftige Verlagerungen, wie z. B. das Niedergeworfenwerden durch die Druckwelle, zurückzuführen sein. Es gibt keine genauen Zahlenangaben darüber, wie viele Überlebende infolge mechanischer Verletzungen dauerhaft behindert wurden.

2. Thermische Verletzungen

Schätzungen zufolge betrug die durch die Nuklearexplosion erzeugte Hitzeintensität in der Nähe des Hypozentrums 3000 bis 4000° C.[4] Ihre Dauer war ungefähr 0,5 bis 1 Sekunde. Mit zunehmender Entfernung vom Hypozentrum nahm sie rasch ab. Es gibt jedoch Anhaltspunkte dafür (etwa das Abblättern granitener Oberflächen), daß die Hitze auch in 1000 bis 1100 bzw. 1600 m Entfernung von den Hypozentren in Hiroshima bzw. Nagasaki noch mehr als 573° C betrug.[5] Thermische Strahlung verursachte Verbrennungen direkt oder indirekt, so wie durch das Aufblitzen auch Feuer ausgelöst wurden. Direkte Verbrennungen werden häufig als »flash burns« (Strahlungsbrandwunden) bezeichnet, da sie durch die thermische Strahlung des Feuerballs verursacht wurden. Vermutlich erlitten alle ungeschützten Überlebenden innerhalb 4 km vom Hypozentrum Verbrennungen irgendeines Ausmaßes; diejenigen, die sich direkt unterhalb der Explosion befanden, veraschten. Personen in Gebäuden nahe am Hypozentrum verbrannten, obwohl sie vor direkter thermischer Strahlung geschützt waren, möglicherweise durch eindringende heiße Gase oder Staub. Die zu Verkohlung und Nekrose führenden schweren Verbrennungen dritten Grades wurden am häufigsten bei ungeschützten Personen innerhalb 1 km vom Hypozentrum beobachtet. Diese Verbrennungen beschränkten sich im allgemeinen auf eine

Tabelle 4: Verbrennungen nach Entfernung und Abschirmung

Entfernung vom Hypozentrum (km)	Abschirmungsbedingungen			
	Im Freien ungeschützt	Im Freien geschützt	In Häusern	Summe
0–0,5		2/3 (66,6)	3/24 (12,5)	5/27 (18,5)
0,6–1,0	22/22 (100,0)	34/68 (50,0)	33/210 (15,7)	89/300 (29,6)
1,1–1,5	172/172 (100,0)	50/144 (34,7)	105/631 (16,6)	327/947 (34,5)
1,6–2,0	518/528 (98,1)	64/176 (36,3)	135/770 (17,5)	717/1474 (48,6)
2,1–2,5	439/443 (99,0)	69/150 (46,0)	50/563 (8,8)	558/1156 (48,2)
2,6–3,0	98/124 (79,0)	19/94 (20,2)	23/284 (8,0)	140/502 (27,8)
3,1–3,5	33/85 (38,8)	2/58 (3,4)	6/230 (2,6)	41/373 (10,9)
3,6–4,0	4/40 (10,0)	0/12	0/102	4/154 (2,5)
Summe	1286/1414 (90,9)	240/705 (34,0)	355/2814 (12,6)	1881/4933 (38,1)

Fälle mit Verbrennungen/Zahl der untersuchten Fälle

Hiroshima-Individuen (%), die 60 Tage nach der Bombardierung noch lebten

Quelle: Kajitani, N., und Hatano, S., Bibliog. 4, S. 525.

Seite des Körpers und waren scharf begrenzt. Zur Zeit der Bombenabwürfe war es sehr heiß, und die meisten Menschen trugen kurzärmelige Hemden und keine Jacken. Die Auswirkungen der Strahlungshitze wurden auf der nackten Haut vergrößert, da Kleidung je nach Qualität und Farbe des Stoffes und der Hitzeintensität ein unterschiedliches Maß an Schutz bot.

Indirekte Verbrennungen oder »flame burns« (Flammenbrandwunden) sind identisch mit durch Feuer verursachten, können praktisch jeden Teil des Körpers betreffen und neigen dazu, wesentlich tiefer zu dringen als »flash burns«. Die Heilungsprozesse bei beiden Arten von Verbrennungen unterschieden sich nicht. Verbrennungen waren außergewöhnlich häufig und scheinen die Haupttodesursache an den Tagen der A-Bomben-Detonationen gewesen zu sein. In welchem Verhältnis sie jedoch zur Gesamtzahl der Todesfälle stehen, ist nicht bekannt. Viele der durch die Druckwelle Verletzten konnten nicht mehr fliehen und starben in den Flammen. »Flash und flame burns« traten häufig gemeinsam auf; so erlitten viele Menschen Verbrennungen, als sich ihre Kleidung aufgrund der auflodernden Hitze entzündete. Verbrennungen unter der Kleidung traten mindestens bis zu einer Entfernung von 2,5 km von den Hypozentren auf. So waren bei Überlebenden die Verbrennungen auch größtenteils vom »flash«-Typus. Die Häufigkeit von »flame burns« scheint sehr gering gewesen zu sein. Sie stellten nicht mehr als 5 % aller Verbrennungen dar. Personen, die sich ohne nennenswerten Schutz im Freien aufgehalten hatten, erlitten innerhalb von 1,5 km vom Hypozentrum schwere Verbrennungen; mittelmäßige, aber dennoch tödliche Verbrennungen innerhalb 2,5 km, und leichte Verbrennungen traten noch in Entfernungen von 3 bis 4 km vom Hypozentrum auf. Wie aus Tabelle 4 ersichtlich, betrug die Häufigkeit von Verbrennungen bei ungeschützten Überlebenden bis zu einer Distanz von 2,5 km fast 100 %, außerhalb 3 km nahm sie abrupt ab. Am häufigsten waren Verbrennungen bei Personen, die sich ungeschützt im Freien aufgehalten hatten, merklich seltener bei im Freien befindlichen geschützten Personen und am seltensten bei denjenigen, die in Häusern waren.

Obwohl die thermische Energie in Nagasaki höher geschätzt wurde, war das Vorkommen von Verbrennungen dort wesentlich geringer. Gemessen an den Entfernungen vom Hypozentrum war die Gesamthäufigkeit der »flash burns« in Nagasaki ähnlich wie die in Hiroshima (Tabelle 4). Einige Verbrennungen 2. Grades, die sich in Erythem und Hautblasenbildung manifestierten, waren in Entfernungen von 3,3 km in Hiroshima und 3,1 km in Nagasaki zu verzeichnen. Außerhalb 4 km vom Hypozentrum in Hiroshima wurden keine »flash burns« registriert, wohingegen in Nagasaki ca. 3 % aller in 4 bis 5 km Entfernung exponierter Personen »flash burns« ersten Grades aufwiesen. Tabelle 4 zeigt deutlich den Einfluß von Abschirmungen auf die Häufigkeit von Verbrennungen. Personen in Gebäuden erlitten nur dann Verbrennungen, wenn die Strahlen sie durch Fenster und Türen erreichten. Bis zu einer Distanz bis zu 1,5 km zu den Hypozentren war die Häufigkeit von Verbrennungen wegen der hohen Sterblichkeitsrate in dieser Gruppe relativ niedrig. Diejenigen, die nach einer Exponierung in dieser Entfernung überlebten, waren vermutlich teilweise gegen Strahlungshitze abgeschirmt. Solche selektiven Faktoren könnten zu der geringeren Häufigkeit von Verbrennungen unter Überlebenden geführt haben, die sich an Stellen befanden, an denen ein Überleben eigentlich nicht zu erwarten gewesen wäre.

Nach dem Abheilen schwerer Verbrennungen waren häufig Vernarbungen und Keloide zu verzeichnen, besonders bei weiblichen Überlebenden, die sich innerhalb 2,5 km vom Hypozentrum befunden hatten. Obwohl früher angenommen wurde, daß diese möglicherweise auf nukleare Bestrahlung zurückzuführen seien, gibt es keine eindeutigen Beweise, die dies bestätigen könnten. Bis 1947 und 1952 kam es in den meisten Fällen zu einer deutlichen Regression der Narben und Keloide.

3. Strahlenschäden

Nach den Detonationen über Hiroshima und Nagasaki war dem Militär sehr bald klar, daß es sich dabei um A-Bomben gehandelt hatte, und sie wendeten ihre Aufmerksamkeit besonders den Strahlenschäden am menschlichen Körper zu. Obwohl dieses schreckliche Ereignis erstmals die Chance zur Beobachtung der Auswirkungen massiver ionisierender Strahlenexponierung auf den Menschen gab, ist über die schwersten, zum sofortigen Tod führenden Strahlenschäden nur wenig bekannt, da bei den Verstorbenen keine Autopsien durchgeführt wurden. Die hohen Sterblichkeitsraten und schweren Verletzungen in den ersten Tagen nach der A-Bombe verhinderten die genaue statistische Erfassung der unmittelbaren Effekte ionisierender Strahlung. Aufzeichnungen von Beobachtungen über die klinischen Symptome bei Strahlenschäden unmittelbar nach der Explosion befinden sich in dem medizinischen Untersuchungsbericht über die A-Bomben-Opfer von Hiroshima vom 30. November 1945, durch die Army Medical School und das Provisional Tokyo First Army Hospital. Im folgenden eine Zusammenfassung der im ersten Stadium (6. bis 17. August) beobachteten Symptome:

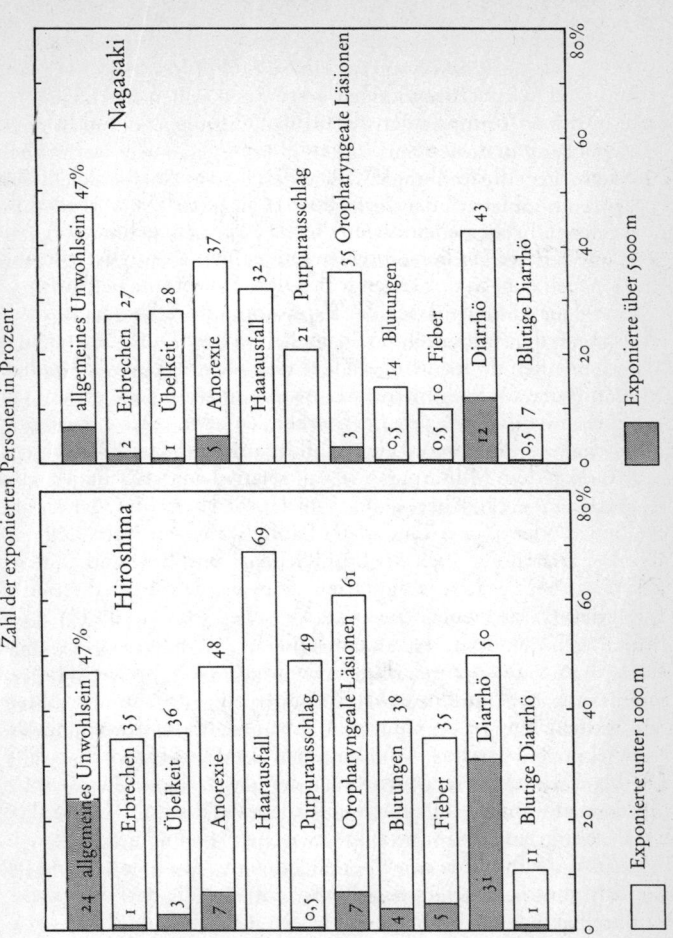

Abb. 5: Symptomhäufigkeit innerhalb 1000 m und außerhalb 5000 m vom Hypozentrum. Gemäß der T65-Dosis betrug die Luftdosis in einer Entfernung von 1000 m 447 rad in Hiroshima und 925 rad in Nagasaki. Bei 5000 m betrug sie 0 rad. (Nach Joint Commission Report, Bibliog. 2, 1951)

»Am Tage der Explosion waren alle medizinischen Versorgungseinrichtungen mit Verwundeten überfüllt, so daß genaue Beobachtungen einfach nicht möglich waren. Trotz der Schwierigkeiten, exakte Informationen über die Frühsymptome bei Strahlenschäden zu gewinnen, kann wohl gesagt werden, daß Übelkeit, Erbrechen, Polydipsie (krankhafter Durst), Anorexie, allgemeines Unwohlsein, Fieber (manchmal hoch) und Diarrhö zu den charakteristischen Früherscheinungen dieses Zustandes gehörten. Übelkeit und Erbrechen herrschten besonders am 6. August vor und setzten sich danach nur selten fort. Diese Symptome begannen 30 Minuten bis 3 Stunden nach der Explosion, und es kam meist zwei- oder dreimal, ja bis zu zehnmal zum Erbrechen. Die Übelkeit hielt im allgemeinen zwei oder drei Tage, aber auch bis zu zwei Wochen an. Anorexie und allgemeines Unwohlsein waren am ersten Tag besonders häufig, wurden bei Sterbenden aber seltener bekannt, vermutlich da ihr Zustand eine Schilderung ihrer Symptome nicht zuließ. Von dem Militärpersonal mit relativ leichten Schäden, das nach dem 10. August beobachtet wurde, wird berichtet, daß sie am 6. August oder noch 4 Tage später häufig wäßrigen Stuhlgang hatten. Bei Diarrhö enthielt der Stuhl Schleim und Blut und ähnelte, allerdings bei negativem Bakteriennachweis, dem bei bakterieller Dysenterie. Das Fieber schwankte zwischen 38° C und 41° C: allgemeines Unwohlsein setzte ein, und die Patienten starben zwischen dem 7. und dem 10. Tag. Viele litten an zerebralen Symptomen, einschließlich klonischer Krämpfe und Delirium. Von den 181 Sterbefällen, die bis zum 17. August registriert wurden, hatten 159 Fieber, 85 Diarrhö (16 mit blutigem Stuhl), 22 hämorrhagische Diathese, 2 kutane Petechie und je einer Nasen- bzw. Gaumenbluten. In den wenigen untersuchten Fällen war die Zahl der Leukozyten sehr gering und schwankte zwischen 300 und 400.«

Die Hauptsymptome der Überlebenden mit Strahlenschäden innerhalb eines Kilometers vom Hypozentrum, die drei oder mehr Wochen nach der A-Bombe noch lebten, sind in Abbildung 5 aufgeführt. Wahrscheinlich waren sie einer vergleichsweise hohen Dosis ionisierender Strahlung ausgesetzt, mit Ausnahme einiger weniger, die stark geschützt waren. Das Vorkommen dieser Symptome und Anzeichen bei Personen, die sich außerhalb 5 km vom Hypozentrum befunden hatten, sind in der Abbildung ebenfalls angegeben. Haarausfall und Purpuraausschlag, die auffälligsten Anzeichen, traten im allgemeinen gemeinsam auf und gelten als der zuverlässigste Nachweis bei der Diagnose von Strahlenschäden. Ulzerationen bildeten in der Reihenfolge der Häufigkeit das dritte Anzeichen, waren aber nicht so spezifische Nachweise für Strahlenschäden wie Haarausfall und Purpuraausschlag.

Chronologisch können die Symptome und Krankheitszeichen in folgende Phasen klassifiziert werden:

I. Prodromales Strahlungssyndrom, das im allgemeinen an einem oder mehreren Tagen hochgradige Erschöpfung und gastrointestinale Symptome umfaßte, die Übelkeit, Erbrechen und Anorexie mit einschlossen.

II. Eine Periode relativen Wohlseins unterschiedlicher Dauer, die in umgekehrtem Verhältnis zu der Exponierungsdosis stand.

III. Eine febrile Phase, die mehrere Wochen dauerte und mit Haarausfall, oropharyngalen Ulzerationen, Infektionen, Diarrhö und härmorrhagischen Manifestationen verbunden waren.

IV. Entweder Tod oder verlängerte Rekonvaleszenz mit evtl. Gesundung.

In vielen Fällen wurde die Phase vorübergehenden Wohlseins nicht beobachtet. Bei diesen Schwergeschädigten begann die febrile Phase im allgemeinen zwischen dem fünften und siebten, in einigen Fällen bereits am dritten Tag. Bis zum Tod war sie von schwerer Diarrhö – der deutlichsten Erscheinung – begleitet. Bei den weniger Schwergeschädigten begann der Haarausfall, dem bald Purpuraausschlag und oropharyngale Läsionen folgten, etwa zwei Wochen nach der Exponierung und leitete die febrile Phase ein. Trotz deutlicher individueller Variationen hängt die Schwere der Erscheinungen von der Strahlungsbelastung ab. Stark belastete Personen starben im allgemeinen innerhalb von zwei Wochen; die weniger stark Exponierten vor Ende der sechsten oder achten Woche nach der Exponierung. Im folgenden einige zusätzliche Erläuterungen zu Symptomen und Krankheitszeichen der Strahlenkrankheit.

a) Übelkeit und Erbrechen

Obwohl es viele andere Ursachen für Übelkeit und Erbrechen gab, handelt es sich bei ihnen erwiesenermaßen um Frühanzeichen strahlungsbedingter Erkrankungen. Am ersten Tag bestand eine eindeutige Korrelation zwischen der Entfernung vom Hypozentrum und dem Erbrechen; an den Folgetagen ist diese Korrelation weniger bestimmt. Bei den stärker Exponierten hielten Übelkeit und Erbrechen im allgemeinen mehrere Tage an; bei einigen begleiteten sie den gesamten Krankheitsverlauf. Das Vorhandensein von Verbrennungen beeinflußte diese beiden Symptome nicht.

b) Haarausfall

Epilation gilt als spezifisches Anzeichen für Strahlungsverletzungen. Im allgemeinen setzte der Haarausfall in der ersten bis vierten Woche nach der Exponierung ein; sein Höhepunkt trat während der zweiten und dritten Woche auf. Beim Kämmen oder durch leichtes Ziehen fiel das Haar in Bündeln aus. Im großen und ganzen korrelierte das Auftreten von Haarausfall mit der Exponierungsdosis, die anhand der Entfernung und des Vorhandenseins von Schutzvorrichtungen geschätzt werden konnte. Haarausfall war leicht zu erkennen, folgte einer Latenzzeit und war manchmal erstes Anzeichen für das Auftreten einer Reihe von strahlungsbedingten Krankheitserscheinungen. Überlebende, bei denen der Haarausfall schon früh einsetzte, hatten meist wesentlich schwerere Syndrome. Das Ausmaß des Haarausfalls korrelierte nicht mit der Krankheitsprognose. Am häufigsten war das Kopfhaar von der Epilation betroffen, auf Achsel und Schamhaar wirkte sie sich wenig aus. Bis zur 12. oder 14. Woche begann das Haar wieder nachzuwachsen. Dauerhafte Epilationen waren nicht zu verzeichnen.

c) Purpurausschlag

Purpurausschlag wurde frühestens am dritten Tag festgestellt, der Höhepunkt lag in beiden Städten 20 bis 30 Tage nach den A-Bomben. Wie der Haarausfall, so korrelierte der Purpurausschlag eng mit der Dosis. Ein starkes Abfallen der Purpurausschlagrate war bei Überlebenden, die außerhalb 1,5 km exponiert worden waren, zu verzeichnen. Minimaler Purpurausschlag wurde oftmals nicht erfaßt, so daß die dokumentierten Angaben über die Häufigkeit von Purpurausschlag zweifellos unter der tatsächlichen Häufigkeit liegen.

Klinische und pathologische Studien an den A-Bomben-Opfern haben deutlich gezeigt, daß die Knochenmarksdepression infolge Strahlung der ausschlaggebende Schaden war, der zum Tode führte. Unter den Schwerverletzten schritt die Leukocytopenie

Tabelle 5: Verteilung der niedrigsten Blutbildwerte bei schweren Fällen während der 3.–5. Woche in Hiroshima

Erethro-cytenwerte	Sterbe-fälle	Gene-sungsfälle	Leuko-cytenwerte	Sterbe-fälle	Gene-sungsfälle
100–200	3	5	0– 500	14	1
201–300	14	12	501–1000	7	8
301–400	7	7	1001–2000	4	10
über 401	1	3	über 2001	0	4
Summe	25	27	Summe	25	23

Quelle: Oughterson, A.W., und Warren, S., Bibliog. 4, S. 196 und S. 206.

rasch voran, zwischen dem fünften und zwölften Tag lagen die Werte im allgemeinen unter 500/mm^3. Bei jenen, die länger als 10 Tage überlebten, trat die schwerste Leukocytendepression in der dritten bis fünften Woche nach Exponierung auf. Ein Abfall der Leukocytenwerte zwischen der dritten und fünften Woche korrelierte mit den Todesfällen und erwies sich damit als der beste Indikator für Krankheitsprognosen. Eine Reihe von Faktoren, z.B. der starke Blutverlust infolge von Verwundungen, die Dehydration aufgrund starker Verbrennungen, Diarrhö usw., verunklärten die Erythrocytenwerte bei A-Bomben-Überlebenden. Bei stark exponierten Überlebenden fiel die Zahl der roten Blutkörperchen ständig ab, und sie erreichten ihren Minimalwert meist zur gleichen Zeit wie die weißen Blutkörperchen, was in den meisten Fällen auch mit dem Zeitpunkt des Todes übereinstimmte. Allerdings gibt es keine eindeutigen Beweise dafür, daß die Schwere der Anämie prognostische Anhaltspunkte liefert (vgl. Tabelle 5).

Die Ergebnisse zeigen deutlich, daß bei stark strahlenexponierten Personen die Krankheitserscheinungen folgenden Verlauf nahmen: schwerer anhaltender, zu Pancytopenie führender Knochenmarksschwund bei Ganzkörperexposition, der Infektionen oropharyngale Läsionen, Agranulocytose und hämorrhagischer Diathese wie Purpuraausschlag mit Thrombocytopenie und schließlich Tod. Weithin mag auch die Abtragung der Villi des Darmepithels dabei eine signifikante Rolle gespielt haben.

3. Auswirkungen auf medizinische Einrichtungen und Personal

A. Auswirkungen auf Krankenhäuser und andere Einrichtungen

In Hiroshima lagen die meisten Krankenhäuser und Kliniken im oder in der Nähe des Stadtzentrums. Alle Einrichtungen, die innerhalb eines Kilometers am Hypozentrum lagen, wurden völlig zerstört, und die Sterblichkeitsziffer unter den dort befindlichen Personen lag praktisch bei 100%. Die größten und modernsten Krankenhäuser in Hiroshima waren das Rote-Kreuz-Hospital (1,6 km vom Hypozentrum) und das Hiroshima-Durchgangskrankenhaus (1,3 km). Beide waren aus Eisenbeton und standen auch noch nach der A-Bombe. Aber wegen der im Inneren angerichteten Schäden konnten sie nur noch als Entlastungsstationen, ambulante Versorgungsstellen und zur Unterbringung Schwerverwundeter genutzt werden. Krankenhäuser, die in einer Entfernung von mehr als 3 km vom Hypozentrum lagen, wie das Hiroshima-Armee-Wohlfahrtshospital (3,2 km) und die beiden Krankenhäuser des Mitsubishi-Schwerindustriekonzerns (4,3 und 4,5 km), waren ebenfalls stark beschädigt, und viele der sich dort Aufhaltenden waren durch herumfliegende Trümmer verletzt worden. Trotzdem spielten diese Einrichtungen bei der Versorgung der Verwundeten eine wichtige Rolle.

Besonders starke Auswirkungen auf die medizinische Versorgung in Nagasaki hatte die Zerstörung der Gebäude der medizinischen Hochschule von Nagasaki und des Nagasaki-Universitätskrankenhauses. Die medizinische Hochschule hatte nur 600 m vom Hypozentrum entfernt gelegen. Der größte Teil der Gebäude war aus Holz, das einstürzte und verbrannte und zu einer sehr hohen Todesrate unter den Studenten führte: 414 der 580 anwesenden Medizinstudenten wurden getötet. Das Universitätskrankenhaus hatte über 75% aller Krankenhausbetten und medizinischen Einrichtungen der Stadt Nagasaki verfügt. Zwar blieb die äußere Schale, ein aus Eisenbeton bestehendes Gebäude, stehen, doch im Innern wurde das Krankenhaus in Schutt und Asche gelegt. Zwei Drittel der dort befindlichen Menschen wurden getötet.

Das Innere des Urakami First Hospitals, das ca. 1,4 km vom

Tabelle 6:
Zahl des in Hiroshima getöteten oder verletzten medizinischen Personals

Beruf	Gesamtzahl	Zahl der Verletzten	Prozentsatz der Verletzten
Ärzte	298	270	91
Zahnärzte	152	132	87
Apotheker	140	112	80
Pflegepersonal	1780	1650	93
Summe	2370	2164	91

Quelle: Hiroshima A-bomb Medical Care History Editorial Committee, Hiroshima Genbaku Iryoshi, S. 10, 1961. (Japanisch)

Hypozentrum entfernt auf dem Motahara-Hügel lag, wurde durch die Druckwelle zerstört, und die nachfolgenden Brände vernichteten medizinisches Gerät und den Bestand an Medikamenten, Verbandsmaterial usw. Da es aber als einziges Krankenhaus im Urakami-Bezirk übriggeblieben war, hatte es die Versorgung für die Verletzten der ganzen Gegend allein zu tragen. Viele Krankenhäuser und Kliniken in ganz Nagasaki-Stadt wurden, abhängig von ihrer Entfernung zum Hypozentrum und von topographischer Abschirmung, zerstört oder beschädigt.

B. Auswirkungen auf das medizinische Personal

Wegen des Fehlens genauer Angaben über die Zahl der Ärzte, Krankenschwestern und des anderen medizinischen Personals in beiden Städten zur Zeit der A-Bombenabwürfe konnten verläßliche Schätzungen über die Zahl der Verletzten oder Getöteten nicht vorgenommen werden. Ein Großteil der medizinischen Versorgungseinrichtungen von Hiroshima lag in den durch die Detonation verwüsteten Gebieten, und die meisten von ihnen waren sofort völlig zerstört. Entsprechend hoch waren die Sterblichkeitsraten beim medizinischen Personal (vgl. Tabelle 6). Erst kürzlich berichtete der städtische Medizinverband Nagasaki, daß mindestens 89 Ärzte, unter ihnen auch Stabsärzte der Armee, am Tage des Abwurfs der A-Bombe getötet wurden.[6]

In Nagasaki befand sich der größte Teil des medizinischen Personals in der medizinischen Hochschule oder im Universitätskrankenhaus, und ein hoher Prozentsatz von ihnen wurde bei der völligen Vernichtung beider Gebäude getötet. 80% derjenigen, die sich im Universitätskrankenhaus aufhielten, wurden getötet oder lebensgefährlich verletzt. Nachforschungen vom 1. November 1945 ergaben, daß es in der Stadt nur noch etwa 120 Ärzte gab, das entspricht kaum der Hälfte der Ärzte, die es vor dem Abwurf der A-Bombe gab.

C. Erste Hilfe

Vor 1945 hatten die medizinischen Rettungssysteme der zentralen Luftverteidigung in Hiroshima und Nagasaki mit den wiederholten U.S.-Luftangriffen mit konventionellen Bomben fertig werden müssen. Die Zerstörungskraft der A-Bombe aber war derartig groß, daß sich selbst gut vorbereitete medizinische Versorgungssysteme als nutzlos erwiesen.

Schon bald nach der A-Bombe wurden zahlreiche Hilfsstationen in nur teilweise zerstörten Krankenhäusern, Schulen und anderen Gebäuden in den Außenbezirken der Städte eingerichtet, doch wurden diese mit einem Ansturm von Tausenden Verwundeter überschüttet. Es gab einen hoffnungslosen Mangel an Ärzten und medizinischem Versorgungsmaterial. Die Zahl der Patienten, die in den Erste-Hilfe-Stationen in Hiroshima untergebracht wurden, belief sich vom 11. August bis 5. Oktober 1945 auf insgesamt 105 800, die Zahl der ambulant Behandelten erreichte 210 000.[7] Über die Patientenzahlen vom 6. bis 10. August gibt es keine Aufzeichnungen.

Zweifellos hatte die Anwesenheit von Ärzten den exponierten Überlebenden ein Gefühl der Sicherheit gegeben, doch war es für die Ärzte überaus schwierig, ihnen am ersten Tag zumindest grundlegende wirkungsvolle medizinische Behandlung zukommen zu lassen.

Während des Frühstadiums der Entlastungsarbeit spielte das Militär eine entscheidende Rolle, indem es für die Reparatur von Straßen, den Transport der Patienten und die Beseitigung der Leichen sorgte.

Weiterhin trugen auch eine Reihe von Militärkrankenhäusern, die sich in einem Umkreis von 20 bis 40 km von beiden Städten befanden, aktiv zur Ersten-Hilfe-Versorgung von Überlebenden bei. Besonders die Omura-Krankenhausgruppe, die ca. 30 km nördlich von Nagasaki liegt, konnte eine große Zahl Überlebender unterbringen.

Zehntausende von Überlebenden suchten in den umliegenden Städten unterzukommen. In diesem Zusammenhang war die Arbeit ziviler Gruppen und medizinischer Teams, die am Tag nach der A-Bombe in den Nachbarstädten und umliegenden Bezirken eintrafen, eine große Entlastung.

4. Vorsorgemaßnahmen zur Abschwächung der Gefahren

Von den Vorsorgemaßnahmen, die das Ausmaß der Gefahren durch konventionelle Luftangriffe mildern sollten, erwies sich in bezug auf die A-Bombe die Evakuierung von Schulkindern als die einzige wirkungsvolle Maßnahme.

Die Evakuierung von Schulkindern war in Übereinstimmung mit einem nationalen Programm durchgeführt worden. In Hiroshima waren 15 000 Kinder zu weit entfernt wohnenden Verwandten gebracht worden. Die Evakuierung von Schulkindern in Gruppen begann im April 1945. Bis zum Juli waren etwa 8 500 Kinder aus der Stadt geschafft worden. Somit waren offiziell registriert insgesamt 23 500 Kinder in verschiedene Orte des Landkreises verschickt worden und entkamen dadurch dem direkten Schrecken der atomaren Zerstörung. Dennoch verloren zahllose Kinder durch die massiven Verwüstungen ihre Eltern und Vormunde und fügten sich in die tragische Reihe der »A-Bomben-Waisen«. Es ist nicht genau bekannt, wie vielen Kindern dieses Schicksal widerfuhr. Soziologen der Hiroshima-Universität, die 1951-53 und 1958-60 wiederholt Übersichtsstudien durchführten, fanden innerhalb des Hiroshima-Bezirkes 1780 und außerhalb des Kreises weitere 1300 Waisen.[8]

Das wohl lehrreichste Faktum bleibt die geringe Zahl derer, die – zufällig gegen direkte Stöße geschützt – auch in der Nähe des Hypozentrums überlebten. So überlebten in Nagasaki 10 Personen, die sich weisungsgemäß in den Schutzstollen befanden, in einer Entfernung in weniger als 300 m vom Hypozentrum.[9]

In Hiroshima spürte man bei einer 1968–1979 durchgeführten

Untersuchung 76 Überlebende auf, die sich innerhalb 500 m vom Hypozentrum entfernt aufgehalten hatten.[10]

5. Auswirkungen auf die umgebenden Sanitäreinrichtungen

Die Atombombe richtete ernsthafte Beschädigungen am Wasserversorgungssystem, den Abwasserkanälen und dem Abfallbeseitigungssystem an.

Die Beschädigungen am Wasserverteilungsnetz waren erheblich, und in nicht wenigen Bereichen war die Wasserversorgung unterbrochen. Der Mangel an Desinfektionsmitteln, nicht zuletzt an Chlorkalklösung, führte zu ernsthaften Problemen. Wie auch immer, bakteriologische und chemische Daten über die Wasserqualität vor und nach dem Bombenabwurf sind nicht verfügbar.

Es gibt Angaben darüber, und zwar sowohl bestätigende als auch negierende, daß es unmittelbar nach der Bombardierung zu einer vorübergehenden Abnahme der Zahl von Fliegen und Moskitos gekommen sei. Einige Tage nach der A-Bombe wurde eine Zunahme beobachtet.

Es ist schwierig zu ermitteln, ob die Gesundheitsrisiken aufgrund der Schäden am öffentlichen Hygienesystem wirklich zunahmen oder nicht.

Nachwort

Die Stärke des frühen (örtlichen) Fallouts scheint in beiden Städten relativ gering gewesen zu sein, da die Explosionspunkte in ausreichender Höhe lagen.

Die durchschnittliche zeitliche Gesamtdosis wurde für Hiroshima auf etwa 100 rad und für Nagasaki auf ca. 30 rad geschätzt, mit einer Abweichung von ungefähr 60%. Die Gebiete des radioaktiven Fallouts stimmten fast mit denen des »schwarzen Regens« überein. Die kumulative Dosis im Fallloutgebiet von Hiroshima wurde auf 13 rad geschätzt, wobei Strahlung, verursacht durch inhalierte und mit der Nahrung aufgenommene Radionukleide, nicht berücksichtigt wurde.[11]

Anhang 1: Gewebedosis aus der Luft (rad) nach Versuchsdosis 1965 (T 65 D) in beiden Städten als Funktion der Entfernung vom jeweiligen Hypozentrum

Entfernung vom Hypozentrum (m)	Hiroshima			Nagasaki		
	Gamma-Strahlen (rad)	Neutronen (rad)	Summe (rad)	Gamma-Strahlen (rad)	Neutronen (rad)	Summe (rad)
0	10300	14100	24400	25100	3900	29000
100	9660	13100	22760	23500	3570	27070
200	8040	10600	18640	19500	2790	22290
300	6050	7700	13750	14700	1910	16610
400	4220	5090	9310	10400	1190	11590
500	2790	3150	5940	7190	703	7893
600	1780	1870	3650	4720	398	5118
700	1110	1080	2190	3110	221	3331
800	685	613	1298	2040	121	2161
900	419	344	763	1340	66,1	1406,1
1000	255	191	446	888	35,9	923,9
1100	155	106	261	588	19,5	607,5
1200	94,6	58,9	153,5	391	10,6	401,6
1300	57,7	32,6	90,3	262	5,8	267,8
1400	35,2	18,1	53,3	176	3,2	179,2
1500	21,6	10,1	31,7	119	1,7	120,7
1600	13,2	5,6	18,8	80,7	1,0	81,7
1800	5,0	1,7	6,7	37,6	0,3	37,9
2000	1,9	0,5	2,4	17,8	0,1	17,9
2500	0,2	0,0	0,2	2,9	0,0	2,9
3000	0,0	0,0	0,0	0,5	0,0	0,5

Quelle: Milton, R. C., und Shohoji, T., »Tentative 1965 radiation dose (T 65 D) estimation for atomic bomb survivors, Hiroshima and Nagasaki«, ABCC TR 1–68 (1968).

Anmerkungen

1 *Hiroshima and Nagasaki. The Physical, Medical and Social Effects of Atomic Bombings.* The Committee for the Compilation of Materials on Damage caused by the Atomic Bomb in Hiroshima and Nagasaki, Iwanami Shoten, Tokio 1979, S. 344.
2 *Hiroshima and Nagasaki* (s. Anm. 1), S. 363.

Seit 1969 wurden von den städtischen Behörden in Hiroshima in Zusammenarbeit mit unserem Forschungsinstitut Übersichtsgutachten durchgeführt, die unter Berücksichtigung aller zur Verfügung stehenden Dokumente und mittels Verknüpfung aller Informationen die

Namen der Verstorbenen zu ermitteln sowie die Todeszeiten festzustellen suchten. Diese äußerst mühsamen Nachforschungen werden auch heute noch weitergeführt.

Basierend auf dem Zwischenbericht zum Übersichtsgutachten und nach nochmaliger Sichtung aller einschlägigen Aufzeichnungen kamen die städtischen Behörden und die Forscher des RERF und des RINMB der Universität Hiroshima schließlich zu dem Ergebnis, daß sich die augenblicklich wahrscheinlichsten Schätzungen bei einer Gesamtbevölkerungszahl von 330000, die in Hiroshima direkt der A-Bombe ausgesetzt waren, auf 90000 bis 120000 Todesfälle bis Ende 1945 belaufen.

3 Oughterson, A. W. et al., *Medical Effects of Atomic Bombs*. The Report of the Joint Commission for the Investigation of the Atomic Bomb in Japan, 6 Bde., USAEC 1951, Bd. 2, S. 36 u. 229.
4 Glasstone, S., *The Effects of Nuclear Weapons*, Revised Edition, USAEC 1962, S. 325.
5 *Collection of the Reports on the Investigation of the Atomic Bomb Casualties*, 2 Bde. Science Council of Japan, Tokio 1953 (auf japanisch), S. 143.
6 *The History of Hiroshima City Medical Association*, Bd. 2, 1980 (auf japanisch), S. 285.
7 *Hiroshima and Nagasaki* (s. Anm. 1), S. 519 u. 523.
8 *Hiroshima and Nagasaki* (s. Anm. 1), S. 440.
9 *Collection of the Reports* (s. Anm. 5), S. 483.
10 Kamada, N. et al., in: *Nagasaki Med. J.*, 55, 1980.
11 *A Review of Thirty Years Study of Hiroshima and Nagasaki Atomic Bomb Survivors*, in: *J. Rad. Res.*, 16, 1975.

Bibliographie

Das folgende Literaturverzeichnis enthält nur die wichtigsten Literaturangaben.

United States Strategic Bombing Survey; Pacific War, Nr. 3, *The Effects of Atomic Bombs on Hiroshima and Nagasaki*, 1946, und Nr. 13, *The Effects of Atomic Bombs on Health and Medical Services in Hiroshima and Nagasaki*, 1947, U. S. Government of Printing Office.

Oughterson, A. W. et al., *Medical Effects of Atomic Bombs; The Report of the Joint Commission for the Investigation of the Atomic Bomb in Japan*, 6 Bde., USAEC, 1951.

Summary Report of the Investigation of the Atomic Bomb Casualties, Science of Japan, Tokyo, 1951 (auf japanisch).

Collection of the Reports on the Investigation of the Atomic Bomb Casualties, 2 Bde., Science Council of Japan, Tokyo, 1953 (auf japanisch).

Oughterson, A. W., und Warren, S. (eds.), *Medical Effects of the Atomic Bomb in Japan*, McGraw Hill, New York, 1956.

Glasstone, S., *The Effects of Nuclear Weapons*, Revised Edition, USAEC, 1962.

A Review of Thirty Years Study of Hiroshima and Nagasaki Atomic Bomb Survivors, in: *J. Rad. Res.*, Bd. 16 (Suppl.), 1975.

Hiroshima and Nagasaki, *The Physical, Medical and Social Effects of the Atomic Bombings. The Committee for the Compilation of Materials on Damage Caused by the Atomic Bomb in Hiroshima and Nagasaki*, Iwanami Shoten, Tokyo, 1979.

Toranosuke Ishimaru/Takeshi Ohkita
Sozialpsychologische Studien zu A-Bomben-Überlebenden
Eine Übersicht

1. Psychologische Auswirkungen der A-Bomben-Exponierung

Es ist offenkundig, daß Atombomben-Überlebende durch den Atombombenabwurf einen schweren Schock erlitten und dieses Erlebnis einen schrecklichen Eindruck hinterließ.

1952 berichtete Y. Kubo über den psychischen Zustand von Überlebenden unmittelbar nach dem Atombombenabwurf in seiner sozialpsychologischen Studie mit dem Titel *Study of Human Behavior Immediately after the Atomic Bombing of Hiroshima – Sociopsychological Study Pertaining to the Atomic Bomb and Atomic Energy*.[1] Darin wurden die Ergebnisse einer zwischen 1949 und 1952 durchgeführten Erhebung dargestellt, bei der Interviews mit 54 Hiroshima-Überlebenden stattfanden, die in 1 bis 3 km Entfernung vom Hypozentrum exponiert worden waren. Erstens: Um sich vor durch die Atomexplosion verursachten externen Stimuli wie Blitz, Druckwelle, dem Zusammenstürzen von Häusern usw. zu schützen, verließen viele – in einer Art instinktivem Verhalten, da sie Gefahr für ihr Leben spürten und überleben wollten- den Ort der Exposition. Zweitens: Als sie die durch die A-Bombe verursachte Katastrophe erkannten und die verheerenden Schäden sahen, deren Ausmaß alles ihnen bisher Bekannte bei weitem überstieg, verfielen sie in einen »chaotischen« Bewußtseinszustand, der es ihnen unmöglich machte, das Geschehene zu verstehen. Danach trat eine Panik ein, die sich in rücksichtslosen, unbesonnenen Handlungen äußerte und die als »Katastrophenreaktion« bezeichnet werden könnte, sowie verschiedene paraphasische Handlungen. Drittens: Die Panik intensivierte sich aufgrund der dritten Stimuligruppe, den plötzlichen Umgebungswechsel wegen der Katastrophe und aufgrund von Gerüchten. Die Menschen verloren die Fähigkeit, auf externe Stimuli zu reagieren. So folgten sie einfach anderen Personen, bis sie schließlich an scheinbar sichere Plätze gelangten, wo sie sich ausruhten, schliefen, medizinische

Versorgung erhielten und sich endlich wenigstens ihre mentalen Funktionen wiederherstellten.

Wie berichtet wird, waren proximal exponierte Personen stark gehindert, die Situation zu erkennen, da sie physische Schäden, einschließlich Verbrennungen, externe Verletzungen sowie Gehörschäden aufgrund der Druckwelle und des Zusammenstürzens von Gebäuden davongetragen hatten, so daß ihr Geisteszustand nicht ohne Berücksichtigung der anderen Bedingungen betrachtet werden kann. Zwar kann man wohl davon ausgehen, daß diese physischen Schädigungen später zu psychogenen Störungen führten, doch sind komparative Studien äußerst schwierig.

Bezüglich mentaler Gleichgewichtsstörungen nach der Bombardierung und der Wiedergenesung berichtet Kubo, daß die Wiederherstellung der mentalen Funktionen bereits vom ersten Tag nach der A-Bombe an schnell voranschritt. Dennoch entwickelten proximal exponierte Überlebende in der ersten bis dritten Woche nach der Bombardierung akute Strahlungsstörungen und Todesängste. Es heißt, daß Überlebende, die keine ernsten Strahlungsstörungen davontrugen, durch die Bestätigung des Todes von Familienmitgliedern und die Vernichtung funktioneller Gruppen des Gemeinwesens, denen sie angehört hatten, eine Anpassungshaltung entwickelten, bei Verständnis für und Urteilsvermögen über ihre eigene Situation.

N. Okumura et al. berichten, daß einige Überlebende von 2 bis 3 Wochen bis zu 2 bis 3 Monaten nach der Bombe neurasthenieähnliche Symptome zeigten und daß manche von ihnen Neurosen entwickelten.[2] In einer neuropsychiatrischen Studie, die 10 bis 20 Jahre nach der Bombardierung mit Überlebenden durchgeführt wurde, wird berichtet, daß psychosomatische und/oder neurotische Beschwerden und Symptome als Spätauswirkungen der A-Bombe bei Überlebenden häufiger auftraten als in der Kontrollgruppe.[3] N. Konuma beschreibt die »neurotischen Konditionen« bei den Überlebenden; sie leiden immer noch unter einer Art Verfolgungswahn vor der Atombombe: Mit zunehmendem Krankheitsalter verstärken sich diese Beschwerden, und in einigen Fällen tritt eine Vielzahl neurotischer Beschwerden und Symptome auf.[4] Konuma beschreibt dies als den Entwicklungsmechanismus des diencephalen Syndroms.

Nachdem seit der Bombardierung Jahre verstrichen waren, sahen sich viele A-Bomben-Überlebende gezwungen, mit sekundären psychologischen Stimuli fertig zu werden und auf sie zu reagieren.

Zwar hatten sie sich nun von den damals erlittenen Verletzungen erholt, sie waren wieder arbeitsfähig und konnten beim Wiederaufbau der Gesellschaft mitwirken, doch tauchten bei ihnen nun verstärkt Ängste vor A-Bomben-Spätfolgen, wie z. B. Leukämie und Katarakt, auf; Berichte über Tierexperimente, die die Entwicklung von Erbkrankheiten bestätigt hatten, ließen sie um die Gesundheit ihrer Kinder fürchten. Hinzu kam die Angst vor einer Schwächung der Lebensgrundlage als Spätfolge der »Familienzerrüttung« und die Angst vor Diskriminierung im gesellschaftlichen Leben durch Nicht-Exponierte. Einige mentale Auswirkungen sind bei Überlebenden wohl auch heute noch vorhanden.

Robert J. Lifton führte 1962, also 17 Jahre nach der Bombardierung, eine Psychoanalyse durch, bei der die direkten und indirekten psychischen Reaktionen auf die A-Bombe erforscht werden sollten. Dazu machte er mit den Mitgliedern zweier Gruppen Einzelinterviews, d. h., das Forschungsinstitut für Nuklearmedizin und Biologie wählte 31 Überlebende aus sowie weitere 42 Überlebende, die eine feste Meinung zu A-Bomben-Problemen hatten und sich in diesem Bereich engagierten; die zweite Gruppe bestand hauptsächlich aus Wissenschaftlern, Schriftstellern und führenden Politikern. Die Ergebnisse dieser Analyse veröffentlichte Lifton 1967 in einem Buch mit dem Titel *Death in Life. Survivors in Hiroshima*.[5] Um weitere Studien zu den von Lifton aufgeworfenen Problemen zu unterstützen, machte Ishida[6, 7] von 1966 bis 1973 eine Interview-Erhebung mit 12 »gewöhnlichen« Überlebenden, von denen die meisten einmal im A-Bomben-Hospital in Nagasaki stationär behandelt worden waren. Basierend auf den durch die Umfrage gewonnenen Daten veröffentlichte Ishida 1973 und 1974 Bücher über das Phänomen des psychischen Leidens von A-Bomben-Überlebenden und ihrer geistigen Verfassung unter dem A-Bomben-Motto als eine Sammlung von »Zeugnissen« der Lebensgeschichte von Überlebenden in Nagasaki.

Das 1979 veröffentlichte Buch *Hiroshima and Nagasaki – The Physical, Medical and Social Effects of Atomic Bombs*[8] zeigt in bezug auf die Ideologisierung des A-Bomben-Expositions-Erlebnisses und des Nuklearbewußtseins auf, daß Überlebende aufgrund ihrer A-Bomben-Erfahrung und des psychologischen Zwanges, den A-Bomben-Schäden Bedeutung beizumessen, die Fähigkeit zu speziellen mentalen Prozessen im Hinblick auf eine Ideologisierung gegen Nuklearwaffen entwickelten.

2. Soziale Auswirkungen der A-Bomben-Exponierung

Die Massenvernichtung sozialer Strukturen durch die starken Auswirkungen der Explosion und das unter dem Militär wie auch, vor allem, unter der Zivilbevölkerung angerichtete Blutbad bilden das erste Charakteristikum der Zerstörung des gesellschaftlichen Lebens durch die A-Bombe. Die zweite Eigenschaft ist die Tatsache, daß die massenhafte Zerstörung unmittelbar und gleichzeitig ein großes Gebiet umfaßte. Drittens sind der große soziale und wirtschaftliche Verlust zu nennen sowie die erschwerte Wiederherstellung der Gesundheit und der Möglichkeiten zum Lebensunterhalt einiger Überlebender, weil akute oder späte Auswirkungen der thermischen Strahlen und der Strahlung ihre Gesundheit ruiniert oder Angst vor Krankheiten verursacht haben.

A-Bomben-Geschädigte gehören ganz unterschiedlichen und zahlreichen Bereichen an. Dennoch können sie grob aufgeteilt werden in diejenigen, die der A-Bombe ausgesetzt waren, und diejenigen, die durch sie litten. Zu den ersteren zählen direkt und im Uterus Exponierte sowie durch das frühe Betreten des bombardierten Gebietes indirekt Exponierte. Zu den letzteren gehören Waisen und ältere Menschen, die ihre Familien verloren, die zwar nicht selbst exponiert wurden, deren Eltern und Verwandte aber durch die Bombe starben – jene, die durch den Tod ihres Partners ihre Existenzgrundlage verloren, die Nachfahren von A-Bomben-Überlebenden und solche, die durch Heirat enge soziale Bindungen mit Überlebenden eingingen.

Die früheste, die ganze Nation umfassende staatliche Erhebung über A-Bomben-Überlebende wurde im Zusammenhang mit der Volkszählung 1950 durchgeführt.[9, 10] Sie ergab, daß im Oktober 1950 80% der Hiroshima-Überlebenden in der Präfektur Hiroshima und entsprechend 90% in der Präfektur Nagasaki wohnten. Charakteristisch für die überlebende Bevölkerung in beiden Städten im Jahr 1950 ist, daß sich nur wenige Männer im Alter zwischen 20 und 29 Jahren, entsprechend dem Militärdienstalter, zur Zeit des Bombenabwurfs in beiden Städten aufgehalten hatten, da sie aus den Hiroshima- und Nagasaki-Präfekturen fortgezogen waren, und daß die Zahl älterer Überlebender im Vergleich zur Bevölkerungsstruktur in ganz Japan relativ gering war. Über nachfolgende Veränderungen in der Bevölkerungsstruktur sind keine detaillierten Erhebungen durchgeführt worden, doch zeigten die

Erhebungen von 1965 und 1975[11, 12] in ganz Japan, daß die meisten Überlebenden in der Hiroshima- und Nagasaki-Präfektur leben.

Eine 1958 in Hiroshima durchgeführte 10%-Auswahl-Studie[13] ergab, daß die Berufsstruktur von A-Bomben-Überlebenden im Vergleich zur Gesamtnation einige Unterschiede aufweist, die auch durch die 1965 erfolgte Statusbefragung von Überlebenden[11] bestätigt wurde; doch muß wohl davon ausgegangen werden, daß dies auf den Einfluß der Verstädterung von Hiroshima und Nagasaki, wo die meisten Überlebenden wohnen, zurückzuführen ist. Das Statusgutachten wies aus, daß 1965 die Quote der Nichtarbeitenden, Arbeitslosen und Berufswechsler unter A-Bomben-Überlebenden höher war als im nationalen Vergleich. Bei älteren Menschen und Frauen hingegen liegt die Beschäftigungsrate wegen der niedrigen Einkommen und der großen Zahl zerbrochener Familien höher.

Eine während der fünfziger Jahre von der Hiroshima-Präfektur durchgeführte Erhebung über das Heiratsverhalten der Überlebenden zeigt, daß die Quote der Überlebenden (besonders von Männern) mit Ehepartnern höher lag als bei Nicht-Exponierten, wohingegen die Quote bei Frauen im Alter zwischen 20 und 59 Jahren mit Ehepartnern niedriger war. Eine 1975 im ganzen Land durchgeführte Erhebung[12] demonstrierte, wie Tabelle 1 zeigt, daß die Quote männlicher Überlebender mit Ehepartnern generell der gesamtjapanischen entsprach, aber die Rate weiblicher Überlebender mit Ehepartnern niedriger war als die in ganz Japan in allen Altersklassen. Diese Unterschiede entwickelten sich vermutlich, weil der Verlust des Haushaltsvorstandes und dessen Ehepartner durch die A-Bombe eine nachfolgende Reorganisation des Haushaltes verzögerte und das Eheverhältnis nach der Reorganisation instabil machte. So wurde in einer Umfrage von relativ vielen Unverheirateten, Geschiedenen, proximal Exponierten und im Uterus Exponierten die Frage, ob Überlebende in bezug auf eine Heirat »ungünstig benachteiligt gewesen seien«, bejaht.

– *A-Bomben-Waisen:*
Unmittelbar nach der Bombardierung wurde eine große Zahl von Kindern zu Waisen, die im schlimmsten Falle völlig allein dastanden und verwahrlosten, da sie ihre Eltern verloren und auch keine Verwandten hatten, die sie hätten unterstützen können, oder die Eltern bzw. ein Elternteil sie wegen der A-Bomben-Verletzungen nicht mehr versorgen oder ernähren konnten. Aus dieser Situation

Tabelle 1: Vergleich der nationalen Volkszählung mit dem Statusbericht der Überlebenden 1975 bezüglich des Familienstandes

Alter		ledig		verheiratet		verwitwet		geschieden		Distribution	
		ganz Japan	Über-lebende	ganz Japan	Über-lebende	ganz Japan	Über-lebende	ganz Japan	Über-lebende	ganz Japan	Über-lebende
männ-lich	Total	4,8	3,1	90,0	89,8	3,9	5,7	1,3	1,4	100,0	100,0
	30–39	10,4	10,9	88,4	87,4	0,2	0,4	1,0	1,3	32,6	18,3
	40–49	3,1	2,4	94,6	95,4	0,8	0,8	1,5	1,4	28,8	28,8
	50–59	1,5	1,2	94,7	95,1	2,3	2,3	1,5	1,4	17,3	16,1
	60–69	1,1	0,5	89,8	91,4	7,7	6,5	1,4	1,6	13,0	18,2
	70–	0,9	0,4	71,8	75,8	26,0	22,6	1,3	1,2	8,4	17,3
weib-lich	Total	4,3	4,7	74,4	67,6	18,5	23,7	2,8	4,0	100,0	100,0
	30–39	6,6	9,7	90,1	86,3	1,1	1,4	2,2	2,6	29,7	17,9
	40–49	5,0	6,0	87,0	84,0	4,6	5,1	3,4	4,9	26,2	26,1
	50–59	3,3	3,6	75,0	73,0	17,9	18,1	3,8	5,3	19,3	23,3
	60–69	1,9	2,1	54,8	50,3	40,7	43,8	2,6	3,8	14,2	17,5
	70–	1,6	1,1	24,1	23,2	72,7	73,3	1,6	2,4	10,6	13,6

entstand ein soziales Problem, das nur durch die Schaffung entsprechender Einrichtungen zur Unterbringung und Erziehung von Waisen und verwahrlosten Kindern gelöst werden konnte.

– *Durch die A-Bomben-Auswirkungen vereinsamte alte Menschen:*
Probleme von Haushalten alter Menschen, die infolge der A-Bombe Ehegatten und Verwandte verloren haben und nun hilflos und ohne unterstützende Menschen leben. 15 bis 16 Jahre nach der Bombardierung wurde über Selbstmorde und einsame Tode von alten A-Bomben-Überlebenden berichtet. Seitdem sind Forderungen nach Sozialmaßnahmen für die alten Überlebenden laut geworden. Weitere Untersuchungen sind notwendig, um die besonders im gesellschaftlichen Leben von älteren Überlebenden auftretenden Veränderungen zu erkennen, da inmitten einer sich rasch wandelnden Gesellschaft aufgrund des schnellen Wachstums der japanischen Wirtschaft nach dem Krieg auch »Nuklearfamilien« vom Wandel betroffen sind. Die 1972 in Hiroshima durchgeführte *Hiroshima City Actual Status Survey of Solitary A-bomb Survivors*[14] zeigte, daß die Quote vereinsamter, über 60 Jahre alter Menschen höher lag als die derjenigen »ohne Verwandte«, die in einer 1973 durchgeführten Erhebung *(Basic Actual Status Survey of Aged Persons)*[15] erfaßt worden waren.

Im Uterus exponierte und von während der Schwangerschaft proximal exponierten Müttern geborene Kinder mit schweren geistigen Behinderungen können auch im Erwachsenenalter kein unabhängiges soziales Leben führen, so daß die Sicherstellung des Lebensunterhaltes und die Gewährung von Erleichterungen ein wichtiges Problem der sozialen Sicherung darstellen.

1967 berichtete Y. S. Matsumoto[16] über eine Untersuchung der sozialen Auswirkungen der A-Bombe auf Überlebende, und zwar unter dem Gesichtspunkt des Einflusses der Informationsmedien in den Städten Hiroshima und Nagasaki. Um die sozialen Auswirkungen messen zu können, stellte er die wichtigsten, im Zusammenhang mit A-Bomben-Exponierung stehenden Vorfälle in beiden Städten zusammen und sichtete dann, wie die entsprechenden Nachrichten in den Massenmedien behandelt worden waren und inwieweit dadurch soziale Konsequenzen entstanden. Auch legte er statistisches Material zu verschiedenen sozialen Faktoren vor und wies darauf hin, daß solche Statistiken einige der in den Medien berichteten Vorfälle nicht unterstützten, sondern eher negierten. So zeigte er beispielsweise – unter Vorlage der Sterblichkeitsstatistik, die auf der Grundlage der ABCC-YNIH-Lebensdauer-Studie von 1950 bis 1965 entstand – in bezug auf Selbstmorde auf, daß die tatsächliche Selbstmordquote unter proximal exponierten Überlebenden keinesfalls übermäßig hoch ist und die Selbstmordsterblichkeit etwas niedriger ist als in ganz Japan, obwohl die Zeitungen manchmal den Eindruck erwecken, daß die Selbstmordrate unter Überlebenden höher sei. Tabelle 2 gibt seine Daten über die Selbstmordhäufigkeit bei Überlebenden im Vergleich zur Kontrollgruppe nach der Lebensdauerstudie nach Expositionskategorie, Geschlecht und Stadt wieder.

Nach dem Bericht des Internationalen Symposiums NGO 1977 über die Schäden und Nachwirkungen der Atombombenabwürfe[17] hat eine Reihe von Forschern unter dem Thema »Die Atombombe und der Mensch«, Workshopdokument III, verschiedene psychosoziologische Studien zu unterschiedlichen Themenbereichen vorgestellt, wie etwa über den tatsächlichen Stand der Zerrüttung der Gemeinschaft, den Zusammenbruch sozialer Funktionen und gesellschaftlicher Bindungen, die Zerstörung der Fähigkeit des Überlebenden, für seinen Lebensunterhalt zu sorgen, sowie das Zerreißen von Familien durch die A-Bombe, die Fortschritte bei den von der japanischen Regierung durchgeführten Maßnahmen für Überlebende sowie die Ideologisierung der A-Bomben-Erfahrung.

3. Schlußfolgerungen

Noch heute, 37 Jahre nach den Atomwaffenabwürfen, leiden die Überlebenden an den psychologischen und sozialen, den indirekten Auswirkungen der A-Bombe. Infolge von Gesundheitsstörungen, die noch immer als physische Späteffekte der ionisierenden Strahlung vorkommen, entsteht Angst vor dem Auftreten von Erbkrankheiten in der zweiten und folgenden Generation sowie vor der Schwächung der Lebensgrundlagen als Nachwirkung der Familienzerstörung. Durch die Teilnahme an gesellschaftlichen Bewegungen gegen Nuklearwaffen und als Folge der Atombombenerfahrung versuchen viele Überlebende in ihrer Angst vor der Wiederholung der A-Bomben-Katastrophe, die Hiroshima-Nagasaki-Erfahrung zu nutzen, als ein Symbol sozialer Aktivitäten für

Tabelle 2: Selbstmorde in der Untersuchungsgruppe der Lebensdauer-Studie nach Stärke der Einwirkung, Geschlecht und Stadt, 1950–1965

Einwirkungs-Klasse	männlich				weiblich			
	Gesamt-zahl	Selbstmorde			Gesamt-zahl	Selbstmorde		
		Gesamt-zahl	pro 1000	alters-berichtigt		Gesamt-zahl	pro 1000	alters-berichtigt
				Hiroshima				
A < 2000 m	8 835	40	4,5	4,9	12 503	32	2,6	2,6
B 2000–2499 m	4 773	24	5,0	5,3	6 748	26	2,4	2,5
C 2500–9999 m	8 795	56	6,4	6,3	12 473	31	2,5	2,6
D nicht in der Stadt	8 295	27	3,3	3,4	11 926	22	1,8	1,8
Total	30 698	147	4,8	4,9	43 650	101	2,3	2,4
				Nagasaki				
A < 2000 m	3 058	4	1,3	1,7	3 744	7	1,9	2,1
B 2000–2499 m	2 052	8	3,9	4,2	3 090	9	2,9	3,0
C 2500–9999 m	3 024	20	6,6	6,8	3 718	15	4,0	3,1
D nicht in der Stadt	2 870	15	5,2	4,8	3 480	7	2,0	2,0
Total	11 004	47	4,3	4,5	14 032	38	2,7	2,7

Quelle: Matsumoto, Y.S.: Social Impact on Atomic Bomb Survivors, Hiroshima and Nagasaki. ABB CC TR 12–69, 1969

die Abschaffung aller nuklearen Waffen, einem die gesamte Menschheit betreffenden Problem.

Da eine psychosoziologische Analyse der A-Bomben-Schäden weite Bereiche umfassen muß, werden Anstrengungen unternommen, dieses Problem durch eine in den verschiedenen Wissenschaftsdisziplinen fachspezifische Vorgehensweise zu lösen. Dennoch kam man bisher nicht zu ausreichenden Ergebnissen. Darum bildet die Schaffung eines Arbeitssystems durch Kooperation und Diskussion von Spezialisten auf diesem Gebiet inner- und außerhalb Japans ein dringliches Problem.

Anmerkungen

1 Kubo, Y., *Study of Human Behavior Immediately after the Atomic Bombing of Hiroshima – Sociopsychological Study Pertaining to the Atomic Bomb and Atomic Energy* I, in: *Shinrigaku Kenkyu* (22), 103, 1952 (auf japanisch).

2 Okumura, N. und Hikida, H., *Results of Psychoneurological Studies on Atomic Bomb Survivors*, in: *Kyushu Shinkei Seishin Igaku* (Kyushu Neuropsychiatry) (1), 50, 1949 (auf japanisch).

3 Nishikawa, T. und Tsuiki, S., *Psychiatric Investigations of Atomic Bomb Survivors*, in: *Nagasaki Igakkai Zasshi* (36), 717, 1961 (auf japanisch).

4 Konuma, M., *Psychiatric Atomic Bomb Casualties – Summary of Psychiatric Department*, Special series, in: *Hiroshima Igaku* (20), 231, 1967 (auf japanisch).

5 Lifton, R. J., *Death in Life, Survivors of Hiroshima*, Random House, New York 1967.

6 Ishida, T., *Against Atomic Bomb. Life History of Nagasaki Atomic Bomb Survivors*, Miraisha, Tokyo 1973 (auf japanisch).

7 Ishida, T., *More against Atomic Bomb. Life History of Nagasaki Atomic Bomb Survivors*, Miraisha, Tokyo 1974 (auf japanisch).

8 *Hiroshima and Nagasaki – The Physical, Medical and Social Effects of the Atomic Bombs compiled by the Committee for the Compilation of Materials on Damage Caused by Atomic Bombs in Hiroshima and Nagasaki*, Chapter 12, Psychological Trends among A-bomb Victims (S. 484), English edition, Iwanami-shoten, Tokyo 1981.

9 *Hiroshima A-bomb Medical Care History Editorial Committee: Hiroshima A-bomb Medical Care History. A-bomb Casualty Council*, S. 462, 1961 (auf japanisch).

10 Maki, H., *ABCC Studies*, in: Kosei no Shihyo (6), 14, 1959 (auf japanisch).
11 Ministry of Health and Welfare, Public Health Bureau, *1965 Actual Status Survey of Atomic Bomb Survivors*, 1967 (auf japanisch).
12 Ministry of Health and Welfare, Public Health Bureau, Planning Section, *1975 Actual Status Survey of Atomic Bomb Survivors*, 1977 (auf japanisch).
13 Hiroshima Prefectural Office, Statistics Section, *Report on Statistics of Atomic Bomb Survivors in Hiroshima City as of 1 October 1958*, Hiroshima Prefectural Office and Hiroshima City Office, 1960 (auf japanisch).
14 Hiroshima City Office, Public Health Bureau, A-bomb Casualty Section, *Summary of Hiroshima City Actual Status Survey of Solitary Old A-bomb Survivors*, Hiroshima City, 1972 (auf japanisch).
15 Hiroshima Prefectural Office, Civil Welfare Department, *Basic Actual Status Survey of the Aged Persons*, Hiroshima Prefectural Office, 1973.
16 Matsumoto, Y. S., *Social Impact on Atomic Bomb Survivors, Hiroshima and Nagasaki*, ABCC TR 12-69, 1969.
17 ISDA and JNPC Editorial and Publication Committee, *Real Facts of the Damage and Aftereffects of the Atomic Bombing and Actual Status of A-bomb Survivors – Report of 1977 NGO International Symposium on the Damage and Aftereffects of the Atomic Bombing*, in: *Asahi Evening News* 1978.

Takeshi Ohkita
Die Langzeitfolgen der Atombombenabwürfe: Erfahrungen in Hiroshima und Nagasaki mit malignen Neoplasmen und Chromosomenveränderungen

1. Einleitung

Die biologischen Auswirkungen von Atombomben (A-Bomben) auf den menschlichen Körper sind nicht mit der Explosion abgeschlossen, sondern setzen sich – wie allgemein bekannt – auch heute noch als Ursachen von Krankheiten fort. Es sind dies einfach »Spätauswirkungen«, sondern sie müßten eigentlich als »spätauftretende Erkrankungen« bezeichnet werden.

Leukämie und maligne Tumoren treten bei A-Bomben-Überlebenden wesentlich öfter auf, was bis heute für die in der medizinischen Forschung Tätigen noch ein aktuelles Problem darstellt. Ein anderer wichtiger Punkt ist die Frage, ob A-Bomben genetische Veränderungen bewirken können oder nicht. Obwohl ernsthafte genetische Veränderungen bei A-Bomben-Überlebenden in Hiroshima und Nagasaki bisher glücklicherweise nicht nachgewiesen werden konnten, steht es außer Frage, daß Nuklearwaffen sowohl biologisch als auch medizinisch Auswirkungen auf das menschliche Erbgut haben werden.

Die wichtigsten bis heute bearbeiteten Forschungsthemen über die

Tabelle 1: Hauptstudien zu Nachwirkungen der A-Bombe

1. Keloide und hypertrophische Narben
2. Blutkrankheiten
3. Okulare Läsionen
4. Spermatogenese
5. Nachwirkungen unter exponierten Frauen
6. Exponiert im Uterus
7. Wachstums- und Entwicklungsstörungen
8. Alterungsprozeß und Lebensdauer
9. Psychoneurologische Störungen
10. Maligne Tumoren
11. Chromosomenveränderungen
12. Genetische Auswirkungen

Langzeitwirkungen der A-Bombe sind in Tabelle 1 aufgeführt. Zu ihnen gehört auch der vorliegende Vortrag, der, auf neuesten Daten basierend, die bisherigen Studien zu malignen Neoplasmen und zur Zytogenetik bei A-Bomben-Überlebenden zusammenfaßt.

2. Maligne Neoplasmen

A. Leukämie

Das früheste Anzeichen für durch Strahlung verursachte maligne Veränderungen war das gehäufte Auftreten von Leukämie in den späten vierziger und frühen fünfziger Jahren.[1-4]*

Abb. 1 zeigt die Zahl der bis 1981 jährlich beobachteten Fälle von Leukämie bei Hiroshima-Überlebenden, die innerhalb 2 km vom Hypozentrum exponiert worden waren. Die größte Zahl war zwischen 1950 und 1953 zu verzeichnen, mit einem Höhepunkt 1951. Seit dieser Zeit ist die Zahl der Fälle, wenn auch mit starken Schwankungen, allgemein zurückgegangen, aber die Analyse bis 1978 indiziert, daß ein leichtes Übermaß bei stark exponierten Personen in Hiroshima noch anhält.

Nach gemeinsamen Studien, die die Radiation Effects Research Foundation (Nachfolger der Atomic Bomb Casualty Commission) in Zusammenarbeit mit den medizinischen Hochschulen in Hiroshima und Nagasaki während der Zeit von 1950 bis 1978 durchführte, wurden bei einer festgelegten Gruppe von A-Bomben-Überlebenden und deren Kontrollgruppe 202 Fälle von Leukämie erkannt. Die Analyse zeigte, daß das Risiko für alle Arten von Leukämie, einschließlich der chronischen lymphozytären Form, in beiden Städten mit der Strahlungsdosis zunahm, abgesehen von jenen Überlebenden, die mit weniger als 100 rad in Nagasaki belastet worden waren.

Wie Abb. 2 zeigt, gibt es komplexe Unterschiede zwischen den Formen von Leukämie im Verhältnis zum Alter zur Zeit der Bombe (im folgenden ATB genannt), der Stadt, in der die Exponierung erfolgte, und der Dauer der Latenzzeit, die der Exposition folgte. Das schematische Diagramm indiziert, daß das Leukämierisiko während der frühen Bomben-Nachfolgezeit um so höher

---

* Die Ziffern verweisen auf die folgenden Literaturangaben.

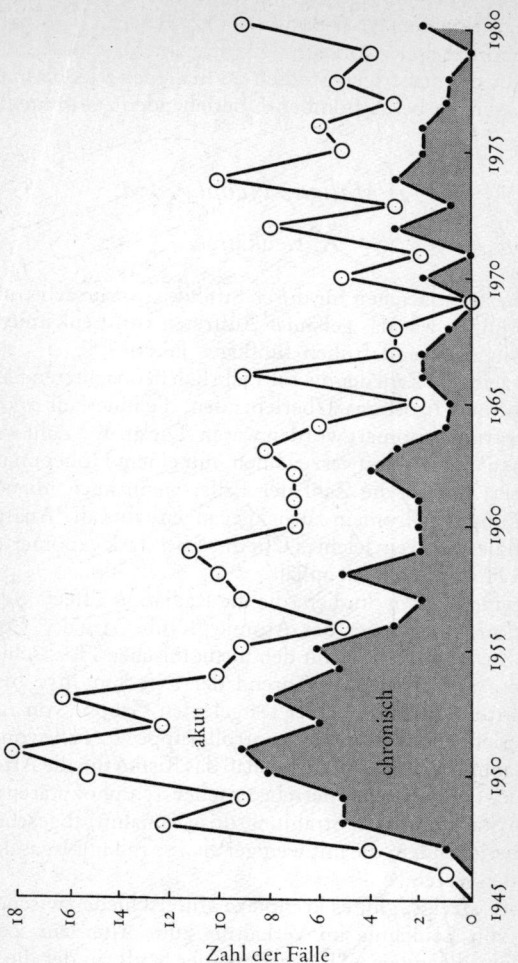

Abb. 1: Zahl der Leukämiefälle im Verhältnis zum Jahr des Auftretens der Erkrankung (exponiert innerhalb 2000 m)

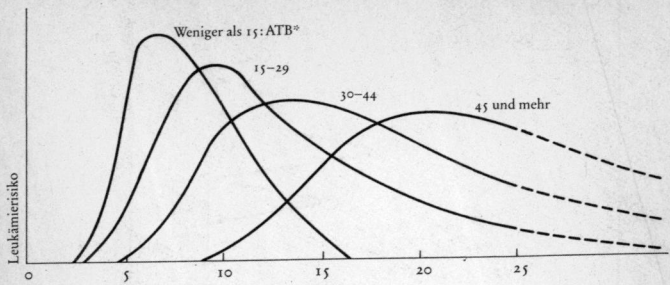

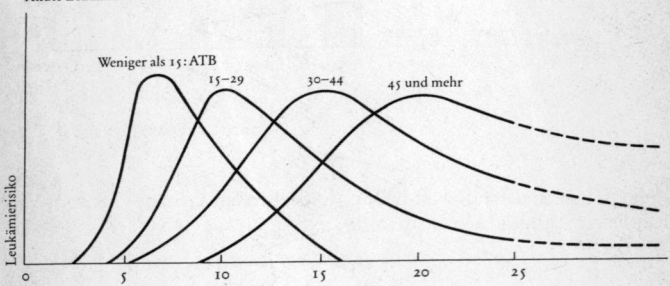

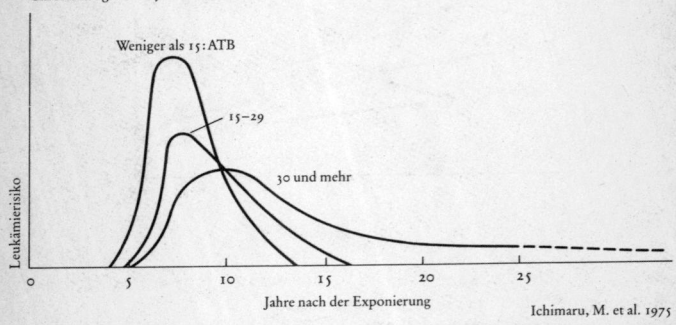

Jahre nach der Exponierung   Ichimaru, M. et al. 1975

* ATB = Abk. für ›Age at Time of Bombing‹ (Alter zur Zeit der Bombardierung/Exponierung)

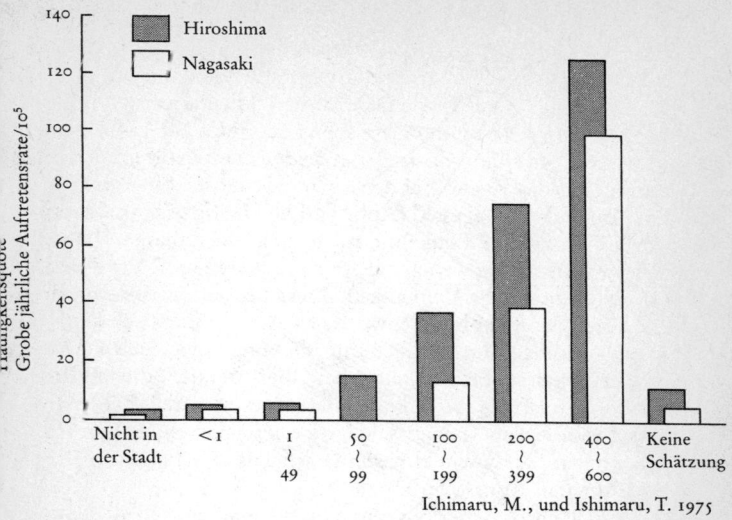

Ichimaru, M., und Ishimaru, T. 1975

Abb. 3: Leukämiehäufigkeit bei der feststehenden Gruppe (LSS) im Verhältnis zu Stadt und Dosis, 1950–71

◀

Abb. 2: Schematisches Modell zum Einfluß des Alters zur Zeit der Bombardierung (ATB) auf den Registrierungszeitpunkt leukämogener Auswirkungen der Bestrahlung (stark exponierte Überlebende)

war, je geringer das Alter (ATB) zur Zeit der Exponierung, und um so rascher der Abfall danach. Andererseits erfolgte der Risikoanstieg in der älteren ATB-Gruppe später und hielt länger an. Akute Leukämie ist für diese Tendenzen hauptsächlich verantwortlich.

Eine eindeutige Verbindung zwischen der Häufigkeit von Leukämie und der Strahlungsdosis war in beiden Städten offensichtlich, allerdings lag das Risiko bei den einzelnen Dosishöhen in Hiroshima höher als in Nagasaki (Abb. 3). Die Häufigkeit von chronischer granulozytärer Leukämie nahm in Hiroshima auch unter Überlebenden zu, die weniger als 50 rad erhalten hatten, während sie in Nagasaki nur bei denjenigen Überlebenden erhöht war, die mit 200 rad oder mehr belastet worden waren. Eine zwischen 1950 und 1978 durchgeführte Reihenuntersuchung ergab, daß die Gesamthäufigkeitsrate bei Leukämie bei Überlebenden, die in Hiroshima durch mehr als 100 rad exponiert worden waren, bei 60 pro 100 000 Personen lag. In Nagasaki lag die entsprechende Quote bei 28. Damit war die Rate in Hiroshima 15mal und in Nagasaki 7mal höher als in den Kontrollgruppen.

Ein Anstieg chronischer lymphozytärer Leukämie wurde weder bei Überlebenden in Hiroshima noch in Nagasaki festgestellt. Ankylosierende Spondylitis-(Morbus Bechterew-)Patienten, die mit Röntgenbestrahlung behandelt worden waren, zeigten ebenfalls kein erhöhtes Risiko für chronische lymphozytäre Leukämie[6]. Diese Tatsache ist vom Standpunkt einer Allgemeintheorie über die krebserzeugende Wirkung von Strahlung von besonderem Interesse.

B. Maligne solide Tumoren

Das Auftreten solider Tumoren bei A-Bomben-Überlebenden nahm allgemein seit dem Jahr 1960, nach dem Höhepunkt der Leukämiehäufigkeit, zu. In der Frühphase der Studien bis 1968 wurde von einem eindeutigen Zusammenhang zwischen der Expositionsdistanz und der Malignitätshäufigkeit bei Schilddrüsen-, Brust- und Lungenkrebs berichtet.[8]

1. Schilddrüsenkrebs

Klinische Untersuchungen, die in beiden Städten in den späten fünfziger und frühen sechziger Jahren durchgeführt worden

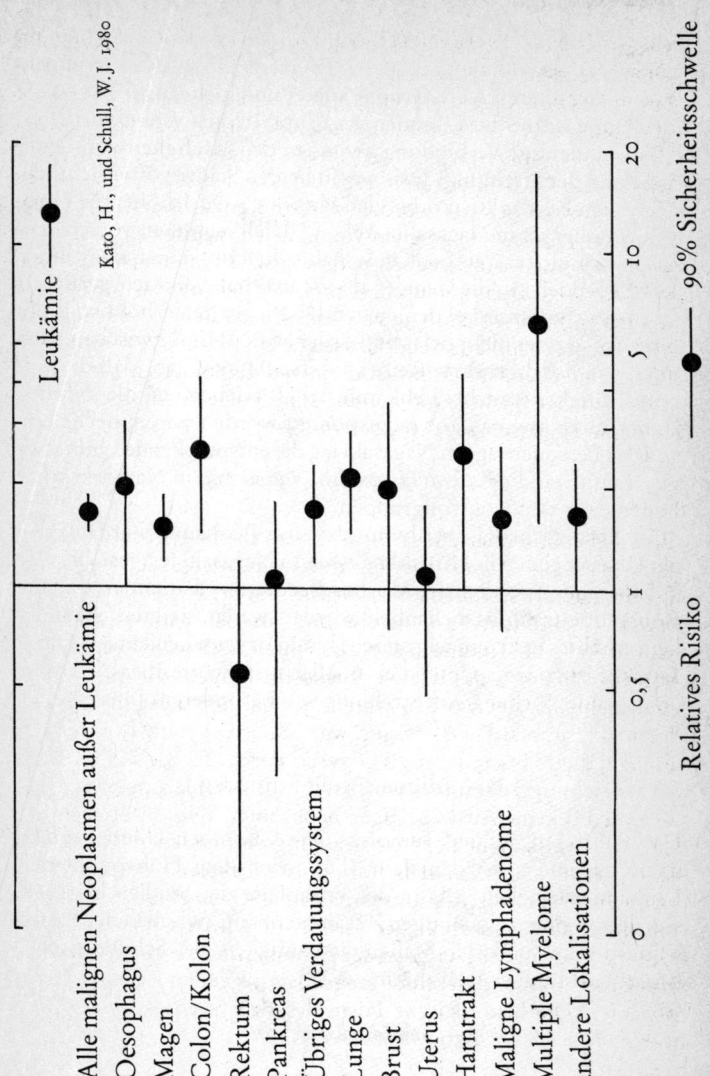

Abb. 4: Relatives Risiko für spezifische Krebslokalisationen

waren, zeigten, daß die Häufigkeit von Schilddrüsenkrebs bei Überlebenden höher war als bei Nicht-Exponierten, und zwar besonders bei Frauen, die einer hohen Strahlungsdosis ausgesetzt gewesen waren.[9, 10] Nach einer von L. N. Parker et al. während der Zeit von 1958 bis 1971 durchgeführten Untersuchung lag das relative Risiko für Schilddrüsenkrebs bei Überlebenden, die mit 100 rad und mehr belastet worden waren, 2,0mal höher als bei der Kontrollgruppe.[11] Abgesehen von klinisch manifesten Schilddrüsenkarzinomen wurden auch pathologische Untersuchungen auf Schilddrüsenkarzinom durchgeführt.[12, 13] Bei 3067 bis 1968 sezierten Fällen fanden sich in 536 Fällen primäre Schilddrüsenkrebse, 98% latentes papilläres Schilddrüsenkarzinom. Das relative Risiko für latenten Krebs bei mit über 50 rad Exponierten lag 1,4mal höher als bei Nicht-Exponierten. Eine Folgestudie über Schilddrüsenkrebse nach 1971 ist noch im Gang.

2. Brustkrebs

Eine Erhebung über die Todesursachen, die in Hiroshima ca. 10 Jahre nach der Bombardierung durchgeführt wurde, zeigte eindeutig, daß die Sterblichkeit an Brustkrebs bei Exponierten höher war als bei Nicht-Exponierten und als der nationale Durchschnitt.[14-17] M. Tokunaga et al. berichten, daß während der Zeit von 1950 bis 1974 das relative Risiko für Frauen, die mit 100 rad und mehr belastet worden waren, 3,3mal höher lag als bei den Kontrollgruppen.[18] Das Risiko war höher bei stark exponierten Frauen, die 10 bis 39 Jahre alt gewesen waren (ATB). Während des Untersuchungszeitraumes wurden für die Altersgruppen 0-9 und 40-49 ATB keine Auswirkungen beobachtet. Diese Unterschiede der Altersempfänglichkeit für strahlungsverbundenen Brustkrebs läßt darauf schließen, daß hormonelle Faktoren beteiligt sein könnten. Die Dosisreaktionsverhältnisse scheinen in beiden Städten linear und von ähnlicher Größe zu sein. Es wurden keine Unterschiede in der zwischen der Exponierung bis zum Auftreten von Brustkrebs und der Strahlungsdosis liegenden Zeitspanne beobachtet. Die histologische Form des Brustkrebses unterschied sich nicht nach der Expositionsdosis.

Tabelle 2: Absolutes Risiko für Hauptkrebserkrankungen nach Perioden

Lokalisation	Überzahl der Fälle per 10^6 PYR	
	1950–78	1975–78
Leukämie	1,72	0,44
Alle Krebse außer Leukämie	3,03	9,17
Magen	0,79	1,62
Kolon	0,30	1,81
Lunge	0,61	2,59
Brust	0,50	1,89
Harntrakt	0,15	0,35
Multiples Myelom	0,11	0,21

Kato, H., und Schull, W.J. 1980

3. Lungenkrebs

Der erste Fall von Lungenkrebs bei A-Bomben-Überlebenden in Hiroshima wurde 1953 berichtet.[19] Seitdem hatten sich bis 1958 eindeutig Strahlungsauswirkungen der A-Bombe auf die Lunge herausgestellt. Ausgehend von einer Reihenuntersuchung bis 1974, berichteten G. W. Beebe et al., daß das relative Risiko für Überlebende, die mit 100 rad und mehr belastet worden waren, im Vergleich zu Nicht-Exponierten und denjenigen, die weniger als 10 rad erhalten hatten, 1,8mal höher lag.[20] Nach pathologischen Studien durch Chiak et al. waren kleinzellige anaplastische Karzinome bei stark strahlenbelasteten Personen eindeutig häufiger als bei den Kontrollpersonen.[21]

4. Andere Krebse

Die neuesten und zuverlässigsten Informationen über die Krebssterblichkeit bei A-Bomben-Bestrahlung können der Lebensdauerstudie, die seit 1950 von ABCC und RERF durchgeführt wird, entnommen werden.[22] Abb. 4 zeigt die Krebssterblichkeit in der Hochdosisgruppe, z. B. bei mit 200 rad und mehr Exponierten, in der Zeit von 1950 bis 1978 als ein relatives Risiko im Vergleich zur Sterblichkeit in der 0-rad-Gruppe. Zusätzlich zu den schon genannten Lokalisationen kann auch gesagt werden, daß Oesophagus, Magen, Kolon, Harntrakt, maligne Speicheldrüsentumoren

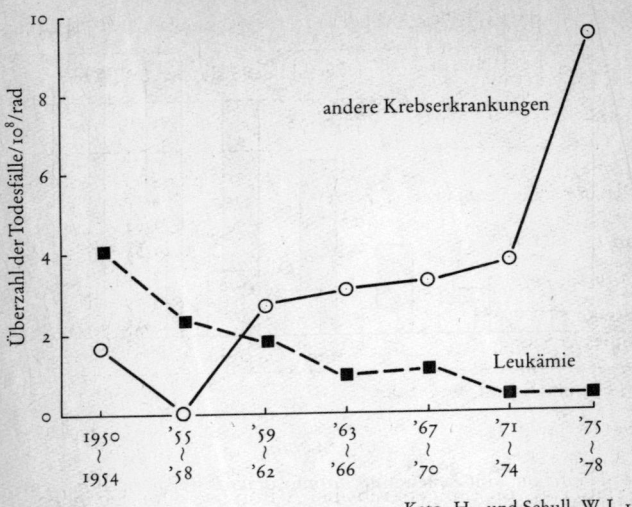

Kato, H., und Schull, W. J. 1980

Abb. 5: Überzählige Todesfälle aufgrund von Leukämie und anderer Krebserkrankungen

und multiples Myelom deutlich mit Strahlungsexposition in Verbindung stehen. Bei dieser fortlaufend überwachten Gruppe überstiegen die absoluten Risiken für die Zeit von 1950 bis 1978 für schwere Krebserkrankungen des Magens, des Kolons, der Lunge und der Brust in den letzten Jahren das Risiko für Leukämie (Tabelle 2, Abb. 5).

3. Chromosomenabweichungen

Zytogenetische Studien an A-Bomben-Überlebenden haben gezeigt, daß durch Strahlung verursachte Chromosomenabweichungen in Lymphozyten des Blutes sowie in Knochenmarkszellen noch mehr als drei Jahrzehnte nach der Exponierung anhielten.[23] In beiden Städten nahm bei den zirkulierenden Lymphozyten die Häufigkeit abweichender Zellen und die Häufigkeit von Chromosomenaberrationen pro Zelle mit der Strahlungsdosis zu, aber, wie Abb. 6 zeigt, die Häufigkeit abweichender Zellen war bei allen

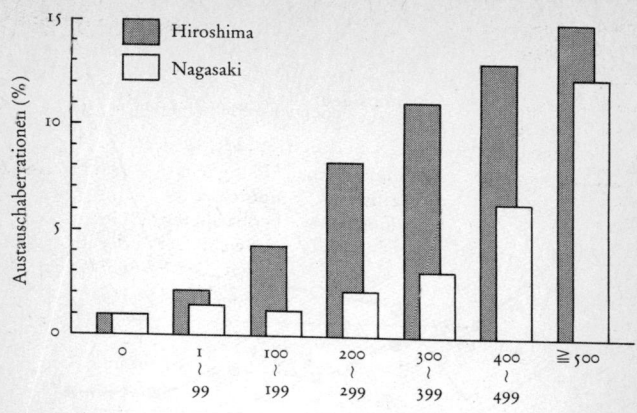

T 65 Gewebedosis (rad)

Awa, A. A. 1978

Abb. 6: Häufigkeit von Zellen mit Chromosomenabweichungen in Lymphozyten im Verhältnis zur Dosis

Dosishöhen in Hiroshima größer als in Nagasaki.[24] Der Verlauf der Dosis-Reaktionskurve schien in Hiroshima linear zu sein, dagegen in Nagasaki – basierend auf der T65-Dosis-Schätzung – ungeradlinig. Dieser Unterschied zwischen beiden Städten ist möglicherweise auf die vergleichsweise höhere Neutronendosis in Hiroshima zurückzuführen.

Etwa 90% der Chromosomenaberrationen waren stabilen Typs (reziproke Translokationen und perizentrische Inversionen). Reziproke Translokationen waren bei allen Dosishöhen vorherrschend. Die Zellen mit Abweichungen des instabilen Typs (dizentrisch und Ringe) waren seltener und relativ weniger häufig bei hohen Dosis-Levels. Zellklonen mit identischen Chromosomenaberrationen wurden in den Lymphozyten stark exponierter Personen oft beobachtet.[25]

Vorläufige Chromosomenstudien mittels »banding techniques« ließen darauf schließen, daß Chromosomenabweichungen bei exponierten Überlebenden sogar noch häufiger waren, als mit konventionellen Methoden bisher hatte festgestellt werden können.[26] Dies lag insbesondere an der verbesserten Auffindung der verschiedensten Typen von Chromosomenaustausch. Die Distribu-

Tabelle 3: Häufige Chromosomenabweichungen bei gesunden A-Bomben-Überlebenden sowie bei Leukämiefällen

Spezifische Chromosomen-abweichungen bei Leukämie-Patienten	Chromosomenabweichungen bei A-Bomben-Überlebenden		
	Zahl der Zellen c̄ spezifische Chromosomen-abweichungen	Häufigkeits-quote per beobachteter abweichender Zellen (433 Zellen)	Häufigkeits-quote per Gesamtzahl der untersuch-ten Zellen (1616 Zellen)
t (4q–:11q+) (q21:q23)	0	–	–
nur 5q–	7	2,4	0,43
nur 6q–	5	1,7 } 4,1	0,74
t (6q–:α)	7	2,4	
nur 7q–	4	1,3	0,25
t (8q–:21q+) (q22:q22)	0	–	–
nur 14q+	1	0,3 } 4,1	0,74
t (14q+:α)	11	3,8	
t (15:17) (q25 oder q26:q22)	0	–	–
nur 22q	16	5,5 } 6,2	1,11
t (22q–:α)	2	0,7	
t (9q+:22q–) (q34:q21 oder q22)	0	–	–

Tanaka, K. et al. 1981

tion der Fixpunkte in Chromosomen wurde auch mittels G- und Q-bandings untersucht.[27] Man kam zu folgenden Resultaten:

(1) Fixpunkte in den Armen bestimmter Chromosomen (22q, 18p, 21q) wurden häufiger beobachtet als zunächst erwartet.

(2) Eine höhere Häufigkeitsquote von Fixpunkten entsprechend der Länge der Regionen in 22q1, 5q3, 4q3, 6q2, 14q3, 21q2 und 13q3 und ein geringeres Vorkommen in Regionen um Zentromere von ≠ 4, ≠ 11, ≠ 9 und ≠ 17 wurden beobachtet.

Tabelle 4: Knochenmarkschromosomenabweichungen bei A-Bomben-Überlebenden

Entfernung vom Hypozentrum	Zahl der untersuchten Fälle	Zahl der beobachteten Zellen	mit Chromosomenabweichungen		
			Zahl der Zellen (%)	Zahl der Fälle (%)	Zahl der Fälle c̄ abnormale Klonen
< 0,5 km	20	1127	262 (23,2)	18 (90,0)	7
0,6–1,0	21	789	101 (12,8)	11 (52,4)	7
1,1–1,5	18	556	1 (0,2)	1 (6,2)	0
1,6–2,0	23	728	0	0	0
2,1–3,0	23	737	3 (0,4)	1 (4,3)	0
Kontrollgruppe	17	624	0	0	0

Kamada, N. 1979

(3) Die Regionen, die eine hohe Häufigkeitsquote von Fixpunkten aufwiesen, waren von A-Bomben-Überlebenden in gutem Gesundheitszustand gut vereinbar mit denen in Leukämiezellen, wie 14q+, 6q-, 22q- bei lymphozytären Leukämien, und 22q-, 5q- und 21q- in myelozytären Leukämien (Tabelle 3).

Bei Knochenmarkzellen wurde ein erhöhtes Vorkommen von Zellen mit stabilen Chromosomenabweichungen festgestellt.[27,28] Wie Tabelle 4 aufzeigt, wurden Chromosomenabweichungen hauptsächlich bei stark exponierten Personen gefunden. 29 der 41 innerhalb von 1 km exponierten Personen hatten Chromosomenaberrationen stabilen Typs, von denen wiederum 14 Klonenformationen aufwiesen; hingegen wurden nur bei 2 der 64 Überlebenden, die zwischen 1 km und 3 km vom Hypozentrum von Hiroshima entfernt exponiert worden waren, abweichende Zellen gefunden. Ein weiteres interessantes Merkmal der Chromosomenabweichungen war das gelegentlich gefundene anormale kleine G-Gruppen-Chromosom (kleineres G-Chromosom).[29] Die Häufigkeitsquote des kleineren G-Chromosoms ist niedrig und liegt im allgemeinen innerhalb einiger Prozente.

Die klinische Bedeutung von Chromosomenabweichungen bleibt unsicher. Obwohl die meisten A-Bomben-Überlebenden mit Chromosomenaberrationen in den Blutzellen sich zur Zeit in gutem Gesundheitszustand befinden, sind sorgfältige Gesundheitskontrollen bei diesen Personen erforderlich.

Anmerkungen

1 Folley, J. H., Borges, W. und Yamawaki, T., *Incidence of leukemia in atomic bomb survivors, Hiroshima-Nagasaki*, in: Am. J. Med. (13), 311, 1952.
2 Ichimaru, M. und Ishimaru, T., *Review of thirty years of Hiroshima and Nagasaki atomic bomb survivors. II. Biological effects. D. Leukemia and related disorders*, in: J. Radiat. Res. (Tokyo), 16 (Suppl.), 89, 1975.
3 Ohkita, T. und Watanabe, S., *Epidemiology of leukemia. Prevalence of leukemia among Hiroshima atomic bomb survivors*, in: Shinpan Nippon Ketsuekigaku Zensho, Bd. VI, Maruzen, Tokyo, S. 85, 1979 (auf japanisch).
4 Ichimaru, M., *Epidemiology of leukemia. Prevalence of leukemia among Nagasaki atomic bomb survivors*, ebenda, S. 105, 1979 (auf japanisch).
5 Ichimaru, M., Ishimaru, T., Mikami, M., Yamada, Y. und Ohkita, T., *Incidence of leukemia in atomic bomb survivors and their controls in a fixed cohort, Hiroshima and Nagasaki, October 1950–December 1978*, RERF TR 13-81 (1982).
6 Court Brown, W. M. und Doll, R., *Leukemia and aplastic anemia in patients irradiated for ankylosing spondilitis*, in: Med. Res. Counc. Spec. Ser., No. 295, H. M. S. O., London 1957.
7 Harada, T. und Ishida, M., *Neoplasms among A-bomb survivors in Hiroshima: First report of the tumor statistical committee* (Hiroshima City Medical Association ed.), in: J. Natl. Cancer Inst. (25), 1253, 1960.
8 Beebe, G. W. und Kato, H., *Review of thirty years study of Hiroshima and Nagasaki atomic bomb survivors. II. Biological effects. E. Cancers other than leukemia*, in: J. Radiat. Res. (Tokyo) 16 (Suppl.), 97, 1975.
9 Socolow, E. L., Hashizume, A., Neriishi, S. und Niitani, R., *Thyroid carcinoma in man after exposure to ionizing radiation: A summary of the findings in Hiroshima and Nagasaki*, in: New Engl. J. Med. (268), 406, 1963.
10 Shigemitsu, T., *Study on A-bomb survivors with thyroid cancer in the*

Department of Surgery, Hiroshima Univ. Hospital, in: *J. Hiroshima Med. Ass.* (15), 946, 1962 (auf japanisch).

11 Parker, L. N., Belsky, J. L., Yamamoto, T., Kawamoto, S. und Keehn, R. J., *Thyroid carcinoma after exposure to atomic radiation: A continuing survey of a fixed population, Hiroshima and Nagasaki, 1958-1971*, in: *Ann. Intern. Med.* (80), 600, 1974.

12 Sampson, R. J., Key, C. R., Buncher, C. R. und Iijima, S., *Thyroid carcinoma in Hiroshima and Nagasaki. 1. Prevalence of thyroid carcinoma at autopsy*, in: *JAMA* (209), 65, 1969.

13 Sampson, R. J., Key, C. R., Buncher, C. R., Oka, H. und Iijima, S., *Papillary carcinoma of the thyroid gland. Sizes of 525 tumors found at autopsy in Hiroshima and Nagasaki*, in: *Cancer* (25), 1391, 1970.

14 Nishida, S., *Life span in the A-bombed. 1. Study on deaths of the A-bombed during the late stage*, in: *J. Hiroshima Med. Ass.* (Original ser.) (4), 886, 1956 (auf japanisch).

15 Tabuchi, A., *Obstetrical and gynecological investigation of women exposed to the atomic bomb*, in: *J. Hiroshima Med. Ass.* (12), 958, 1959 (auf japanisch).

16 Oho, G., *Statistical observation on deaths due to malignant neoplasm in A-bomb survivors*, in: *Nihon Iji Shinpo* (1686), 8, 1956 (auf japanisch).

17 Oho, G., *Statistical observation on deaths due to malignant neoplasm in A-bomb survivors, second report*, ebenda (1839), 27, 1959 (auf japanisch).

18 Tokunaga, M., Norman, J. E. Jr., Asano, M., Tokuoka, S., Ezaki, H., Nishimori, I. und Tsuji, Y., *Malignant breast tumors among atomic bomb survivors, Hiroshima and Nagasaki, 1950-1974*, in: *J. Natl. Cancer Inst.* (62), 1347, 1979.

19 Monzen, T. und Kamimatsuse, M., *An autopsy case of carcinoma of the lung in a male staying near the hypocenter directly after the atomic bomb explosion in Hiroshima*, in: *Acta Pathol. Jap.* (43), 305, 1954.

20 Beebe, G. W., Kato, H. und Land, C. E., *Studies of the mortality of A-bomb survivors. 6. Mortality and radiation dose, 1950-1974*, in: *Radiat. Res.* (75), 138, 1978.

21 Chiak, R. W., Ishimaru, T., Steer, A. und Yamada, A., *Lung cancer at autopsy in A-bomb survivors and controls, Hiroshima and Nagasaki, 1961-1970. 1. Autopsy findings and relation to radiation*, in: *Cancer* (33), 1580, 1974.

22 Kato, H. und Schull, W. J., *Life Span Study. Report 9, Part 1. Cancer mortality among A-bomb survivors, 1940-78*, RERF TR 12-80, 1980 (Radiat. Res. in press).

23 Awa, A. A., *Review of thirty years study of Hiroshima and Nagasaki atomic bomb survivors. II. Biological effects. G. Chromosome aberrations in somatic cells*, in: *J. Radiat. Res.* (Tokyo) 16 (Suppl.), 122, 1975.

24 Awa, A. A., Sofuni, T., Honda, T., Itoh, M., Neriishi, S. und Otake, M., *Relationship between the radiation dose and chromosome aberrations in atomic bomb survivors of Hiroshima and Nagasaki*, in: J. Radiat. Res. (Tokyo) (19), 126, 1978.
25 Bloom, A. D., Neriishi, S., Awa, A. A., Honda, T. und Archer, P. G., *Chromosome aberrations in leukocytes of older survivors of the atomic bombings of Hiroshima and Nagasaki*, in: Lancet (2), 802, 1967.
26 Sofuni, T., Shimba, H., Ohtaki, K. und Awa, A. A., *G-banding analysis of chromosome aberrations in Hiroshima atomic bomb survivors*, RERF TR 13-77, 1977.
27 Tanaka, K., Kamada, N., Kuramoto, A. und Ohkita, T., *Chromosome break points in atomic bomb survivors; Comparison with specific chromosome aberrations found in leukemias*, in: Proceedings of the 24 Annual Meeting of the Japan Radiation Research Society, S. 182, 1981.
28 Kamada, N., *The effects of radiation on chromosomes of bone marrow cells. II. Studies on bone marrow chromosomes of atomic bomb survivors in Hiroshima*, in: Acta Haem. Jap. (32), 236, 1969 (auf japanisch).
29 Kamada, N., Tsuchimoto, T. und Uchino, H., *Smaller G-chromosomes in the bone marrow cells of heavily irradiated atomic bomb survivors*, in: Lancet (2), 880, 1970.

Helmut Erlinghagen
Erfahrungen, ethische Erwägungen und Gedanken zum Frieden eines Augenzeugen des Abwurfs der ersten Atombombe auf Hiroshima am 6. August 1945

Eine Katastrophe ist ein Unglück, das große Ausmaße hat, d. h. in einem weiten Gebiet geschieht; sie ist Schlimmes, von dem viele Menschen zur gleichen Zeit betroffen werden. Die Gleichzeitigkeit der Zerstörung war beim Bombenabwurf über Hiroshima gegeben, weil mit einem Schlag eine Stadt von 400 000 Einwohnern verwüstet wurde. Die Druckwelle verbreitete sich in Sekundenschnelle bis an die Grenzen der Stadt, wo wir wohnten. Weil zur gleichen Zeit ein sehr starkes Licht sichtbar und eine starke Hitze gespürt wurden, glaubten wir zunächst, daß nur wir betroffen seien. Das war der Grund, daß wir uns sofort anschickten, im Hause einigermaßen Ordnung zu schaffen. Erst nach einiger Zeit erkannten wir, daß auch andere Häuser in unserer Umgebung getroffen waren, und begannen dort die Brände löschen zu helfen. Wie verengt mein eigenes Bewußtsein an diesem verhängnisvollen Morgen war, fühle ich heute noch, wenn ich daran denke, wie ich auf die Bitten der Bäuerin, die unterhalb unseres Hauses in den Feldern wohnte, reagierte. Sie bat mich, eine Kranke zum Arzt zu bringen, die in ihrem Hause schwer verletzt zusammengebrochen sei. Ich eilte mit ihr hinunter, und obwohl in diesem Augenblick schon Dutzende von Verletzten auf das Haus zuströmten und sich auf die Tatami oder auf den Estrich warfen, blieb ich völlig von der Idee befangen, daß ich eine Schwerverletzte zum Arzt bringen mußte.

Ich lud die verwundete Frau auf einen Riaka (Handkarren) und fuhr mit dem Wägelchen zu der nächsten Verbandsstation. Obwohl sich dort inzwischen Hunderte von Verletzten zusammendrängten, trug ich die verwundete Person in den ersten Stock hinauf und legte sie auf einen Tisch in der Nähe des Arztes, der dort arbeitete. Jetzt, als der Arzt mir klarmachte, daß ich doch nicht der einzige sei, der eine Verwundete zu versorgen hätte, sondern daß es Hunderte, wenn nicht Tausende von Verwundeten gebe, kam mir einigermaßen die Größe der Katastrophe zu Bewußtsein.

Ich begann nun mit meinem Karren auf der Straße, die im Norden von Hiroshima hinausführte, zu arbeiten und wahllos verwundete und übermüdete Menschen zur Rettungsstelle zu transportieren. Es hieß, der nördliche Stadtteil von Hiroshima, Yokogawa, sei bombardiert worden. Bis zum Abend lebten wir in der Vorstellung, daß Yokogawa bombardiert worden sei. Erst als am Spätnachmittag ein Student, der in unserer Station im Stadtzentrum gewohnt hatte, zu uns vorstieß und uns erklärte, die ganze Stadt sei bombardiert worden, machten wir uns zögernd ein Bild vom Ausmaß des Unglücks. So verstehe ich auch, daß noch am folgenden Tage der Ökonom unserer Gruppe, der mit den materiellen Dingen beauftragt war, versuchte, das Geld einzulösen, das jeder Haushalt bekommen sollte, wenn das Haus durch Bombardement verloren sei. Ebenso versteht man, daß an diesem Tage Menschen verschiedener Berufe versuchten, ihre Arbeitsstätte aufzusuchen. Eltern bemühten sich, ihr Haus wiederzufinden; solche, die es übernommen hatten, an der äußersten nationalen Anstrengung in besonderer Weise teilzunehmen, und die sich bei den Aufräumungsarbeiten in der Stadt auszeichnen wollten, rannten zu den Stellen, wo sie sich melden sollten. Es gab sogar Berichte, daß einzelne Befehle an Gruppen ausgaben und nicht merkten, daß diese Arbeitskommandos gar nicht mehr bestanden.

Auch wir haben noch Tage nach dem Bombardement versucht, an der Stelle, wo die Kirche von Hiroshima gestanden hatte, Dinge auszugraben. Natürlich fanden wir nichts mehr. Die Einengung des Horizontes stellt sicherlich eines der merkwürdigsten Phänomene einer solchen Katastrophe dar. Jeder denkt zunächst an die Erhaltung seines eigenen Lebens und seine Flucht, aber auch an das Überleben und die Sicherheit derer, die ihm am nächsten stehen. Danach folgen erst das Interesse und die Sorge für die Rettung all der Menschen, die um ihn herum sind. Je altruistischer der Mensch ist, desto mehr versucht er, den Flüchtlingen zu helfen, ihre Ziele zu erreichen. Im Falle Hiroshima ist die gesamte Kommunikation vollständig zusammengebrochen. Wir wußten mit Sicherheit erst am folgenden Tag, daß Hiroshima bombardiert worden war. Erst nach drei Tagen glaubten wir zögernd, daß es sich um eine ganz besondere Bombe gehandelt hatte, und erst nach einer Woche verdichtete sich allmählich das Gerücht, daß es sich um eine Atombombe handelte, der ganz bestimmte Strahlungen zugeschrieben wurden.

Man darf nicht vergessen, daß bei einer solchen Explosion alle Radiogeräte (und in Zukunft alle Fernsehapparate) zerstört werden. Zeitungen werden nicht mehr gedruckt oder verteilt; weil alle Straßen blockiert sind, können natürlich durch Polizeiwagen keine Meldungen an die Bewohner durchgegeben werden. Alles ist auf einen äußerst primitiven Zustand reduziert. Wir hatten zwar in unserem Haus noch einen Radioapparat, aber die Nachrichten wurden kaum wahrgenommen. Es gab auch, soviel ich weiß, den ganzen ersten Tag niemanden, der Zeit gehabt hätte, vor dem Radio zu sitzen, um zu erfahren, was eigentlich los war. Erst etwa eine Woche nach dem Bombardement, als es hieß, der Kaiser werde im Radio sprechen, verbreitete sich dieses Gerücht, und so waren wir in der Tat eine kleine Gruppe von vielleicht acht Personen, die am Mittag des 15. August 1945 die Ansprache des Kaisers hörte, alles in allem nicht mehr als 5% der Leute, die jetzt in unserem Haus litten oder kampierten.

Ich kann mir denken, daß die wenigen Überlebenden einer großen Flutkatastrophe, die sich auf Dächer geflüchtet haben, gleichfalls nicht an die Größe und die Ausmaße der Flut denken, sondern ausschließlich mit sich selbst beschäftigt sind, mit dem Problem, wie sie sich retten können. Sie werden unter ihrer eigenen Todesangst leiden, aber auch den Tod ihrer Lieben fürchten müssen. Ich vermute, daß diese Vereinzelung durch das Leiden das Wesen einer Katastrophe darstellt. Hilfe ist von nirgendwo zu erwarten, weil alle potentiellen Helfer in identischer Weise betroffen sind.

Die riesigen Ausmaße einer zukünftigen atomaren Katastrophe lassen voraussehen, daß auch bei ihr alle mit den Verwundeten beschäftigt sind, die unter den Trümmern an der Stelle, wo sie sich gerade befinden, liegen. Der Mensch wird reduziert auf seine fundamentalsten Bedürfnisse: Schmerz, Angst und Sorge. Diese Gefühle sind stärker als alles andere.

Ich möchte die Behauptung wagen, daß diese Tatsache vielleicht auch etwas Gutes beinhaltet, denn wenn wir annehmen, daß auch in einer zukünftigen Katastrophe niemand verschont werden wird, können wir davon ausgehen, daß alle Verantwortlichen versuchen werden, eben dieses Unglück zu vermeiden. Ich werde weiter unten auf das Verursacherprinzip zu sprechen kommen. Ich glaube, im Falle einer zukünftigen atomaren Katastrophe – besonders dann, wenn sie weltweite Ausmaße erreicht – kann man annehmen, daß diejenigen, die die Befehle geben, auch die Auslöser ihres eigenen, persönlichen Unglücks sind. Sie werden nicht umhin können sich vorzustellen, daß alle Personen, die ihnen lieb und teuer sind, in der Katastrophe umkommen, daß sie selbst in oder unter Trümmern begraben werden, ja daß die Erde in einem Radius von vielen Hunderten von Kilometern um sie herum verseucht sein wird. Die Furcht, sterben zu müssen, die dann alle ohne Ausnahme ergreifen wird, könnte in einer Weise Menschen davon abhalten, eine kriegerische Katastrophe auszulösen, wie dies früher nie der Fall gewesen ist. Denn bis in die jüngste Zeit hinein residierten die eigentlich Verantwortlichen der Kriege vielfach in einem sicheren Sanktuarium, und auch in einem verlorenen Kriege glaubten und hofften sie vielfach bis zum Schluß, persönlicher Strafe oder dem Verlust des Lebens entrinnen zu können. Bevor ich auf die Bedeutung der Furchtbarkeit eines zukünftigen Krieges für die Sicherung des Friedens zu sprechen komme, möchte ich einige Gedanken zu den ethischen Problemen, die mit der Atombombe verbunden sind, ausführen.

Ethische Erwägungen zur Atombombe

Ich kann mir vorstellen, daß unsere ziemlich kleine Gruppe in Japan vergleichsweise am meisten ethische Erwägungen über das kriegerische Geschehen des Zweiten Weltkrieges anstellte. Die Behandlung der Tschechei und der Slowakei durch Hitler, der Angriff auf Polen, dann die Überfälle auf Norwegen, Dänemark, Holland und der Durchbruch in Frankreich und schließlich der Vormarsch in die Sowjetunion und die Balkan-Staaten erregten bei fast allen Mitgliedern unserer Gruppe Kopfschütteln. Allerdings waren es kriegerische Handlungen, die auf der anderen Seite des Globus, weit von uns entfernt, stattfanden, deren ethische Implikationen wir deswegen nicht so stark empfanden wie diejenigen der Feldzüge im Fernen Osten. Daß es bei der Eroberung von Nanking zu Grausamkeiten gekommen war, hatten wir gerüchteweise so oft gehört, daß wir nicht mehr daran zweifelten.

Daß die zahlenmäßig den Chinesen weit unterlegnen Japaner China nur durch eine Besatzungspolitik, die sich aus einem

Gemisch von Grausamkeit und Angst erklärte, kontrollieren zu können glaubten, entnahmen wir indirekt den Erzählungen von Soldaten, die aus China zurückkehrten. Wir wußten auch von denjenigen unter uns, die die Gefangenen der Japaner betreuten, also in den Gefangenenlagern Gottesdienste halten durften, daß die Gefangenen ein hartes Leben führten und viele Grausamkeiten erlebt hatten.

Andererseits mußten wir fürchten, von der japanischen Polizei umgebracht zu werden, falls die Amerikaner etwa im Südwesten Japans landen und das ganze Land in einer langen Folge von militärischen Aktionen besetzen würden. Da die Eroberung von Okinawa durch die Amerikaner eine außerordentlich blutige Angelegenheit gewesen und gerade abgeschlossen war, fürchteten wir, daß eine Eroberung der Kerninseln für die japanische Bevölkerung enorme Opfer bedeuten würde und auch viele amerikanische Soldaten das Leben verlören.

Das plötzliche Ende des Krieges nach dem Abwurf der Atombombe auf Hiroshima war in der Tat für uns gleichbedeutend mit der Rettung unseres Lebens. Wir haben das zwar nicht sofort, aber nach einigen Wochen so empfunden und vermutlich aus diesem Grunde nicht mit der Empörung auf das grausame Geschehen des Atombombenabwurfs reagiert, wie man es von einer Gruppe von Theologen hätte erwarten können. Körperlich ausgehungert und seelisch weitgehend zermürbt, waren wir dankbar für jede Art von Hilfe, die uns erreichte. Sie kam ausschließlich von amerikanischen Truppen, Offizieren und von den Militärkaplanen des amerikanischen Heeres.

Ich persönlich erlebte die ethische Dimension des Bombardements von Hiroshima erst zutiefst bei Vorträgen in den Vereinigten Staaten, die ich in den Jahren 1950 bis 1953 dort halten konnte. Nicht daß meine Vorträge selbst auf die ethischen Implikationen des Bombenabwurfs schon damals eindringlich hingewiesen hätten, sondern es waren die Fragen der Zuhörer, die uns zwangen, über die ethische Bedeutung des Bombenabwurfs nachzudenken. Als ich in New York bei Dietrich von Hildebrand Wertphilosophie studierte, erkannte ich endlich und wirklich klar, daß die Explosion moralisch gesehen eine furchtbare Tat gewesen war.

Die Wertphilosophie führt aus, daß bestimmte Gefühle nicht nur menschlich sind, sondern daß der Mensch sie sogar, objektiv betrachtet, erleben sollte. So wie er von der Schönheit eines Kunstwerks ergriffen sein sollte und dies gewöhnlich auch ist, so sollte er bei der persönlichen Erfahrung einer moralisch schlechten Tat vor allem Empörung empfinden. Daß Gefühle nicht nur etwas Subjektives sind, sondern zugleich eine objektive Richtigkeit haben können – dies ist einer der wesentlichen Grundsätze der Wertphilosophie. Ich wiederhole, die Berechtigung, Richtigkeit, ja Notwendigkeit spontaner Emotion in der Kunst bestreitet niemand. Noch wichtiger ist die Unmittelbarkeit und Spontaneität im Moralischen. Auch sie ist richtig und notwendig.

Als ich, nach Japan zurückgekehrt, Vorlesungen über Ethik übernahm, mußte ich über eine Vielzahl von ethischen Problemen sprechen; ein sehr gefragtes war das von Krieg und Frieden. Aufgrund der Ausführungen eines *Code of International Ethics*[1], der in Brüssel von Engländern und Belgiern herausgegeben worden war, erklärte ich den Studenten, daß solche Waffen, wie sie gegen die Bewohner von Hiroshima und Nagasaki eingesetzt wurden, nicht erlaubt gewesen seien. Sie hörten über Jahre hinweg diese Ausführungen mit Schweigen und ohne sichtbare Reaktionen an. Aber ich hatte den Eindruck, daß die generelle Glaubwürdigkeit der Vorlesungen durch diese Erklärungen durchaus gewachsen war.

Ich bin heute überzeugt, daß ich der einzige war, der im US-besetzten bzw. -verbündeten Japan »so etwas« lehrte.

Daß die Benutzung von Waffen im Krieg nötig und erlaubt ist, wird nicht bestritten. Allerdings dürfen Waffen nur gegen militärische Ziele eingesetzt werden. Dazu gehört leider auch der kämpfende Mensch, der Soldat. Andererseits ist es eine Pflicht, Zivilisten zu schützen, aber auch den Soldaten, der den Kampf aufgegeben und den Willen bekundet hat, sich zu ergeben. Daß Waffen gegen Soldaten benutzt werden dürfen, heißt aber keineswegs, daß unterschiedslos alle Arten von Waffen eingesetzt werden können. Waffen, die unnötig großen Schmerz verursachen, wie zum Beispiel Giftgas, lassen sich ethisch nicht rechtfertigen. Ich glaube, es ist wichtig, darauf hinzuweisen, daß weder Hitler noch Stalin Giftgas eingesetzt haben. Es fällt uns heute schwer, diese unleugbare Tatsache ethisch positiv zu werten. Die internationalen Konferenzen, die Giftgas geächtet haben, beabsichtigten sicherlich auch das Verbot atomarer Waffen, selbst wenn sie nicht als solche bezeichnet werden konnten, weil sie nicht bekannt waren. Daß die Amerikaner sich bei den Kriegsverbrecher-Prozessen auf das Naturrecht beriefen, nicht aber auf positive Gesetze, illustriert eindringlich, daß ethische Sachverhalte von sich aus und in sich selbst klar sind, auch dann – ich wiederhole – wenn sie nicht durch bestimmte Gesetze geregelt werden.

Vielleicht hat niemand auf das moralische Denken der Menschheit einen so nachhaltigen Einfluß ausgeübt wie Jesus. Er führte keine Beweise nach den Gesetzen der philosophischen Logik, sondern brachte seine Gedanken durch Gleichnisse den Zuhörern nahe. Seine Überzeugungskraft wirkt sich bis heute aus. Seine Erweise sind kraftvoller als logische Beweise. Im Sinne Jesu lege ich den folgenden Gedanken vor: Man stelle sich vor, was aus einem japanischen Flieger geworden wäre, der in der letzten verzweifelten Phase des Krieges mit einer Atombombe an Bord über San Francisco erschienen wäre und sie dort abgeworfen hätte. Nehmen wir an, er selbst sei dann, weil er die weite Strecke nach Japan nicht mehr zurückfliegen konnte, in einem Fallschirm über amerikanischem Gebiet abgesprungen. Man kann sich kaum vorstellen, daß es überhaupt noch zu einer Gerichtsverhandlung gekommen wäre. Wahrscheinlich wäre er gelyncht worden! Ganz sicher aber ist, daß dieser Flieger, wenn die Japaner trotzdem den Krieg verloren hätten, als ein Kriegsverbrecher verurteilt und mit dem Tod bestraft worden wäre. Kein aufrichtiger Mensch, ich wage zu behaupten: kein aufrichtiger Amerikaner wird diesen Sachverhalt leugnen wollen. Es gibt in der Ethik und in der Moral nicht zweierlei Maß. Die Verantwortlichen für die Atombombenabwürfe von Hiroshima und Nagasaki haben etwas getan, das sich moralisch in keiner Weise rechtfertigen läßt. Die Politiker, die Militärs, aber auch die Wissenschaftler, die zur Fertigstellung der Bombe beigetragen haben, sie alle machten sich eines Verbrechens schuldig.

Ihre Schuld ist auch deswegen so groß, weil sie ja nicht unter dem gewalttätigen Druck eines verbrecherischen Regimes standen wie die meisten deutschen Kriegsverbrecher. Sie waren sehr frei und darum sehr schuldig, ja sehr, sehr schuldig.

Wir wissen heute sehr viel mehr über die furchtbaren Wirkungen der Bomben auf die Opfer kurz nach dem Abwurf. Wir kennen außerdem einige der langfristigen Folgen, die über zehn Generationen eine essentielle Schädigung der Erbmasse der Betroffenen bedeuten. Man bedenke, daß heute in Hiroshima und Nagasaki und in der Umgebung dieser Städte die Bevölkerung allgemein die Opfer der Atombombenkatastrophen meidet und sich niemand finden will, der eine Person, die so geschädigt wurde, heiraten möchte, ja daß die Opfer der Atombomben wie Parias behandelt werden. Auch solche furchtbaren gesellschaftlichen Folgen zeigen, daß die Waffe von einer bisher nie gekannten Grausamkeit ist.

Wenn also Grausamkeit der Grund ist, daß eine Waffe in sich nicht erlaubt ist, dann gilt das ganz sicher für die Kernwaffen. Sie sind nicht nur nicht erlaubt, sie sind direkt verbrecherisch.[2]

Wir müssen daraus schließen, daß diejenigen, die heute mit relativer Leichtigkeit über den Einsatz von Kernwaffen diskutieren, in Wirklichkeit über etwas reden, ja etwas zu tun erwägen, was verbrecherisch ist. Es gilt, sich zu vergegenwärtigen, daß niemand in gleicher Weise über den Einsatz von Giftgas im Kriegsfalle spricht. Andererseits wissen wir, daß viele Nationen eine gewisse Menge von Giftgas gelagert haben, weil sie sich auf die Möglichkeit vorbereiten wollen, daß ein eventueller Gegner Giftgas einsetzt. Das ist aber etwas ganz anderes, als wenn man offen vom Einsatz von Giftgas spricht und dauernd Überlegungen darüber anstellt, was bei Benutzung von Giftgas geschehen könnte und geschehen wird. Das leichtfertige Spekulieren und Theoretisieren über die Benutzung von Kernwaffen im Falle eines kriegerischen Konfliktes ist an sich schon etwas, das man verbrecherisch nennen kann.

Um zu verstehen, welches die Gründe für die heutige frivole Sprechweise über Kernwaffen sind, ist es nötig, noch einmal zu dem Geschehen vom August 1945 zurückzugehen. Heute muß man rückblickend feststellen: es wurde versäumt, den Anfängen zu wehren. Das Versäumnis hatte allerdings ganz bestimmte Gründe, die es zwar nicht entschuldigen, aber verständlich erscheinen lassen. Die Deutschen wurden alle in irgendeiner Weise mit den ungeheuren Verbrechen des Nationalsozialismus in Verbindung gebracht und waren deswegen moralisch desavouiert. Die Japaner galten als die Verbrecher von Pearl Harbor, Nanking, Batayan und vielen anderen Kriegsschauplätzen in Ostasien. Die Amerikaner waren die eigentlichen Richter bei den Kriegsverbrecher-Prozessen, und ihre Verbündeten, die übrigen Alliierten, mußten ihnen dankbar sein, daß sie den Krieg für sie gewonnen hatten. Die Zweifel an der Rechtmäßigkeit des Atombombenabwurfs auf Hiroshima und Nagasaki spiegeln sich zwar in dem von Bürgern der Siegerstaaten verfaßten bereits erwähnten *Code of International Ethics* wider. Aber zu Protesten kam es nicht. Der Code blieb unbekannt. Das Empörungs-Defizit war vollständig.

Für den weiteren Verlauf der Entwicklung gilt das Wort: »Es ist der Fluch der bösen Tat, daß sie fortzeugend Böses muß gebären!«; das Böse, das Empörungs-Defizit, war in diesem Falle wörtlich ein Mangel an etwas, das gut gewesen wäre: Malum est privatio boni (Das Böse ist ein Manko an Gutem). Die Folgen dieser fatalen Auslassung zeigen sich am krassesten in der heutigen, bedrohlichen Lage. Die Gründe für den Abwurf der Bomben muß man in der letzten Phase des Krieges selbst suchen: der unmittelbare psychologische Grund für den Abwurf der beiden Atombomben über Hiroshima und Nagasaki liegt in dem großen Haß, der damals zwischen den Völkern bestand und auch bei den Amerikanern gegenüber den Japanern vorzufinden war. Man muß leider annehmen, daß es den Politikern, Militärs und sogar den Wissenschaftlern darauf ankam, die beiden Bomben, die ja verschiedenartig konzipiert waren, zu testen, und zwar am lebendigen, verhaßten japanischen Objekt. Hiroshima eignete sich besonders wegen seiner kompakten Lage auf den flachen Inseln des Otagawa, umgeben von ziemlich hohen und recht steilen Bergen, um die Wirkung der Uraniumbombe auszuprobieren. Es blieb danach nur noch die zweite Art von Atombombe zu erproben, nämlich eine Plutoniumbombe, für die man sich Nagasaki aussuchte. Der Atombombenabwurf über Nagasaki mußte schnell geschehen, denn sonst hätte die Annahme der Kapitulation das Experiment unmöglich gemacht! Also geschah es drei Tage später, noch bevor die Japaner recht auf Hiroshima reagieren konnten.

Man kann mit Sicherheit annehmen, daß die Japaner, die zu diesem Zeitpunkt schon sehr kriegsmüde waren und einen vertretbaren Grund für die Beendigung des Krieges suchten, bereits eine Demonstration von Atombomben auf dem offenen Meer als einen willkommenen Grund akzeptiert hätten, die Feindseligkeiten einzustellen. Die Bevölkerung war todmüde, und innerhalb der führenden Gruppe von Militärs und Politikern einschließlich des Kaisers war die Diskussion über die geeignete Methode, den Krieg zu beenden, längst im Gange.

In dieser allerletzten Phase des Zweiten Weltkrieges bedeutete der Abwurf der beiden Atombomben zumindest eine Überreaktion von seiten der Amerikaner. Jahrelange Vorbereitungen unter Einsatz von vielen Millionen Dollar und Hunderttausenden von Mitarbeitern sollten nicht umsonst gewesen sein. So wurde ein Mittel angewandt, das wegen seiner furchtbaren Wirkungen so nicht erlaubt sein konnte. Objektiv betrachtet, wendete sich das Kriegsglück zwar nicht zugunsten der Japaner durch den Abwurf der beiden Bomben, wohl aber kehrten sich die moralischen Verhältnisse ins Gegenteil um. Die aggressiven Japaner wurden nun zu wehrlosen Opfern der amerikanischen Gewalttätigkeit. Niemals starben so viele unschuldige Menschen durch eine einzige Unrechtstat wie am 6. August 1945 in Hiroshima. Das größte Einzelkriegsverbrechen aller Zeiten war geschehen.

Daß moralische Sachverhalte sich umkehren können, soll an einem Beispiel erläutert werden. Wenn jemand wegen politischen Drucks für einige Zeit außer Landes geschickt werden muß, mag dies für ihn hart, kann aber durchaus berechtigt gewesen sein. Verbietet man ihm aber aus rein praktischen Erwägungen kleinlicher Art, etwa weil er ein Zimmer benötigt, jemals wieder zurückzukehren, dann kehrt sich das Verhältnis von Recht und Unrecht wegen dieser ungerechten lebenslänglichen Verbannung um. Der Verbannte wird nun der unschuldige Leidtragende, während diejenigen, die für die Verbannung verantwortlich sind, ganz offensichtlich kriminell handeln. Ihre Handlung ist Unrecht, weil für die Schärfe ihrer Reaktion kein Fundament vorhanden ist. Es handelt sich um einen Verstoß gegen den Grundsatz der Verhältnismäßigkeit der Mittel.

Die Bevölkerung von Hiroshima und Nagasaki wurde durch die Bombardements Opfer einer in dieser Weise völlig ungerechtfertigten Aggression. Die Empörung der Japaner über die flagrante Amoralität der Bomben blieb aus, weil sie sich in ihrer wechselvollen Geschichte längst daran gewöhnt haben, einem militärischen Sieger nicht zu widerstehen. In diesem Sinne heißt es in einem japanischen Sprichwort, daß »wer verloren hat, auch verloren ist«.[3] Außerdem war man der Überzeugung, und diese erwies sich als richtig, daß eine freundliche Haltung dem Sieger gegenüber das Los der geschlagenen Nation verbessern könnte. Tatsächlich sollte die Besatzungspolitik der Amerikaner der japanischen Nation gegenüber im Ganzen so günstig ausfallen, daß man fast von einem idealen Verhältnis von Siegern und Besiegten sprechen kann. (Eine unterbewußte Reue über die Explosionen mag der Grund gewesen sein.) Ich wiederhole, die Japaner handelten auf ihre Art pragmatisch klug, das heißt aber nicht, daß, objektiv gesehen, Empörung nicht am Platze gewesen, ja für die Zukunft der ganzen Menschheit nötig gewesen wäre.

Unsere kleine Gruppe hatte einen ganz besonderen Grund, das Ende des Krieges, das ja kurz auf die Bombardements folgte, zu begrüßen. Die bereits erwähnte Gefahr, bei einer eventuellen Landung der Amerikaner auf den japanischen Hauptinseln liquidiert zu werden, war gebannt. Als die amerikanischen Untersuchungsteams der damaligen CIC, der Vorläuferorganisation der CIA, bei uns vorsprachen und Ungeheuerliches über die Schandtaten der Nationalsozialisten berichteten, stießen sie bei uns nicht sofort auf Verständnis. In der Tat wußten wir kaum etwas von den Greueln der Konzentrationslager, obwohl mir persönlich die Existenz solcher Lager bekannt war. Ich war schon auf dem Gymnasium mit dem KZ bedroht worden. In unserer Unwissenheit über die wirkliche Lage konnten wir uns weder die Schäden des Krieges noch die Greuel der Nazis richtig vorstellen. Einige, die bei der deutschen Reichswehr gedient hatten, pflegten mit Begeisterung von ihrer Dienstzeit beim »Barras« zu erzählen. Meine beiden Begleiter auf der Reise von Deutschland nach Japan gehörten früher nationalsozialistischen Organisationen an: der eine der Hitlerjugend, der andere der SA. Daß einer meiner nächsten Verwandten sich freiwillig zum Militär gemeldet hatte, hörte ich erst nach Beendigung des Krieges. Es drängt sich daher der Gedanke auf, daß der Wille, sich gegen die Amerikaner zu empören, gering war. Man war kleinlaut geworden. Zu jeder Art von emotionellem Engagement fehlte die seelische Kraft. Auch wir waren zunächst am Ende.

Als ich zwischen 1950-1953 in den Vereinigten Staaten studierte, stellte ich fest, daß die dortigen katholischen Organisationen, mit denen ich in erster Linie zu tun hatte, recht national dachten. Es war die Zeit, als Kardinal Spellman in New York residierte, dessen Begeisterung für amerikanische Dinge sehr ausgeprägt war. Das irische Element überwog in der Kirche ganz eindeutig, und daher rührt vielleicht etwas von jener Einseitigkeit, die man heute noch in Nordirland bei den Radikalen auf beiden Seiten mit Entsetzen wahrnehmen kann.

Erst in jüngster Zeit haben sich katholische Priester und Bischöfe, aber auch Laien als echte und gewissenhafte Friedensfreunde profiliert. Bei meinen Vorträgen in den Vereinigten Staaten über das Erlebnis mit der Atombombe waren es allerdings auffallend viele jüdische Zuhörer, die bei der nachfolgenden Diskussion auf die moralische Dimension des Bombardements hinwiesen. Leider haben manche jüdischen Emigranten, die aus Deutschland nach

Amerika geflohen waren, gegenüber der Atombombe eine Haltung eingenommen, die der vieler Japaner ähnlich ist. Sie entsetzten sich über die Furchtbarkeit des Bombardements, klammerten aber die moralische Fragestellung weitgehend aus. Die amerikanische Öffentlichkeit hatte erst während des Vietnam-Konfliktes Zweifel an der Rechtmäßigkeit von kriegerischen Aktionen des eigenen Landes. Gereift durch das Bewußtsein der Schuld über die Fehler von Vietnam, findet sich nunmehr bei vielen eine Bereitschaft, das Trauma der beiden Atombomben zu tilgen. Überlegungen über die Moral der Abwürfe sind keineswegs mehr tabu. Leider war dies in den Jahren unmittelbar nach dem Kriege nicht der Fall. Die Moral der Bomben wird auch heute noch selten ernsthaft, d. h. mit allen auszudenkenden Folgen diskutiert. Gleich nach dem Kriege wagte man es, wie gesagt, nicht, sich über diese Untat zu empören.

Ich möchte behaupten, daß dieses Empörungs-Defizit der Grund für die heutige Menschheitsbedrohung durch Kernwaffen ist. Ich wiederhole: Hier bewahrheitet sich auf das Schrecklichste das Wort: »Es ist der Fluch der bösen Tat, daß sie fortzeugend Böses muß gebären!« Hätte man sich sofort in der Weise über die grauenhaften Bomben empört, wie es nötig gewesen wäre, dann wäre die Menschheit vielleicht von dem furchtbarsten Alpdruck befreit geblieben, den es in ihrer Geschichte je gegeben hat: die Angst vor dem unwiederholbaren Sturz in den Abgrund ihrer totalen Selbstvernichtung. Es hätte trotzdem vielleicht Kernwaffen gegeben, wie es ja heute Giftgas gibt. Aber die Kernwaffen wären nicht zum Gegenstand öffentlicher militärischer Spekulation geworden. Man würde nicht über ihren Einsatz derartig ungeniert sprechen und ihn planen, wie es heute geschieht. Man würde diese Waffen gleichsam wie das Giftgas »unter dem Tisch« behalten. Sie wären niemals »salonfähig« geworden. Ein öffentlicher Wettlauf der Kernwaffenrüstung wäre undenkbar geblieben.

Während die brutale Bedrohung Europas durch den Nazismus vollständig überwunden wurde, entging die atomare Bedrohung zunächst der moralischen Aufmerksamkeit der Menschheit. Heute sind alle Kontinente gleichzeitig in Gefahr.

Es ist also nötig, zu den Anfängen zurückzukehren und das Gewissen der Menschheit bezüglich dieser grausamen und unmoralischen Taten wachzurütteln. Zum moralischen Wachrütteln gehören spektakuläre, wahrhaft schockierende Handlungen. Sollte man nicht heute noch einen Kriegsverbrecherprozeß wegen der Bombenabwürfe auf Hiroshima und Nagasaki inszenieren? Die Ankläger wären die Bombenopfer von damals, deren es noch genügend gibt. Die Beschuldigten wären die zumeist verstorbenen amerikanischen Politiker von damals und die Mitwissenden aus anderen Ländern, die von den Abwürfen beider Bomben vorher unterrichtet gewesen sein sollen, z. B. Winston Churchill. Die Wissenschaftler, die an der Herstellung der Bombe beteiligt waren, müssen ebenfalls auf die Anklagebank, und vor allen Dingen die Militärs, einschließlich jener einfältigen Piloten, die heute noch immer beteuern, daß sie glauben, das Richtige getan zu haben, und daß sie es gegebenenfalls wiederholen würden. In einem spektakulären Prozeß sollten alle drei Kategorien von Schuldigen, Politiker, Wissenschaftler und Militärs, vorgeführt und nach gründlichen Verhandlungen eventuell posthum abgeurteilt werden. Man soll nicht einwenden, daß eine solche Aktion technisch undurchführbar wäre. Der Prozeß über den Abwurf der beiden ersten Bomben ist durchaus machbar und wird aller Welt in höchst dramatischer Weise demonstrieren, daß das, was in Hiroshima und Nagasaki geschehen ist, wirklich ein Verbrechen war. Durch einen solchen Prozeß wären die moralischen und rechtlichen Voraussetzungen für eine Abschaffung von Kernwaffen endlich geschaffen. Das Gewissen der Menschheit hätte sich entlastet, sie fände die Kraft, die atomare Gefahr endgültig zu bannen.[4]

Vom vorläufigen zum endgültigen Frieden

Die Tatsache der Kernwaffenrüstung gibt, solange sie noch besteht, in Kombination mit den Präzisionswaffen die Möglichkeit, den Frieden weltweit dadurch zu wahren, daß alle eventuellen Auslöser eines Krieges und alles, was diesen Auslösern lieb und teuer ist, dauernd durch die neuen, weittragenden und genau zielenden Waffen bedroht bleiben. Tatsächlich kann der Friede, den wir nun schon fast vier Jahrzehnte hindurch genießen, als eine Vorform jenes Friedens durch totale Bedrohung eventueller Kriegsverursacher betrachtet werden, auf den wir zusteuern. Es ist der Friede aus Furcht vor dem sofortigen Gegenschlag, der naturgemäß die Nervenzentren, d. h. die Regierungssitze und Kommandozentralen der großen Mächte treffen wird. Man darf also folgern, daß es sich tatsächlich um eine Art Geiselnahme im weiteren Sinn handelt.

Das atomare Patt ist um so vollständiger, je weitreichender und präziser die Waffen sind, die es begründen. So zynisch es klingen mag: die Perfektion der Bedrohung perfektioniert den Frieden. Andererseits gilt das keineswegs unethische Verursacherprinzip: wer den ersten Schlag verübt, muß damit rechnen, selbst Opfer eines Atomschlages zu werden. Leider ist durch die tatsächliche Entwicklung der letzten Jahre eine Art Abkoppelung der Supermächte aus dem Patt in Erwägung gezogen worden. Die Völker Mitteleuropas fürchten, daß sie als Geiseln der jeweilig verbündeten Supermacht herhalten sollen. Als Grund dient die Tatsache, daß in Mitteleuropa der Zweite Weltkrieg zu Ende ging und daß hier die ideologische Grenze zwischen den Machtblöcken verläuft. 40 Jahre nach Beendigung des Krieges klingt diese Erklärung völlig anachronistisch. Als Europäer muß man es Glück nennen, daß die Verantwortlichen der Supermächte an die Möglichkeit der Abkoppelung und die Begrenzung des atomaren Schlagabtauschs auf Mitteleuropa selbst nicht recht glauben. Daher ist die Stapelung von Atomwaffen in Europa eine Art militärischer Aufmarsch an der falschen Stelle.

Tatsache ist, daß die beiden Supermächte eine gemeinsame Grenze besitzen, die viele tausend Kilometer lang ist. Diese sowjet-amerikanische Grenze trennt Gebiete der beiden Staaten, die nicht sehr stark bevölkert sind, wo sich infolgedessen die Schrecken eines eventuellen, durch menschliches Fehlverhalten hervorgerufenen Zusammenstoßes in Grenzen halten könnten. Merkwürdigerweise werden dort keine militärischen Vorbereitungen getroffen. Auch ein Zusammenstoß über dem Nordpol oder über den Regionen in der Nähe des Nordpols wird längst nicht so offen diskutiert wie ein Krieg in Europa. Das ständige Kriegsgerede über den europäischen Kriegsschauplatz soll offensichtlich die europäischen Völker auf das furchtbare Geschehen vorbereiten. »War is going to be over there!« ist eine ständig wiederkehrende Formulierung der Amerikaner. »Over there« bedeutet von ihnen gesehen jenseits des Atlantiks, also in Europa! Eine weitere sehr zynische Formel lautet: »They are used to it!« Die sind ja daran gewöhnt! Ganz im Sinne der pragmatischen Tradition der Anglo-Sachsen versuchen diese Nationen den eventuellen Krieg möglichst weit von sich weg zu halten. Immer neue Waffensysteme sollen in

Europa aufgestellt werden, obwohl es bei der enormen Reichweite der Waffen gar nicht sehr wahrscheinlich ist, daß ein zukünftiger Krieg auf Europa beschränkt bleiben wird. Aber man hofft eben, daß nach der Zerstörung Europas der Krieg zu Ende gehen könnte. Und man redet den Europäern ein, daß die enorme Bewaffnung für ihre Sicherheit notwendig wäre, obwohl in Wirklichkeit der potentielle Feind sich über eine kürzere Entfernung, nämlich über die nordpolaren Regionen, viel wirkungsvoller in Schach halten ließe.

Man will die Tatsache nicht wahrhaben, daß der Zweite Weltkrieg nunmehr schon fast 40 Jahre zurückliegt. Es gibt gar keinen Grund mehr, diese Waffen in Europa zu stationieren! Die europäischen Nationen sind so friedliebend wie nie zuvor. Außerdem sind sie so schwach, daß sie für keine der Supermächte eine ernste Gefahr bedeuten können. Trotzdem werden sie in einer lebensbedrohenden Abhängigkeit gehalten. Dadurch, daß die Atommächte allein über den Einsatz von Atomwaffen bestimmen, entscheiden sie zugleich über die Existenz und Nicht-Existenz von anderen Staaten und Völkern! Dies bedeutet eine unerträgliche Anmaßung von seiten der Atommächte, die die nichtatomaren Mächte nicht länger erdulden, besser ertragen können. Es handelt sich um eine Frage von Souveränität. Es fragt sich, sind die europäischen Verbündeten von den atomaren Mächten wirklich unabhängig oder nicht? Der Westen sollte damit anfangen, die atomaren Streitkräfte aus den Nicht-Atom-Staaten zu entfernen und sie nur dann einzusetzen, wenn diese Staaten es ausdrücklich wünschen. Das würde sich, so kann man durchaus hoffen, auch auf den Osten so auswirken, daß auch dort die nichtatomaren Staaten Unzufriedenheit über die Lagerung von Kernwaffen auf ihrem Gebiet äußern. Bezüglich mancher Fragen gibt es auch im Osten eine subtile, aber klare Art, den eigenen Willen zu bekunden! Endlich müßte der heute weltweit herrschenden Furcht vor dem atomaren Holocaust durch legislative Maßnahmen der nichtatomaren Staaten auf nationaler Ebene entgegengewirkt werden. »Atom-Terroristen« sollten über all die aktive Gegenwehr der friedliebenden Mehrheit spüren, deren Entschlossenheit allmählich die Furcht zurückdrängt. Suchfotos auf den Flughäfen könnten den Befürwortern von Kernwaffen klarmachen, daß sie den Zorn ganzer Völker auf sich gezogen haben.

Es fragt sich, wie läßt sich unter diesen widrigen Umständen wenigstens in der Theorie etwas für den Frieden tun? Welches theoretische Konzept der stufenweisen Friedenssicherung könnte eine realistische Chance auf Verwirklichung haben?

Der erste Schritt ist der entschiedene Kampf der nichtatomaren Staaten um die Rückgewinnung ihrer Souveränität. Der zweite Schritt wäre die Verlagerung des atomaren Potentials aus den stark besiedelten Gebieten Europas in die äußerst spärlich bewohnten Regionen Ostsibiriens, Alaskas und des Polar-Kreises. Der dritte wäre die Verlagerung der Schaltzentralen von eventuellen kriegerischen Handlungen in diese Gebiete. Der vierte Schritt, so absurd es klingen mag, wäre die Verfeinerung der Präzisionswaffen und die Ausdehnung ihrer Reichweite, so daß alle potentiellen Kriegsverursacher auf dem gesamten Globus direkt von ihnen getroffen werden könnten. Fünftens, soweit die potentiellen Verursacher eines zukünftigen Krieges in den Hauptstädten residieren, kommt diesen gewissermaßen eine Funktion als Geisel für den Frieden zu. Die Ansammlung von Kunstschätzen in Moskau, Washington, Paris und London gewinnt durch den möglichen Einsatz von Präzisionswaffen von großer Reichweite eine ganz neue Bedeutung. Sie dient ungewollt der Friedenssicherung. Die Möglichkeit der totalen Zerstörung der wichtigsten kulturellen Denkmäler einer Nation hält, so kann man annehmen, die Führer davon ab, einen Krieg zu verursachen.

Hätte es vor Beginn des Zweiten Weltkrieges so weitreichende und präzise Waffen gegeben, hätte Hitler sicherlich seine Untaten niemals begonnen! Adlerhorst, Wolfsschanze und Führerbunker, wohl versteckt, getarnt und schwer bewacht, gaben demjenigen Sicherheit, der Millionen von Menschen in den Tod schickte! Daß dieses in einem zukünftigen Kriege nicht mehr so leicht geschehen kann, ist sicherlich ein Segen. Es ist wünschenswert, daß der Geiselcharakter von verantwortlichen Politikern, Militärs, von allem, was ihnen lieb und teuer ist, ja von ganzen Hauptstädten einschließlich aller ihre Kunstwerke und geschichtlichen Denkmälern einstweilen noch vervollständigt wird. Man kann annehmen, daß die möglichen Verursacher eines Krieges, falls sie sicher sind, daß sie sofort nach Auslösung der Feindseligkeiten mit allem, was sie umgibt, zugrunde gehen, vor der Verursachung eines Krieges zurückschrecken. M. a. W., das heutige atomare Patt sollte uns nicht vor Schreck lähmen, sondern, klar durchdacht und in Theorie und Praxis vervollständigt und auf mögliche Verursacher eingeschränkt, die wohl lange Periode des vorläufigen Friedens sichern.

Natürlich ist die militärische Bedrohung nicht einziger Grund für kriegerische Auseinandersetzungen. Es gibt eine Reihe von tiefer liegenden Problemen, die in einem endgültigen Friedenskonzept ebenfalls Berücksichtigungen finden müssen, weil sie in der Vergangenheit nur zu oft zum Kriege führten: der Kampf um die Rohstoffe, das Problem der Arbeitslosigkeit, der Nationalismus, sie alle können tiefere, meist nicht eingestandene Gründe für kriegerische Auseinandersetzungen werden.

Im folgenden soll versucht werden, ein umfassendes Konzept für den Frieden aufgrund des Verursacherprinzips darzulegen.

1. Die Isolierung der militärischen Bedrohung und ihre Konzentrierung auf Gebiete, in denen keine Gefahr für die zivile Bevölkerung besteht. Die Anhäufung von Armeen und militärischem Material zieht naturgemäß den Angriffswillen eines eventuellen Gegners auf sich. Sollte es zu einem Konflikt durch technische Fehler oder menschliches Versagen kommen, so muß zunächst das Militär selbst, vor allem seine Kommando-Zentralen, bedroht sein. Weil die einfachen Soldaten selten die eigentlichen Verursacher eines Krieges sind, kommt es darauf an, daß nur die wirklichen Verursacher Primärziele der militärischen Bedrohung sind. Also zunächst nur die militärischen Kommandanten, und erst dann die politischen Verursacher in den Hauptstädten der Militärmächte. Die logistische Einschränkung des militärischen Patts durch weittragende Präzisionswaffen wäre der erste realistische Schritt, den noch vorläufigen Frieden zu sichern. Es muß so sein, daß jeder Krieg unbedingt gestaffelte Selbst-Vernichtung bedeutet.

2. Der klassische kapitalistische Krieg entsteht um die Märkte und Rohstoffe. Umfassende Abkommen über die Rohstoffe, auch derjenigen auf dem Meeresboden und im Meere oder in der Dritten Welt, könnten einen eventuellen Krieg aus wirtschaftlichen Gründen ausschalten. Auch der Markt bedarf einer internationalen Regelung. Gemeinsame Märkte auf der Basis des gemeinsamen Marktes von Europa in anderen Kontinenten wären wünschenswert, nur müssen sie sich gegenseitig durch ein noch umfassenderes Abkommen verständigen.

3. Das Problem der Arbeitslosigkeit läßt sich nicht allein durch das stereotype Wiederholen des Rechts auf Arbeit lösen. Mikroprozessoren und Roboter sind wirtschaftlich produktiv und sollten sich darum auch in finanziellem Gegenwert, also in Geld

umsetzen lassen. Das Recht auf Arbeit steht nicht mehr im Vordergrund, sondern das Recht, menschenwürdig leben zu können. Dieses neue Recht hat die Bedeutung des Rechts auf Arbeit zurückgedrängt. Die Umschulung derjenigen, die früher gearbeitet haben, kann nicht nur den Zweck haben, sie für noch kompliziertere Arbeitsvorgänge vorzubereiten. Sie muß sich auch das Ziel setzen, die aus dem traditionellen Arbeitsprozeß Ausgegliederten geistig zu verselbständigen, d. h., es ihnen zu ermöglichen, in Frieden zu leben, auch ohne daß sie für Geld arbeiten müssen oder auch ohne die Aussicht zu haben, in Zukunft jemals wieder für Geld arbeiten zu können. Menschliche Erfüllung in sinnvoller Freizeitgestaltung ist heute ein viel wichtigeres Problem als der Versuch, unter allen Umständen Arbeitsplätze zu schaffen oder zu erhalten. Erst wenn das Problem der Arbeitslosigkeit als ein geistiges Problem, das neue Definitionen für Arbeit, Geld und Menschenwürde sucht, aufgefaßt und entschärft wird, kann die Gefahr des Krieges, die aus diesem Grunde entstehen könnte, als beseitigt gelten.

4. Weil Kriege ihrer Definition nach militärische Konflikte zwischen souveränen Staaten sind, ist es sehr wünschenswert, daß diese Souveränität, die die legale Voraussetzung für eine Kriegserklärung ist, in vorsichtigen Schritten freiwillig so beschränkt wird, daß auch rein rechtlich gesehen keine Kriege mehr entstehen können. Daß die Länder der Bundesrepublik Deutschland nie gegeneinander kämpfen, obwohl es noch vor hundert Jahren möglich war und auch geschah, gibt zu denken. Sie können es nicht, weil sie nicht souverän sind. Gemeinsame Märkte und militärische Bündnisse können durchaus freiwillige Beschränkungen der Souveränität einschließen. Es ist verständlich, daß die Staaten Afrikas oder Staaten in anderen Kontinenten, die gerade erst ihre Unabhängigkeit erkämpften, nicht ohne langes Zögern dazu bereit sind, diese wieder für eine überregionale Einigung aufzugeben oder sie sich durch Bündnisse beschränken zu lassen. Ähnliches gilt für die heutigen atomaren Geiselstaaten. Dennoch ist dies der wirkliche Weg zum Frieden. Europa muß auch hier der Welt das Beispiel geben.

5. Der letzte, aber vielleicht ebenfalls sehr einschneidende Schritt wäre die internationale Angleichung der Sprachen aneinander. Die Gefahr, daß die angelsächsischen Länder militärisch miteinander in Konflikt geraten, besteht praktisch gar nicht mehr. Der Grund

ist sicherlich auch, daß sie einander großes Verständnis entgegenbringen. Man kennt sich, weil man die gleiche Sprache spricht. Wegen der Bedeutung der Sprache für das gegenseitige Verständnis und wegen der Bedeutung des gegenseitigen Verständnisses für den Frieden ist es unbedingt nötig, daß man systematisch an der gegenseitigen Angleichung der Sprachen der Welt arbeitet. Die Tendenz zur Vereinheitlichung zeigt sich bei wissenschaftlichen Veröffentlichungen technischer und medizinischer Art bereits ganz klar. Sie sollte auf keinen Fall behindert werden, wie es z. B. in Frankreich geschieht. Man könnte sich eine Organisation vorstellen, die systematisch neue, von der technischen Entwicklung geforderte Termini gleichlautend und mit gleicher Buchstabenfolge in alle Sprachen einführt. Es wäre der Grundstock für ein Weltsprachen-Vokabular, das in einer späteren Phase das Rückgrat einer Weltsprache bilden könnte. Daß amerikanische Worte heute am meisten übernommen werden, hat seinen Grund u. a. in den Leistungen amerikanischer Forschung. Hinzu tritt die Tatsache, daß Englisch relativ von den meisten Menschen gesprochen wird. Außerdem sind diese Länder meist sehr freiheitlich und weisen vielen Völkern auf dem Weg zu größerer Menschenwürde die Richtung.

Daß viele diese Entwicklung ohne Gram akzeptieren, aber andererseits größere militärische Zurückhaltung von der führenden angelsächsischen Macht wünschen, zeigt klar, daß es sich bei militärpolitischen Bedenken keineswegs um blinde Emotionen handelt. Es handelt sich um ein offenes Wort unter Freunden, dem Osten gegenüber um die dringende Bitte um Aufrichtigkeit. Es geht um die ethische Aufarbeitung von Hiroshima und Nagasaki, es geht darum, daß diese Katastrophen wirklich nur ein einziges Mal geschahen und sich nie wiederholen.[5] Es geht um ein realisierbares Friedenskonzept, das diesen Herzenswunsch der ganzen Menschheit langfristig wirkungsvoll absichert. So wie aus dem moralischen Versäumnis der Aufarbeitung von Hiroshima unsere heutige fatale Lage entstand, kann und muß aus der historischen und moralischen Umkehr Friede geboren werden.

Anmerkungen

1 *Code of International Ethics. Compiled by the International Union of Social Studies*, translated and edited with a Commentary by John Eppstein, The Newman Press, Westminster Maryland, USA 1953.
2 Otto Kimminich, *Völkerrecht im Atomzeitalter. Der Atomsperrvertrag und seine Folgen*, Verlag Rombach, Freiburg im Breisgau 1969.
3 Vgl.: *Japan. Ein deutscher Japaner über die Japaner*, Deutscher Taschenbuchverlag, München 1976, S. 181.
4 Vgl.: Helmut Erlinghagen, *Hiroshima und Wir. Augenzeugenberichte und Perspektiven*, Fischer Taschenbuch Verlag, Frankfurt am Main 1982.
5 Vgl.: *Japan. Eine Landeskunde,* C. H. Beck Verlag, München 1979, S. 61.

edition suhrkamp
Eine Auswahl

Abelshauser: Wirtschaftsgeschichte der Bundesrepublik Deutschland (1945-1980). NHB. es 1241

Abendroth: Ein Leben in der Arbeiterbewegung. es 820

Achebe: Okonkwo oder Das Alte stürzt. es 1138

Acam/Moodley: Südafrika. es 1369

Adorno: Eingriffe. Neun kritische Modelle. es 10
– Gesellschaftstheorie und Kulturkritik. es 772
– Jargon der Eigentlichkeit. Zur deutschen Ideologie. es 91
– Kritik. Kleine Schriften zur Gesellschaft. es 469
– Ohne Leitbild. Parva Aesthetica. es 201
– Stichworte. Kritische Modelle 2. es 347
– Zur Metakritik der Erkenntnistheorie. es 590

Das Afrika der Afrikaner. Gesellschaft und Kultur Afrikas. Hg. von R. Jestel. es 1039

Anderson: Die Entstehung des absolutistischen Staates. es 950
– Von der Antike zum Feudalismus. es 922

Andréa: M.D. es 1364

Arbeitslosigkeit in der Arbeitsgesellschaft. es 1212

Aus der Zeit der Verzweiflung. Zur Genese und Aktualität des Hexenbildes. es 840

Bachtin: Die Ästhetik des Wortes. es 967

Barthes: Elemente der Semiologie. es 1171

– Kritik und Wahrheit. es 218
– Leçon/Lektion. es 1030
– Literatur oder Geschichte. es 303
– Michelet. es 1206
– Mythen des Alltags. es 92
– Das Reich der Zeichen. es 1077
– Die Sprache der Mode. es 1318

Beck: Risikogesellschaft. es 1365

Jürgen Becker: Ränder. es 351
– Umgebungen. es 722

Beckett: Fin de partie. Endspiel. es 96
– Flötentöne. es 1098
– Mal vu, mal dit. Schlecht gesehen, schlecht gesagt. es 1119

Samuel Beckett inszeniert Glückliche Tage. es 849

Benjamin: Aufklärung für Kinder. es 1317
– Briefe. 2 Bde. es 930
– Das Kunstwerk im Zeitalter seiner technischen Reproduzierbarkeit. es 28
– Moskauer Tagebuch. es 1020
– Das Passagen-Werk. 2 Bde. es 1200
– Über Kinder, Jugend und Erziehung. es 391
– Versuche über Brecht. es 172
– Zur Kritik der Gewalt und andere Aufsätze. es 103

Bernhard: Die Billigesser. es 1006
– Ein Fest für Boris. es 440
– Prosa. es 213
– Ungenach. Erzählung. es 279
– Watten. Ein Nachlaß. es 353

Bertaux: Hölderlin und die Französische Revolution. es 344

Biesheuvel: Schrei aus dem Souterrain. es 1179

Blick übers Meer. Chinesische Erzählungen aus Taiwan. es 1129

Bloch: Kampf, nicht Krieg. Politische Schriften 1917-1919. es 1167

Boal: Theater der Unterdrückten. es 987

Böhme: Prolegomena zu einer Sozial- und Wirtschaftsgeschichte Deutschlands. es 253

Böni: Alvier. Erzählungen. es 1146

Bohrer: Plötzlichkeit. es 1058

Bond: Gesammelte Stücke 1/2. es 1340

Bottroper Protokolle, aufgezeichnet von Erika Runge. es 271

Botzenhart: Reform, Restauration, Krise. Deutschland 1789-1847. NHB. es 1252

Bovenschen: Die imaginierte Weiblichkeit. es 921

Brandão: Kein Land wie dieses. es 1236

Brasch: Engel aus Eisen. es 1049

Braun: Berichte von Hinze und Kunze. es 1169

Brecht: Der aufhaltsame Aufstieg des Arturo Ui. es 144
- Aufstieg und Fall der Stadt Mahagonny. es 21
- Ausgewählte Gedichte. es 86
- Baal. Drei Fassungen. es 170
- Baal. Der böse Baal der asoziale. es 248
- Das Badener Lehrstück. Die Rundköpfe. Die Ausnahme. es 817
- Der Brotladen. Ein Stückfragment. es 339
- Buckower Elegien. es 1397
- Die Dreigroschenoper. es 229
- Einakter und Fragmente. es 449
- Furcht und Elend des Dritten Reiches. es 392
- Gesammelte Gedichte. 4 Bde. es 835 – es 838
- Gedichte und Lieder aus Stükken. es 9
- Die Geschäfte des Herrn Julius Caesar. es 332
- Die Gesichte der Simone Machard. es 369
- Die Gewehre der Frau Carrar. es 219
- Der gute Mensch von Sezuan. es 73
- Die heilige Johanna der Schlachthöfe. es 113
- Herr Puntila und sein Knecht Matti. Volksstück. es 105
- Im Dickicht der Städte. es 246
- Der Jasager und Der Neinsager. es 171
- Der kaukasische Kreidekreis. es 31
- Kuhle Wampe. es 362
- Leben des Galilei. es 1
- Leben Eduards des Zweiten von England. es 245
- Mann ist Mann. es 259
- Die Maßnahme. es 415
- Mutter Courage und ihre Kinder. es 49
- Die Mutter. es 200
- Gesammelte Prosa. 4 Bde. es 182 – es 185
- Schweyk im zweiten Weltkrieg. es 132
- Stücke. Bearbeitungen. 2 Bde. es 788/789
- Die Tage der Commune. es 169
- Tagebücher 1920-1922. Autobiographische Aufzeichnungen 1920-1954. es 979
- Trommeln in der Nacht. es 490
- Der Tui-Roman. es 603

- Über den Beruf des Schauspielers. es 384
- Über die bildenden Künste. es 691
- Über experimentelles Theater. es 377
- Über Lyrik. es 70
- Über Politik auf dem Theater. es 465
- Über Politik und Kunst. es 442
- Über Realismus. es 485
- Das Verhör des Lukullus. Hörspiel. es 740

Brecht-Journal. es 1191

Brecht-Journal 2. es 1396

Brunkhorst: Der Intellektuelle im Lande der Mandarine. es 1403

Buch: Der Herbst des großen Kommunikators. es 1344
- Waldspaziergang. es 1412

Bürger: Theorie der Avantgarde. es 727

Buro/Grobe: Vietnam! Vietnam? es 1197

Celan: Ausgewählte Gedichte. Zwei Reden. es 262

Cortázar: Letzte Runde. es 1140
- Reise um den Tag in 80 Welten. es 1045

Deleuze/Guattari: Kafka. Für eine kleine Literatur. es 807

Deleuze/Parnet: Dialoge. es 666

Derrida: Die Stimme und das Phänomen. es 945

Determinanten der westdeutschen Restauration 1945-1949. Von H.-U. Huster u. a. es 575

Ditlevsen: Gesichter. es 1165
- Sucht. Erinnerungen. es 1009
- Wilhelms Zimmer. es 1076

Takeo Doi: Amae. Freiheit in Geborgenheit. es 1128

Dorst: Toller. es 294

Dubiel: Was ist Neokonservatismus? es 1313

Duerr: Satyricon. Essays und Interviews. es 1346
- Traumzeit: es 1345

Duras: Sommer 1980. es 1205

Duras/Porte: Die Orte der Marguerite Duras. es 1080

Eco: Zeichen. es 895

Eich: Botschaften des Regens. Gedichte. es 48

Elias: Humana conditio. es 1384

Enzensberger: Blindenschrift. es 217
- Deutschland, Deutschland unter anderm. es 203
- Einzelheiten I. Bewußtseins-Industrie. es 63
- Einzelheiten II. Poesie und Politik. es 87
- Die Furie des Verschwindens. Gedichte. es 1066
- Landessprache. Gedichte. es 304
- Palaver. Politische Überlegungen (1967-1973). es 696
- Das Verhör von Habana. es 553
- Der Weg ins Freie. Fünf Lebensläufe. es 759

Esser: Gewerkschaften in der Krise. es 1131

Faszination der Gewalt. Friedensanalysen 17. es 1141

Feminismus. Hg. v. Luise F. Pusch. es 1192

Feyerabend: Erkenntnis für freie Menschen. es 1011
- Wissenschaft als Kunst. es 1231

Foucault: Psychologie und Geisteskrankheit. es 272

Fragment und Totalität. Hg. v. Dällenbach und Hart Nibbrig. es 1107

Frank: Der kommende Gott. es 1142

- Die Unhintergehbarkeit von Individualität. es 1377
- Was ist Neostrukturalismus? es 1203

Frauen in der Kunst. 2 Bde. es 952

Frevert: Frauen-Geschichte. NHB. es 1284

Frisch: Biedermann und die Brandstifter. es 41
- Die Chinesische Mauer. es 65
- Don Juan oder Die Liebe zur Geometrie. es 4
- Frühe Stücke. es 154
- Graf Öderland. es 32

Gerhard: Verhältnisse und Verhinderungen. es 933

Geyer: Deutsche Rüstungspolitik (1860-1980). NHB. es 1246

Goetz: Hirn. Krieg. 2 Bde. es 1320

Goffman: Asyle. es 678
- Geschlecht und Werbung. es 1085

Gorz: Der Verräter. es 988

Gröner: Ein rasend hingehauchtes Herbsteslicht. Bergeller Gedichte. es 1371

Habermas: Eine Art Schadensabwicklung. es 1453
- Legitimationsprobleme im Spätkapitalismus. es 623
- Die Neue Unübersichtlichkeit. es 1321
- Technik und Wissenschaft als Ideologie. es 287

Hänny: Zürich, Anfang September. es 1079

Handke: Die Innenwelt der Außenwelt der Innenwelt. es 307
- Kaspar. es 322
- Phantasien der Wiederholung. es 1168
- Publikumsbeschimpfung. es 177
- Der Ritt über den Bodensee. es 509
- Wind und Meer. Vier Hörspiele. es 431

Hawkes: Travestie. es 1326

Heimann: Soziale Theorie des Kapitalismus. es 1052

Henrich: Konzepte. es 1400

Hentschel: Geschichte der deutschen Sozialpolitik (1880-1980). NHB. es 1247

Hesse: Tractat vom Steppenwolf. es 84

Die Hexen der Neuzeit. Hg. von C. Honegger. es 743

Hilfe + Handel = Frieden? Friedensanalysen 15. es 1097

Hobsbawm: Industrie und Empire 1/2. es 315/316

Imperialismus und strukturelle Gewalt. Hg. von D. Senghaas. es 563

Irigaray: Speculum. es 946

Jahoda/Lazarsfeld/Zeisel: Die Arbeitslosen von Marienthal. es 769

Jakobson: Kindersprache, Aphasie und allgemeine Lautgesetze. es 330

Jasper: Die gescheiterte Zähmung. NHB. es 1270

Jauß: Literaturgeschichte als Provokation. es 418

Johnson: Der 5. Kanal. es 1336
- Begleitumstände. Frankfurter Vorlesungen. es 1019
- Karsch, und andere Prosa. es 59

Jones: Frauen, die töten. es 1350

Joyce: Werkausgabe in 6 Bdn. es 1434 – es 1439

Bd. 1 Dubliner. es 1434
Bd. 2 Stephen der Held. es 1435
Bd. 3 Ulysses. es 1100
Bd. 4 Kleine Schriften. es 1437

Bd. 5 Gesammelte Gedichte. Anna Livia Plurabelle. es 1438
Bd. 6 Finnegans Wake. Englischsprachige Ausgabe. es 1439
Hans Wollschläger liest »Ulysses«. es 1105
Mat. zu Joyces »Ein Porträt des Künstlers als junger Mann«. Hg. von K. Reichert und F. Senn. es 776
Kantowsky: Indien. es 1424
Kapitalistische Weltökonomie. Hg. von D. Senghaas. es 980
Marx: Die ethnologischen Exzerpthefte. es 800
Kenner: Ulysses. es 1104
Kindheit in Europa. Hg. von H. Hengst. es 1209
Kipphardt: In der Sache J. Robert Oppenheimer. es 64
Kirchhof: Body-Building. es 1005
Kluge: Gelegenheitsarbeit einer Sklavin. es 733
– Lernprozesse mit tödlichem Ausgang. es 665
– Neue Geschichten. Hefte 1-18. es 819
– Schlachtbeschreibung. es 1193
Kluge: Die deutsche Revolution 1918/1919. NHB. es 1262
Kolbe: Abschiede und andere Liebesgedichte. es 1178
– Hineingeboren. Gedichte 1975-1979. es 1110
Konrád: Antipolitik. es 1293
Kriegsursachen. Friedensanalysen 21. es 1238
Krippendorff: Staat und Krieg. es 1305
Kristeva: Die Revolution der poetischen Sprache. es 949
Kroetz: Bauern sterben. es 1388
– Frühe Prosa/Frühe Stücke. es 1172
– Furcht und Hoffnung der BRD. es 1291
– Mensch Meier. es 753
– Nicht Fisch nicht Fleisch. es 1094
– Oberösterreich. es 707
– Stallerhof. es 586
– Heimarbeit. es 473
Krolow: Ausgewählte Gedichte. es 24
Laederach: Fahles Ende kleiner Begierden. es 1075
Lefebvre: Einführung in die Modernität. es 831
Lehnert: Sozialdemokratie zwischen Protestbewegung und Regierungspartei 1848 bis 1983. NHB. es 1248
Lem: Dialoge. es 1013
Hermann Lenz: Leben und Schreiben. Frankfurter Vorlesungen. es 1425
Leroi-Gourhan: Die Religionen der Vorgeschichte. es 1073
Lessenich: »Nun bin ich die niemals müde junge Hirschfrau oder der Ajilie-Mann«. es 1308
Leutenegger: Lebewohl, Gute Reise. es 1001
– Das verlorene Monument. es 1315
Lévi-Strauss: Das Ende des Totemismus. es 128
– Mythos und Bedeutung. es 1027
Die Listen der Mode. Hg. von S. Bovenschen. es 338
Literatur und Politik in der Volksrepublik China. Hg. von R. G. Wagner. es 1151
Löwenthal: Mitmachen wollte ich nie. es 1014
Logik des Herzens. Hg. von G. Kahle. es 1042

Lohn: Liebe. Zum Wert der Frauenarbeit. Hg. von A. Schwarzer. es 1225
Lukács: Gelebtes Denken. es 1088
Maeffert: Bruchstellen. es 1387
Männersachen. Hg. von H.–U. Müller-Schwefe. es 717
Mandel: Marxistische Wirtschaftstheorie 1/2. es 595/596
– Der Spätkapitalismus. es 521
Marcus: Umkehrung der Moral. es 903
Marcuse: Ideen zu einer kritischen Theorie der Gesellschaft. es 300
– Konterrevolution und Revolte. es 591
– Kultur und Gesellschaft 1. es 101
– Kultur und Gesellschaft 2. es 135
– Versuch über die Befreiung. es 329
– Zeit-Messungen. es 770
Gespräche mit Herbert Marcuse. es 938
Mattenklott: Blindgänger. es 1343
Hans Mayer: Anmerkungen zu Brecht. es 143
– Gelebte Literatur. Frankfurter Vorlesungen. es 1427
– Versuche über die Oper. es 1050
Mayröcker: Magische Blätter. es 1202
– Magische Blätter II. es 1421
McKeown: Die Bedeutung der Medizin. es 1109
Medienmacht im Nord-Süd-Konflikt: Friedensanalysen 18. es 1166
Christian Meier: Die Ohnmacht des allmächtigen Dictators Caesar. es 1038

Menninghaus: Paul Celan. es 1026
– Schwellenkunde. es 1349
Menzel/Senghaas: Europas Entwicklung und die Dritte Welt. es 1393
Milosz: Zeichen im Dunkel. es 995
Mitscherlich: Freiheit und Unfreiheit in der Krankheit. es 505
– Krankheit als Konflikt 1. es 164
– Krankheit als Konflikt 2. es 237
– Die Unwirtlichkeit unserer Städte. es 123
Mitterauer: Sozialgeschichte der Jugend. NHB. es 1278
Moderne chinesische Erzählungen. 2 Bde. es 1010
Möller: Vernunft und Kritik. NHB. es 1269
Moser: Eine fast normale Familie. es 1223
– Der Psychoanalytiker als sprechende Attrappe. es 1404
– Romane als Krankengeschichten. es 1304
Muschg: Literatur als Therapie? es 1065
Die Museen des Wahnsinns und die Zukunft der Psychiatrie. es 1032
Mythos ohne Illusion. Mit Beiträgen von J.-P. Vernant u.a. es 1220
Mythos und Moderne. Hg. von K.H. Bohrer. es 1144
Nakane: Die Struktur der japanischen Gesellschaft. es 1204
Nathan: Ideologie, Sexualität und Neurose. es 975
Der Neger vom Dienst. Afrikanische Erzählungen. Hg. von R. Jestel. es 1028

Die neue Friedensbewegung. Friedensanalysen 16. es 1143
Ngũgĩ wa Thing'o: Verborgene Schicksale. es 1111
Nizon: Am Schreiben gehen. Frankfurter Vorlesungen. es 1328
Oehler: Pariser Bilder I. es 725
Oppenheim: Husch, husch, der schönste Vokal entleert sich. es 1232
Paetzke: Andersdenkende in Ungarn. es 1379
Paley: Ungeheure Veränderungen in letzter Minute. es 1208
Paz: Der menschenfreundliche Menschenfresser. es 1064
– Suche nach einer Mitte. es 1008
– Zwiesprache. es 1290
Peripherer Kapitalismus. Hg. von D. Senghaas. es 652
Petri: Zur Hoffnung verkommen. es 1360
Pinget: Apokryph. es 1139
Piven/Cloward: Aufstand der Armen. es 1184
Politik der Armut. Hg. von S. Leibfried und F. Tennstedt. es 1233
Populismus und Aufklärung. Hg. von H. Dubiel. es 1376
Powell: Edisto. es 1332
Psychoanalyse der weiblichen Sexualität. Hg. von J. Chasseguet–Smirgel. es 697
Pusch: Das Deutsche als Männersprache. es 1217
Raimbault: Kinder sprechen vom Tod. es 993
Darcy Ribeiro: Unterentwicklung, Kultur und Zivilisation. es 1018
João Ubaldo Ribeiro: Sargento Getúlio. es 1183

Rodinson: Die Araber. es 1051
Roth: Das Ganze ein Stück. es 1399
– Die einzige Geschichte. es 1368
– Krötenbrunnen. es 1319
Rötzer: Denken, das an der Zeit ist. es 1406
Rubinstein: Immer verliebt. es 1337
– Nichts zu verlieren und dennoch Angst. es 1022
– Sterben. es 1433
Rühmkorf: agar agar – zaurzaurim. es 1307
Russell: Probleme der Philosophie. es 207
– Wege zur Freiheit. es 447
Schindel: Ohneland. Gedichte. es 1372
Schlaffer: Der Bürger als Held. es 624
Schleef: Die Bande. es 1127
Schönhoven: Die deutschen Gewerkschaften. NHB. es 1287
Schrift und Materie der Geschichte. Hg. von C. Honegger. es 814
Schröder: Die Revolutionen Englands im 17. Jahrhundert. NHB. es 1279
Schubert: Die internationale Verschuldung. es 1347
Das Schwinden der Sinne. Hg. von D. Kamper und C. Wulf. es 1188
Sechehaye: Tagebuch einer Schizophrenen. es 613
Senghaas: Von Europa lernen. es 1134
– Weltwirtschaftsordnung und Entwicklungspolitik. es 856
– Die Zukunft Europas. es 1339
Simmel: Schriften zur Philosophie und Soziologie der Geschlechter. es 1333
Sinclair: Der Fremde. es 1007

Sloterdijk: Der Denker auf der Bühne. es 1353
- Kopernikanische Mobilmachung. es 1375
- Kritik der zynischen Vernunft. 2 Bde. es 1099

Sport-Eros-Tod. es 1335

Staritz: Geschichte der DDR. NHB. es 1260

Stichworte zur »Geistigen Situation der Zeit«. Hg. von J. Habermas. 2 Bde. es 1000

Struck: Kindheits Ende. es 1123
- Klassenliebe. es 629

Szondi: Theorie des modernen Dramas. es 27

Techel: Es kündigt sich an. Gedichte. es 1370

Tendrjakow: Sechzig Kerzen. es 1124

Theorie des Kinos. Hg. von K. Witte. es 557

Thiemann: Schulszenen. es 1331

Thompson: Entstehung der englischen Arbeiterklasse. 2 Bde. es 1170

Thränhardt: Geschichte der Bundesrepublik Deutschland. NHB. es 1267

Tiedemann: Studien zur Philosophie Walter Benjamins. es 644

Todorov: Die Eroberung Amerikas. es 1213

Treichel: Liebe Not. Gedichte. es 1373

Trotzki: Denkzettel. es 896

Vernant: Die Entstehung des griechischen Denkens. es 1150
- Mythos und Gesellschaft im alten Griechenland. es 1381

Versuchungen. Aufsätze zur Philosophie Paul Feyerabends. Hg. von H. P. Duerr. Band 1/2. es 1044/1068

Verteidigung der Schrift. Kafkas ›Prozeß‹. Hg. von F. Schirrmacher. es 1386

Vom Krieg der Erwachsenen gegen die Kinder. Friedensanalysen 19. es 1190

Martin Walser: Eiche und Angora. es 16
- Ein fliehendes Pferd. Theaterstück. es 1383
- Die Gallistl'sche Krankheit. es 689
- Geständnis auf Raten. es 1374
- Heimatkunde. es 269
- Lügengeschichten. es 81
- Selbstbewußtsein und Ironie. Frankfurter Vorlesungen. es 1090
- Wer ist ein Schriftsteller? es 959
- Wie und wovon handelt Literatur. es 642

Wehler: Grundzüge der amerikanischen Außenpolitik 1750-1900. NHB. es 1254

Peter Weiss: Abschied von den Eltern. es 85
- Die Besiegten. es 1324
- Fluchtpunkt. es 125
- Gesang vom Lusitanischen Popanz. es 700
- Das Gespräch der drei Gehenden. es 7
- Der neue Prozeß. es 1215
- Notizbücher 1960-1971. 2 Bde. es 1135
- Notizbücher 1971-1980. 2 Bde. es 1067
- Rapporte. es 276
- Rapporte 2. es 444
- Der Schatten des Körpers des Kutschers. es 53
- Stücke 1. es 833
- Stücke II. 2 Bde. es 910

- Die Verfolgung und Ermordung Jean Paul Marats. es 68
Peter Weiss im Gespräch. Hg. von R. Gerlach und M. Richter. es 1303
Wellershoff: Die Auflösung des Kunstbegriffs. es 848
Die Wiederkehr des Körpers. Hg. von D. Kamper und Ch. Wulf. es 1132
Winkler: Die Verschleppung. es 1177
Wippermann: Europäischer Faschismus im Vergleich (1922-1982). NHB. es 1245
Wirz: Sklaverei und kapitalistisches Weltsystem. NHB. es 1256
Wissenschaft im Dritten Reich. Hg. von P. Lundgreen. es 1306
Wittgenstein: Tractatus logico-philosophicus. es 12
Wünsche: Der Volksschullehrer Ludwig Wittgenstein. es 1299
Zimmermann: Vom Nutzen der Literatur. es 885
Ziviler Ungehorsam im Rechtsstaat. Hg. von P. Glotz. es 1214